실전모의고사 7급 대비

PREFACE

24년 7급 행정학 시험을 대비하기 위한 마무리

최영희행정학 실전모의고사는 이전에 출간된 최영희행정학 그물망 모의고사 1, 2 이외에 고난도의 7급용 기출문제와 예상문제를 섞어서 구성한 7급용 실전모의고사입니다.
24년 국가직을 대비하는 수험생들을 위해 1-4회까지는 총 25문항, 지방직 7급 시험을 대비하는 수험생들을 위해 5-10회까지는 총 20문항으로 구성했습니다.

국가직 대비 100문항, 지방직 대비 120문항을 합해 총 220문항으로 구성된 7급 대비 실전모의고사는 문항, 선지 하나까지도 서로 겹치지 않는 내용으로 구성해 행정학의 전 범위를 회독하고자 했습니다. 이는 실제 시험과 같은 형태로 모의고사를 구성하여 연습을 도모하면서도, 자연스럽게 전체 내용을 포괄적으로 마무리할 수 있게 하려는 의도입니다.

또한 최근 가파르게 상승하고 있는 전공과목 난이도에 대비하기 위해 회차마다 고난도의 문제와 선지들을 자연스럽게 배치했습니다. 이 문제를 구성하기 위해 이제껏 출제된 다양한 직렬의 행정학 기출문제, 정부 정책자료나 법령자료, 최근 행정학계에서 주목받고 있는 여러 개론서와 논문들을 철저하게 분석했습니다. 해설지 역시 독학이 가능하도록 필요한 내용 요소를 모두 수록하고 선지별 상세한 설명을 했으니 해설지를 정독하는 것만으로도 충분한 마무리 학습이 가능합니다.

모의고사를 풀어보실 때에는 시간을 재서 문제를 풀어보아야 합니다. 가능하면 답안지에 표기하는 시간까지 따져 최대한 실제시험과 유사하게 풀어주십시오. 이후 답안을 확인한 뒤 오답만 정리하시면 안됩니다. 맞추었던 문제라고 하더라도 해설지를 정독해 문제의 의도를 확인하고 해당 주제에 대한 이론을 정리해보시기 바랍니다. 문제를 분석했던 힘이 시험장에서 여러분의 훌륭한 무기가 될 수 있습니다.

혼자서도 충분히 공부할 수 있도록 구성된 교재이지만 공단기 온라인 강의로 개설하는 '2024 최영희행정학 7급 대비 모의고사 강좌'를 수강하는 것이 독학보다 더욱 효과적입니다.

시험에서 좀 더 좋은 결과를 내기 위해서는 내용을 다시 한번 정리하는 과정 역시 필요합니다. 내용을 빠르게 정리하기 위해 24년 8월에 진행한 '2025 최영희행정학 필기노트 특강(20강)', 24년 4월에 진행한 '2024 최영희행정학 기회북으로 정리하는 지방직 대비(30강)' 등의 최신 온라인 강의를 활용하실 수 있습니다.

흔히들 공부는 엉덩이로 하는 것이라고 말합니다. 하지만 앉아있는 시간 못지않게 한정된 시간을 얼마나 효과적으로 활용할 수 있는가도 정해진 시간을 두고 공부하는 수험생들에게 매우 중요합니다. 이 교재를 통해, 부디 여러분들의 실력이 좀 더 빠르고 올바르게 향상될 수 있기를 바랍니다. 여러분의 수고로움이 부디 값진 열매를 맺을 수 있기를 기원합니다. 끝까지 최선을 다해주세요.

2024년 9월
노량진 연구소에서
최영희 드림

CONTENTS

국가직 대비 기출+예상 모의고사

제1회	모의고사	8
제2회	모의고사	13
제3회	모의고사	18
제4회	모의고사	23

지방직 대비 기출+예상 모의고사

제5회	모의고사	28
제6회	모의고사	32
제7회	모의고사	36
제8회	모의고사	40
제9회	모의고사	44
제10회	모의고사	48

정답 및 해설

모의고사 정답 및 해설 ········· 52

STRUCTURE

문제 구성

2013년부터 2023년까지 시행된 국가직과 지방직 7급 행정학 시험에서 선별한 중요 기출문제와 주요 주제와 관련된 예상 문제들을 섞어 문제를 구성하였습니다. 국가직 시험을 대비한 25문제 4회분과 지방직 시험을 대비한 20문제 6회분, 총 10회 분량의 모의고사입니다.

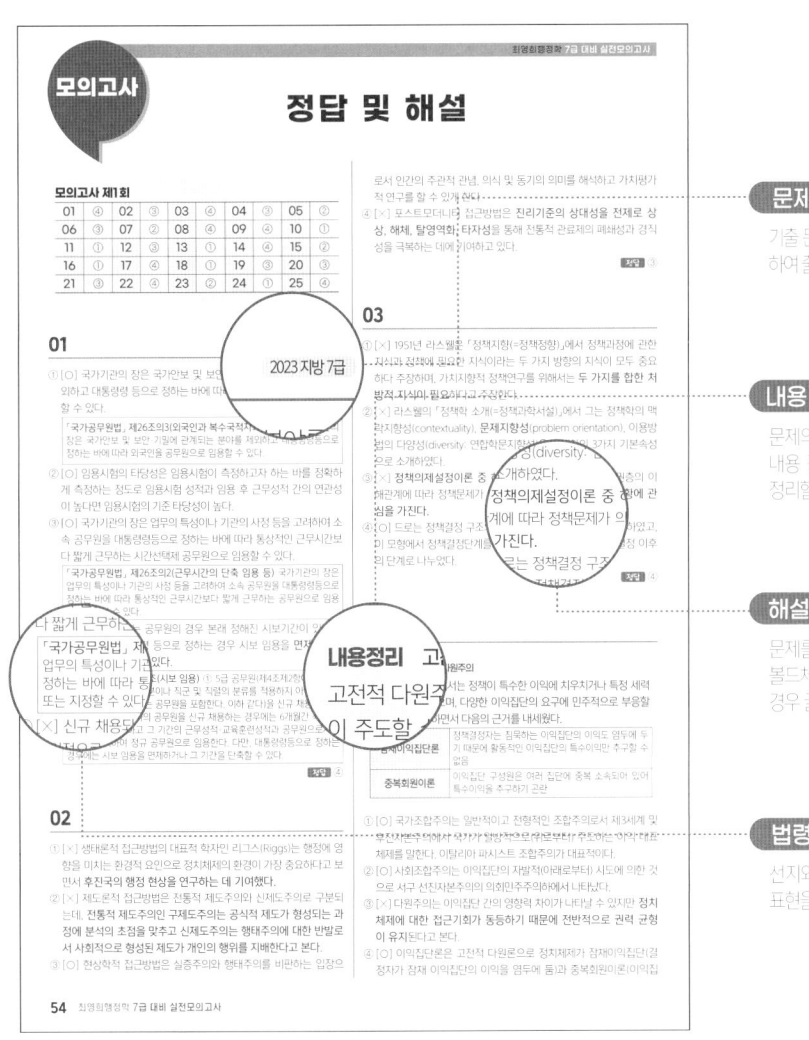

문제 출처 표시

기출 문제의 경우 해당 문제의 출제 연도와 출처를 표기하여 출제방향의 흐름을 파악할 수 있도록 하였습니다.

내용 정리

문제의 중요 내용을 표로 정리할 필요가 있는 경우 내용 정리를 통해 선지에 나오지 않은 내용도 함께 정리할 수 있도록 하였습니다.

해설의 중요 부분 볼드 표시

문제를 푸는 데에 중요한 단서가 되는 중요 내용은 볼드체로 표시하여 틀린 부분만 빠르게 확인하려는 경우 굵은 글자만 보고 넘어갈 수 있도록 하였습니다.

법령 수록

선지와 관련된 법령을 추가 수록하여 법령의 원문 표현을 정확하게 확인할 수 있도록 하였습니다.

모의고사

최영희행정학
7급 대비 실전모의고사

모의고사

01 공무원 임용에 대한 설명으로 옳지 않은 것은?

① 국가기관의 장은 국가안보 및 보안·기밀에 관계되는 분야를 제외하고 대통령령 등으로 정하는 바에 따라 외국인을 공무원으로 임용할 수 있다.
② 임용시험 성적과 임용 후 근무성적 간의 연관성이 높다면 임용시험의 기준 타당성이 높다고 할 수 있다.
③ 국가기관의 장은 업무의 특성이나 기관의 사정 등을 고려하여 소속 공무원을 대통령령 등으로 정하는 바에 따라 통상적인 근무시간보다 짧게 근무하는 공무원으로 임용할 수 있다.
④ 신규 채용되는 공무원의 경우 시보 임용을 면제하거나 그 기간을 단축할 수 없다.

02 행정현상의 접근방법에 대한 설명으로 옳은 것은?

① 생태론적 접근방법의 대표적 학자인 리그스(Riggs)는 행정에 영향을 미치는 환경적 요인으로 정치체제의 환경이 가장 중요하다고 보면서 후진국을 제외한 선진국의 행정이 민주적 정치체제의 환경에 의해 발전되어 온 현상을 분석하는 데에 크게 기여했다.
② 제도론적 접근방법은 전통적 제도주의와 신제도주의로 구분되는데, 전통적 제도주의는 행태주의에 대한 반발로서 사회적으로 형성된 제도가 개인의 행위를 지배한다고 보는데 반해, 신제도주의는 공식적 제도가 형성되는 과정에 분석의 초점을 맞춘다.
③ 현상학적 접근방법은 실증주의와 행태주의를 비판하는 입장으로서 인간의 주관적 관념, 의식 및 동기의 의미를 해석하고 가치평가적 연구를 할 수 있게 한다.
④ 포스트모더니티 접근방법은 인간의 주체성과 합리성, 진리기준의 절대성을 전제로 상상, 해체, 탈영역화, 타자성을 통해 전통적 관료제의 폐쇄성과 경직성을 극복하는 데에 기여하고 있다.

03 정책학의 발달에 대한 설명으로 옳은 것은?

① 라스웰(Lasswell)은 1951년 「정책지향(Policy Orientation)」이라는 논문에서 정책과정에 관한 지식보다 정책에 필요한 지식이 더 중요하다고 보았다.
② 라스웰(Lasswell)은 1971년 『정책학 소개(A Pre-View of Policy Sciences)』에서 맥락지향성, 이론지향성, 연합학문지향성을 제시하였다.
③ 정책의제설정이론은 사회문제가 정책의제로 설정되지 않는 비결정 상황에 대한 관심이 적다.
④ 드로(Dror)는 정책결정 단계를 상위정책결정(meta-policymaking), 정책결정(policymaking), 정책결정 이후(post-policymaking)로 나누는 최적모형을 제시하였다.

04 정책참여자의 권력관계 모형에 대한 설명으로 옳지 않은 것은?

① 국가조합주의는 국가가 민간부문의 집단들에 대하여 강력한 주도권을 행사한다고 보는 모형이다.
② 사회조합주의는 사회경제체제의 변화에 순응하려는 이익집단의 자발적 시도로부터 생성되었다.
③ 다원주의는 이익집단 간의 영향력 차이가 주로 정부의 정책과정에 대한 상이한 접근기회에 기인한다고 본다.
④ 이익집단론은 정치체제가 잠재이익집단과 중복회원 때문에 특수이익에 치우치지 않는다고 주장한다.

05 정책집행의 접근방법에 대한 설명으로 옳은 것은?

① 립스키(Lipsky)의 일선관료제 연구에 따르면 일선관료는 일반시민을 분류하지 않고 모든 계층을 공평하게 다룬다.
② 반 미터와 반 혼(Van Meter & Van Horn)의 정책집행과정 연구는 정책과 성과를 연결하는 모형에 정책 기준과 목표, 집행에 필요한 자원, 조직 간 의사소통과 집행 활동, 집행기관의 특성, 경제·사회·정치적 조건, 정책집행자의 성향이라는 변수를 제시하였다.
③ 효과적인 정책집행을 위해 갖추어야 할 조건으로서 정책결정의 내용은 타당한 인과이론에 바탕을 두어야 하며 정책내용으로서 법령은 명확한 정책지침을 가지고 있어야 한다고 본 것은 프레스만(Pressman)과 윌다브스키(Wildavsky)이다.
④ 고긴(Goggin)은 해석적, 귀납적 연구설계의 바탕 위에서 이론의 검증을 시도하는 제2세대 집행 연구를 주장하였다.

06 애드호크라시(adhocracy)에 대한 설명으로 옳지 않은 것은?

① 과업의 표준화나 공식화 정도가 상대적으로 낮기 때문에 구성원 간 업무상 갈등이 일어날 우려가 있다.
② 구조적으로 수평적 분화는 높은 반면 수직적 분화는 낮고, 공식화 및 집권화의 수준이 낮다.
③ 변화에 신속하게 대응할 수 있다는 장점으로 인해 최근에는 전통적 관료제 조직모형을 대체할 정도로 많이 활용되고 있다.
④ 대표적인 예로는 네트워크 조직, 매트릭스 조직 등을 들 수 있다.

07 일반적인 조직구조 설계원리에 대한 설명으로 옳은 것만을 모두 고르면?

ㄱ. 계선은 부하에게 업무를 지시하고, 참모는 정보 제공, 자료분석, 기획 등의 전문지식을 제공한다.
ㄴ. 부문화의 원리는 일정한 기준에 따라 서로 기능이 같거나 유사한 업무를 조직단위로 묶는 것을 의미한다.
ㄷ. 통솔범위가 넓을수록 고도의 수직적 분화가 일어나 고층구조가 형성되고, 좁을수록 평면 구조가 이뤄진다.
ㄹ. 명령통일의 원리는 부하가 한 사람의 상관으로부터 명령을 받게 해야 함을 의미한다.

① ㄱ, ㄴ, ㄷ
② ㄱ, ㄴ, ㄹ
③ ㄱ, ㄷ, ㄹ
④ ㄴ, ㄷ, ㄹ

08 동기부여이론에 대한 설명으로 옳은 것은?

① 허즈버그(Herzberg)의 2요인 이론에서 보수는 동기 요인에, 승진 기회는 위생 요인에 포함된다.
② 앨더퍼(Alderfer)의 욕구내용 중 관계욕구는 머슬로(Maslow)의 생리적 욕구와 안전욕구에 해당한다.
③ 브룸(Vroom)은 어떤 보상(reward)이 주어지는가에 초점을 두었으며, 개인에게 주어지는 보상의 가치인 도구성(instrumentality)을 강조한다.
④ 애덤스(Adams)는 형평성이론에서 개인은 불공정성을 느낄 때 자신의 지각을 의도적으로 왜곡하기도 한다고 주장한다.

09 공무원 인사제도에 대한 설명으로 옳지 않은 것은?

① 직업공무원제도는 공직을 직업전문 분야로 확립시키기도 하지만, 행정의 전문성 약화를 가져오기도 한다.
② 엽관주의하에서는 행정의 민주성과 관료적 대응성의 향상은 물론 정책수행 과정의 효율성 제고도 기대할 수 있다.
③ 대표관료제는 역차별 문제의 발생과 실적주의 훼손의 비판이 제기되며, 사회적 소외집단을 배려하는 우리나라의 균형인사정책은 미국의 적극적 조치(affirmative action)의 관점에서 이해될 수 있다.
④ 총액인건비제도는 일반적으로 기구·정원 조정에 대한 재정당국의 중앙통제는 그대로 둔 채 수당의 신설·통합·폐지와 절감예산 활용 등에서의 부처 자율성을 부여하는 특성을 갖는다.

10 다음 행정이론에 대한 설명으로 옳지 않은 것은?

> 변화 시작의 시간적 전후관계나 동반관계, 변화과정의 시간적 장단(長短)관계를 사회현상 연구에 적용하는 접근방법이다. 정책이 실제로 실행되는 타이밍, 정책대상자들의 학습시간, 정책의 관련요인들 간 발생순서 등이 정책효과를 다르게 할 수 있다고 주장한다.

① 원인변수와 결과변수 간 인과관계가 원인변수들이 작용하는 순서에 따라 달라지지는 않는다고 본다.
② 정책이나 제도의 도입 이후 어느 시점에서 변경을 시도해야 바람직한 결과를 낳을 것인지에 주목한다.
③ 정책이나 제도의 효과는 어느 정도 숙성기간이 지난 후에 평가하는 것이 보다 합리적이라고 본다.
④ 시차적 요소에 대해 적절하게 고려하지 않아 정부개혁의 실패가 나타난다고 본다.

11 「공직자윤리법」상 재산 등록에 대한 내용으로 옳은 것은?

① 등록하여야 할 재산이 국채, 공채, 회사채인 경우는 액면가로 등록하여야 한다.
② 혼인한 직계비속인 여성이 소유한 재산은 재산등록 의무자가 등록할 재산에 포함된다.
③ 공직자는 등록의무자가 된 날부터 3개월이 되는 날이 속하는 달의 말일까지 재산등록을 해야 한다.
④ 교육공무원 중 대학교 학장은 재산등록 의무자가 아니다.

12 조직이론에 대한 설명으로 옳지 않은 것은?

① 카플란(Kaplan)과 노턴(Norton)은 균형성과표(BSC)의 네 가지 관점으로 고객 관점, 내부 프로세스 관점, 재무적 관점, 학습과 성장 관점을 제시하였다.
② 민츠버그(Mintzberg)는 조직의 5개 구성 요소로 전략적 최고관리층, 중간계선관리층, 작업층, 기술구조, 지원 막료를 제시하였다.
③ 허시(Hersey)와 블랜차드(Blanchard)는 부하의 성숙도가 높은 경우 지시적 리더십이 효과적이라고 보았다.
④ 베버(Weber)는 법적·합리적 권한에 기초를 둔 이념형(ideal type) 관료제의 특징으로 법과 규칙의 지배, 계층제, 문서에 의한 직무수행, 비개인성(impersonality), 분업과 전문화 등을 제시하였다.

13 정부실패의 요인에 대한 설명으로 옳지 않은 것은?

① 'X - 비효율성'은 정부가 가진 권력을 통해 불평등한 분배가 이루어지는 현상이다.
② '지대추구'는 정부개입에 따라 발생하는 인위적 지대를 획득하기 위해 자원을 낭비하는 활동이다.
③ '파생적 외부효과'는 시장실패를 해결하기 위해 정부가 개입하지만 의도하지 않은 부작용을 초래하는 것이다.
④ '내부성(internalities)'은 공공조직이 공익적 목표보다는 관료 개인이나 소속기관의 이익을 우선적으로 고려하는 것이다.

14 재정준칙에 대한 설명으로 옳지 않은 것은?

① 국가채무준칙은 재정 건전성을 확보하기 위해 국가채무 규모에 상한선을 설정한다.
② 재정수지준칙은 경기변동과 무관하게 설정되므로 경제 안정화를 오히려 저해할 수 있다.
③ 재정지출준칙은 경제성장률이나 재정적자 규모의 예측에 의존하지 않는다.
④ 재정수입준칙은 조세지출을 우회적으로 활용함으로써 재정건전성이 훼손될 가능성이 있다.

15 다음은 4차 산업혁명 시대의 주요 정보기술을 설명하고 있다. 이에 해당하는 것은?

> 거래정보의 기록을 중앙집중화된 서버나 관리 기능에 의존하지 않고, 분산원장(distributed ledger)을 기반으로 모든 참여자에게 분산된 형태로 배분함으로써, 데이터 관리의 탈집중화된 환경을 제공하는 기술이다.

① 인공지능(AI)
② 블록체인(block chain)
③ 업무재설계(business process reengineering)
④ 제3의 플랫폼(the 3rd platform)

16 「지방자치법」상 지방자치단체 종류별 사무배분의 기준에 대한 설명으로 옳지 않은 것은?

① 인구 30만 이상의 시에 대해서는 도가 처리하는 사무의 일부를 직접 처리하게 할 수 있다.
② 시·군 및 자치구가 독자적으로 처리하기 어려운 사무는 시·도의 사무이다.
③ 지방자치단체의 구역, 조직, 행정관리 등은 시·도와 시·군 및 자치구에 공통된 사무이다.
④ 국가와 시·군 및 자치구 사이의 연락·조정 등의 사무는 시·도의 사무이다.

17 우리나라 지방자치단체에 대한 설명으로 옳지 않은 것은?

① 지방자치단체는 법인으로 한다.
② 지방자치단체는 행정기구의 설치에 대해 법령의 범위 안에서 당해 지방자치단체의 조례로써 정할 수 있다.
③ 지방세의 세목과 세율에 대해서는 법률로써 정해야 하며, 조례에 의한 세목의 설치를 허용하지 않는다.
④ 자치권을 구성하는 핵심적인 사항은 자치입법권, 자치사법권, 자치행정권, 자치재정권이라 할 수 있다.

18 국가채무에 대한 설명으로 옳지 않은 것은?

① 「국가재정법」에 따른 국가채무는 국가의 회계가 발행한 채권을 포함하며, 모든 기금이 발행한 채권은 제외된다.
② 우리나라 중앙정부가 발행하는 국채에는 국고채권, 국민주택채권, 외화표시 외국환평형기금채권 등이 있다.
③ 국가채무는 크게 금융성 채무와 적자성 채무로 구분한다.
④ 채권의 발행 주체가 중앙정부일 때는 국채, 지방자치단체일 때는 지방채라고 할 수 있다.

19 (가) ~ (라)에 들어갈 숫자를 바르게 연결한 것은?

- 정부는 재정운용의 효율화와 건전화를 위하여 매년 해당 회계연도부터 (가)회계연도 이상의 기간에 대한 재정운용계획을 수립하여야 한다.
- 기획재정부장관은 매년 (나)월 31일까지 예산집행지침을 각 중앙관서의 장에게 통보해야 한다.
- 감사원은 결산 확인이 끝나면 그 보고서를 다음 연도 5월 (다)일까지 기획재정부장관에게 송부한다.
- 『헌법』에 따르면 정부는 대통령의 승인을 얻은 예산안을 회계 연도 개시 (라)일 전까지 국회에 제출하여야 한다.

	(가)	(나)	(다)	(라)
①	5	3	10	90
②	5	1	20	120
③	5	1	20	90
④	10	5	20	120

20 예산에 대한 설명으로 옳은 것은?

① 추가경정예산은 국회에서 확정되기 전에 정부가 미리 배정하거나 집행할 수 있는 예산이다.
② 경제협력, 해외원조를 위한 지출을 예비비로 충당해야 할 우려가 있는 경우 항상 추가경정예산을 편성할 수 있다.
③ 수정예산은 예산안 편성이 끝나고 정부가 예산안을 국회에 제출한 이후 국회 의결 전에 기존 예산안 내용의 일부를 수정하여 다시 제출한 예산안을 의미한다.
④ 예산상 승인된 계속비는 예산불성립 시 전년도 예산에 준하여 집행할 수 있는 경비가 아니다.

21 다음 중 예산의 원칙과 종류에 대한 설명으로 옳은 것은?

① 예산은 결산과 일치해야 한다는 예산 공개성의 원칙은 정확성의 원칙이라고도 불린다.
② '특정 수입과 특정 지출이 연계되어야 된다.'는 '통일성의 원칙'에 부합하는 예시로 특별회계와 목적세가 있다.
③ 한 회계연도의 세입과 세출은 모두 예산에 계상해야 한다는 원칙의 예외에는 수입대체경비가 들어간다.
④ 통일성과 단일성의 원칙의 예외인 기금은 재정 운영의 신축성 제고를 위해 국회의 심의를 거치지 않을 수 있다.

22 근무성적평정에 대한 설명으로 옳지 않은 것은?

① 다면평정법은 상급자, 동료, 부하, 고객 등 다양한 구성원에게 평정에 참여할 기회를 준다.
② 목표관리제 평정법은 참여를 통한 명확한 목표의 설정과 개인과 조직 간 목표의 통합을 추구한다.
③ 강제배분법은 평정치의 편중과 관대화 경향을 막기 위해 등급별로 비율을 미리 정해 놓는다.
④ 도표식 평정척도법은 근무성적을 객관적 사실에 기초하여 평가하므로 평정자의 편견이 개입할 가능성이 작다.

23 공무원 임용시험의 효용성을 측정하는 기준에 대한 설명으로 옳지 않은 것은?

① 시험의 타당성은 시험이 측정하고자 하는 것을 실제로 얼마나 정확하게 측정했는가를 의미하며 그 종류에는 기준타당성, 내용타당성, 구성타당성 등이 있다.
② 내용타당성은 시험 성적이 직무수행실적과 얼마나 부합하는가를 판단하는 타당성으로 두 요소 간 상관계수로 측정된다.
③ 측정 대상을 일관성 있게 측정하는 정도를 신뢰성이라고 하며 같은 사람이 여러 번 시험을 반복하여 치르더라도 결과가 크게 변하지 않을 때 신뢰성을 갖게 된다.
④ 신뢰도를 측정하는 방법으로는 재시험법(test-retest)과 동질이형법(equivalent forms) 등이 사용된다.

24 중앙행정기관의 개방형 임용제도에 대한 설명으로 옳은 것은?

① 개방형 인사제도는 외부전문가나 경력자에게 공직을 개방하여 새로운 지식과 기술, 아이디어를 수용해 공직사회의 침체를 막고 행정의 효율성을 높이는 데 유리하다.
② 일반적으로 폐쇄형 인사제도는 직위분류제에 바탕을 두고 있으며, 일반행정가보다 전문가 중심의 인력구조를 선호한다.
③ 소속 장관은 개방형 직위 중 특히 공직 외부의 경험과 전문성을 적극 활용할 필요가 있는 경우 타 부처 공무원과 공직 외부에서만 적격자를 선발하는 경력개방형 직위로 지정할 수 있다.
④ 공모직위제도는 타 부처 공무원들과의 경쟁을 통해 최적임자를 선발하는 제도로 경력직 고위공무원단 직위 수의 20% 범위에서 지정한다.

25 신공공서비스론에 대한 설명으로 옳지 않은 것만을 다음에서 모두 고르면?

> ㄱ. 공무원이 반응해야 하는 대상을 고객과 유권자 집단으로 본다.
> ㄴ. 페리와 와이즈는 공공봉사동기로 제도적 차원, 규범적 차원, 감성적 차원을 제시하였다.
> ㄷ. 행정재량의 필요성을 인정하지만 제약과 책임이 수반되어야 한다고 본다.
> ㄹ. 공익의 개념은 공유 가치에 대한 담론의 결과이다.
> ㅁ. 공무원의 동기를 유발하는 수단은 정부규모를 축소하려는 이데올로기적 욕구와 사회봉사이다.
> ㅂ. 공무원은 민주적으로 사고하고 전략적으로 행동해야 한다.

① ㄱ, ㄴ, ㄷ, ㄹ
② ㄱ, ㄴ, ㄹ, ㅁ
③ ㄷ, ㄹ, ㅁ, ㅂ
④ ㄱ, ㄴ, ㅁ, ㅂ

제2회 모의고사

01 우리나라 예산제도에 대한 설명으로 옳은 것은?

① 프로그램 예산제도는 세부 업무와 단가를 통해 예산 금액을 산정하는 상향식(bottom up) 방식을 사용한다.
② 국고채무부담행위는 국가가 채무를 부담할 권한과 채무의 지출권한을 부여받은 것으로, 지출을 위한 국회 의결 대상에서 제외된다.
③ 온실가스감축인지 예산제도는 예산이 온실가스를 감축하는 방향으로 집행되었는지를 평가하는 보고서를 작성하는 제도로 예산의 법적 원칙에는 해당하지 않는다.
④ 국가가 보증채무를 부담하고자 하는 때에는 미리 국회의 동의를 얻어야 한다.

02 정부규제에 대한 설명으로 옳지 않은 것은?

① 종합편성 채널의 운영권을 부여하고, 이를 확보한 방송사에 대한 규제는 리플리와 프랭클린(Ripley & Franklin)의 보호적 규제 정책을 시행한 것으로 볼 수 있다.
② 네거티브 규제(negative regulation)는 포지티브 규제(positive regulation)보다 자율성을 적극적으로 부여한다는 측면에서 피규제자가 선호하는 방식이다.
③ 우리나라는 신기술과 신산업을 육성하기 위하여 규제샌드박스 제도를 도입하였다.
④ 윌슨(Wilson)의 규제정치 이론에 따르면, 대체로 경제적 규제는 고객정치의 상황으로 분류되며 사회적 규제는 기업가정치의 상황으로 분류된다.

03 행정이념에 대한 설명으로 옳지 않은 것은?

① 기계적 효율성은 공사·행정일원론 시대에 경영학의 과학적 관리론이 행정학에 도입되면서 중시되었다.
② 행정의 능률성과 효과성은 행정의 본질적 가치가 아닌 수단적 가치이다.
③ 사회적 능률성은 행정의 사회목적 실현과 다원적 이익들 간의 통합조정 및 구성원의 인간가치의 실현 등을 강조한다.
④ 예산의 분배과정에 있어 선택과 집중을 하는 것은 행정의 형평성을 강조하는 것이다.

04 미국 행정의 발달과정과 행정학의 태동에 대한 설명으로 옳은 것은?

① 윌슨은 행정의 본질을 의사결정과 함께 이에 따른 집행의 효과성을 높이는 것으로 파악하고 있으며, 근본적으로 효율적인 정부가 되어 돈과 비용을 덜 들여야 한다고 주장하였다.
② 1906년에 설립된 뉴욕시정조사연구소(The New York Bureau of Municipal Research)는 좋은 정부를 구현하기 위한 능률과 절약의 실천방안을 제시하고 시정에 대한 과학적 연구를 수행했다.
③ 건국 직후 미국 정치체제는 행정의 효율성을 지향하는 해밀턴주의(Hamiltonianism)가 지배했다.
④ 잭슨(Jackson)은 행정의 전문성을 강조하면서, 정치와 행정의 분리와 함께 행정의 영역(field of administration)을 비즈니스의 영역(field of business)으로 규정하기도 하였다.

05 정책의제 설정과정의 유형에 대한 설명으로 옳지 않은 것은?

① 내부접근모형에서는 일반 시민의 지지를 얻기 위해 관료집단이 주도한 의제가 정부의 홍보활동을 통해 공중의제로 확산된다.
② 동원모형은 정치지도자의 지시에 따라 사회문제가 바로 정부의제로 채택되며 정부의 힘이 강하고 민간 부문이 취약한 후진국에서 자주 볼 수 있다.
③ 외부주도형은 이익집단들에 의해 제기된 문제가 여론을 형성해 공중의제로 전환되며 정부가 외부의 요구에 민감하게 반응하는 정치체제에서 자주 볼 수 있다.
④ 공고화모형에서는 이미 광범위한 일반 대중의 지지가 있는 경우에, 정부는 동원 노력보다는 이미 존재하는 지지를 그대로 공고화해 의제를 설정한다.

06 애플비(Appleby)가 주장한 정치행정일원론의 내용에 해당하는 것은?

① 행정은 효율성을 추구하는 관리를 핵심으로 한다.
② 행정은 민의를 중시해야 하며 정책결정과 집행의 혼합작용이다.
③ 시간과 동작연구를 통한 직무의 전문화는 행정조직의 생산성을 극대화할 수 있다.
④ 고위 관료가 능률적으로 관리해야 할 행정원리는 기획, 조직, 인사, 지휘, 조정, 보고, 예산 등이 있다.

07 예산과 법률의 차이점에 대한 설명으로 옳지 않은 것은?

① 법률안은 국회의원과 정부가 제출할 수 있지만, 예산안은 정부만이 제출할 수 있다.
② 발의·제출된 법률안에 대해 국회는 수정할 수 있지만, 예산안의 경우 국회는 정부의 동의 없이 제출된 지출예산 각항의 금액을 증가하거나 새 비목을 설치할 수 없다.
③ 법률안은 대외적 효력을 인정받기 위해 공포 절차를 거쳐야 하지만 예산안은 국회에서 의결되면 효력을 갖는다.
④ 대통령은 국회가 의결한 법률안에 대해 재의 요구를 할 수 있으나, 국회는 정부가 제출한 예산안에 대한 심의·의결 자체를 거부할 수 있다.

08 우리나라의 행정통제 제도에 대한 설명으로 옳은 것은?

① 국민권익위원회는 행정부와 독립된 옴부즈만 기능을 수행하는 헌법상 기관으로서, 독립적인 직권조사권과 시찰권은 갖고 있지만 소추권은 갖고 있지 않다.
② 국회는 대통령을 비롯하여 국무총리, 국무위원, 행정각부의 장, 감사원장 등이 직무를 집행함에 있어 법률을 위반할 때 탄핵소추를 의결할 수 있다.
③ 감사원은 헌법적 지위를 갖는 대통령 직속기구로서 회계검사와 직무감찰을 수행하는데, 직무감찰은 행정부, 입법부, 사법부에 소속된 공무원들을 대상으로 한다.
④ 국무총리실은 2006년 시행된 「정부업무평가 기본법」에 의해 각 부처의 자체평가를 폐지하고 매년 각 부처를 대상으로 직접 업무평가를 실시하고 있다.

09 주민자치와 단체자치에 대한 설명으로 옳은 것은?

① 지방자치의 실질적 요소인 단체자치는 일정 지역 안의 행정이 주민에 의해 수행되어져야 함을 강조한다.
② 주민자치 개념이 발달한 국가에서는 주로 개별적 수권 방식을 채택하였다.
③ 정치적 의미의 자치인 단체자치는 영국을 중심으로 발전하였다.
④ 주민자치는 기초자치단체가 자주적으로 지역의 사무를 처리하는 행태를 뜻하며, 법적 의미의 자치라고 한다.

10 정부신뢰 및 시민참여에 대한 설명으로 옳은 것만을 모두 고르면?

> ㄱ. 도덕성 확보, 정책 내용의 일관성 유지, 정부 역량은 모두 정부신뢰의 구성인자이다.
> ㄴ. 정부와 시민 간의 신뢰 유형 중 신탁적 신뢰는 대칭적 관계에서 형성된다.
> ㄷ. 시민들이 기피하는 시설의 건설 추진 여부에 대한 공론조사에서 시민대표단을 구성하여 토론하는 것은 숙의민주주의의 사례이다.

① ㄱ
② ㄱ, ㄷ
③ ㄴ, ㄷ
④ ㄱ, ㄴ, ㄷ

11 「지방자치법」상 지방의회에 대한 설명으로 옳지 않은 것은?

① 지방의회의원의 의정활동을 지원하기 위하여 정책지원 전문인력을 둘 수 있다.
② 지방의회의 의장은 지방의회의 사무직원을 지휘·감독한다.
③ 지방의회는 매년 4회 정례회를 개최한다.
④ 지방의회의원은 각급 선거관리위원회 위원을 겸직할 수 없다.

12 다음은 정책순응을 확보하기 위한 수단과 그 특징에 대한 설명이다. (가)~(다)에 들어갈 말을 바르게 연결한 것은?

> • (가) : 일선 집행관료는 큰 저항을 하지 않으나 정책에 의해 피해를 입는 대상집단은 의도적으로 불응의 핑계를 찾으려 한다.
> • (나) : 도덕적 자각이나 이타주의적 고려에 의해 자발적으로 순응하는 사람들의 명예나 체면을 손상시키고 사람의 타락을 유발할 수 있다.
> • (다) : 불응의 형태를 정확하게 점검 및 파악하기 어려운 경우가 많다는 약점이 있다.

	(가)	(나)	(다)
①	도덕적 설득	유인	처벌
②	도덕적 설득	처벌	유인
③	유인	도덕적 설득	처벌
④	처벌	유인	도덕적 설득

13 지방자치에 관한 이론에 대한 설명으로 옳은 것은?

① 피터슨(Peterson)의 저서 『도시한계(City Limits)』에 따르면, 개방체제로서의 지방정부는 재분배정책보다 개발정책을 추구하는 경향이 있다.
② 라이트(Wright)는 정부 간 관계를 분쟁형, 창조형, 교환형으로 분류하고, 연방정부와 주정부 간 사회적·문화적 측면의 동태적 관계를 기술하였다.
③ 로즈(Rhodes)의 정부 간 관계론은 지방정부가 조직자원과 재정자원 측면에서 중앙정부보다 우월한 지위에 있다고 본다.
④ 티부(Tiebout)의 발에 의한 투표(voting with feet)가 가능하기 위해서는 주민의 자유로운 이동성, 공공서비스 제공에서 외부효과 존재 등의 전제조건이 충족되어야 한다.

14 정책결정요인론에 대한 설명으로 옳은 것은?

① 정책의 내용에 영향을 미치는 요인이 무엇인가를 밝히는 이론으로, 사회경제적 요인의 중요성을 과소평가했다는 비판을 받고 있다.
② 도슨 - 로빈슨(Dawson-Robinson) 모형은 사회경제적 변수가 정치체제와 정책 모두에 영향을 미친다는 모형으로, 사회경제적 변수로 인해 정치체제와 정책의 상관관계가 유발된다고 설명한다.
③ 패브리컨트(Fabricant)와 같은 정치학자는 경제·사회적 변수보다 정치적 변수의 중요성을 강조한다.
④ 루이스 - 벡(Lewis-Beck) 모형은 사회경제적 변수가 정책에 영향을 주는 직접효과가 있고, 정치체제가 정책에 독립적 영향을 주지 않는다고 설명한다.

15 정책 평가의 종류에 대한 설명으로 옳지 않은 것은?

① 프로그램 논리모형은 정책프로그램의 요소들과 해결하려는 문제들 사이의 논리적 인과관계를 투입(input) - 활동(activity) - 산출(output) - 결과(outcome)로 도식화한다.
② 프로그램 논리모형은 과정평가이기 때문에 정책프로그램의 목표달성 여부를 보여 주지는 못한다는 한계가 있다.
③ 정책영향평가는 사후평가이며 동시에 효과성 평가로 볼 수 있다.
④ 모니터링은 과정평가에 속하지만 집행의 능률성과 효과성을 확보하기 위한 평가이다.

16 집권화와 분권화에 대한 설명으로 옳지 않은 것은?

① 집권화는 조직의 규모가 작고 신설 조직일 때 유리하다.
② 집권화의 장점으로는 전문적 기술의 활용가능성 향상과 경비절감을 들 수 있다.
③ 탄력적 업무수행은 분권화의 장점이다.
④ 분권화는 행정기능의 중복과 혼란을 회피할 수 있고 분열을 억제할 수 있다.

17 「정부조직법」상 국가행정기관에 관한 설명으로 옳지 않은 것은?

① 국무총리가 특별히 위임하는 사무를 수행하기 위하여 부총리 2명을 두고, 기획재정부장관과 교육부장관이 각각 겸임한다.
② 국가안전보장에 관련되는 정보·보안 및 중대범죄 수사에 관한 사무를 담당하기 위하여 대통령 소속으로 국가정보원을 둔다.
③ 행정안전부의 안전·재난 업무 담당은 소방공무원으로 보할 수 있다.
④ 재외동포에 관한 사무를 관장하기 위하여 외교부장관 소속으로 재외동포청을 둔다.

18 정부조직 개혁과 관련된 다음 설명 중 가장 타당한 것은?

① 총체적 품질관리(Total Quality Management)는 집권화된 기획과 사후적 통제를 중시한다.
② 특정 기능 안에 존재하는 업무 절차나 과정보다 기능에 초점을 두고 조직을 개선하는 정부조직 개혁 방안은 리엔지니어링(Reengineering)이다.
③ 조직발전(Organization Development)은 주로 외부 인사가 주도한다는 면에서 목표관리(Management by Objective)와 다르다.
④ 전략적 관리(Strategic Management)는 참여의 과정을 통해 생산 활동의 단기적 목표를 체계 있게 설정하여 생산 활동을 수행하고, 그 결과의 평가·환류에 우선적인 초점을 둔다.

19 계급제와 직위분류제에 대한 설명으로 옳지 않은 것은?

① 계급제는 보직 관리 범위를 제한하여 공무원의 시야를 좁게 만드는 측면이 있다.
② 직위분류제는 공무원의 전문성을 강화하고 직무 중심의 동기유발이 가능하다.
③ 계급제는 공무원의 장기 근무를 유도하고 직업공무원제도 확립에 유리하다.
④ 직위분류제는 직무 한계와 책임 소재가 명확하다.

20 우리나라 공무원제도에 대한 설명으로 옳은 것만을 모두 고르면?

> ㄱ. 중앙정부·지방자치단체 및 그 하부기관에 근무하는 공무원은 직장협의회를 설립할 수 있으며, 하나의 기관에 복수의 협의회 설립이 가능하다.
> ㄴ. 휴직은 공무원으로서의 신분을 보유하게 하면서 직무담임을 일시적으로 해제하는 것으로서 임용권자가 직권으로 휴직을 명하는 직권휴직과 본인의 원에 따라 휴직을 명하는 청원휴직이 있다.
> ㄷ. 공무원은 소청심사위원회를 통해 부당하다고 여겨지는 징계에 대한 구제를 신청할 수 있으며, 소청심사위원회의 결정은 처분청과 소청인 모두를 기속한다.
> ㄹ. 시보 임용기간 중에 있는 공무원이 근무성적·교육훈련성적이 나빠서 공무원으로서의 자질이 부족하다고 판단되는 경우에는 면직시킬 수 있다.

① ㄱ, ㄴ
② ㄱ, ㄷ
③ ㄴ, ㄹ
④ ㄷ, ㄹ

21 성과평가제도에 대한 설명으로 옳은 것은?

① 일반직공무원의 근무성적평정은 크게 5급 이상을 대상으로 한 '성과계약 등 평가'와 6급 이하를 대상으로 한 '근무성적평가'로 구분된다.
② '성과계약 등 평가'는 정기평가와 수시평가로 나눌 수 있으며 정기평가는 6월 30일과 12월 31일 기준으로 연 2회 실시한다.
③ 다면평가는 평가의 객관성과 공정성을 제고할 수 있으나 각 부처가 반드시 이를 실시해야 하는 것은 아니다.
④ 역량평가제도는 5급 신규 임용자를 대상으로 업무 수행에 필요한 충분한 역량을 보유하고 있는지를 평가한다.

22 재정투명성에 대한 설명으로 옳지 않은 것은?

① 재정투명성이란 재정에 관한 정보를 체계적으로 적시에 공개하는 것을 의미한다.
② 2007년의 IMF 「재정투명성 규약」에는 '예산과정의 공개', '재정정보의 완전성 보장', '정부의 역할과 책임에 대한 명확성' 등이 규정되어 있다.
③ 「국가재정법」에서는 공공부문을 제외한 일반정부의 재정통계를 매년 1회 이상 투명하게 공표하도록 규정하고 있다.
④ 「국가재정법」은 예산·기금의 불법 지출에 대한 국민감시 규정을 두고 있다.

23 우리나라의 시간선택제 공무원 제도에 대한 설명으로 옳은 것은?

① 시간선택제 채용공무원을 통상적인 근무시간 동안 근무하는 공무원으로 임용하는 경우 어떠한 우선권도 인정하지 않는다.
② 유연근무제도의 일환으로 도입되었으며, 기관 사정이나 정부의 일자리 나누기 정책 구현 등을 위해서는 활용되지 않는다.
③ 시간선택제 채용공무원의 주당 근무시간은 40시간으로 한다.
④ 2013년에 국가공무원, 2015년에 지방공무원을 대상으로 시간선택제공무원 시험이 최초로 실시되었다.

24 예산결정이론에 대한 설명으로 옳은 것은?

① 예산결정이론은 예산 배분의 경제적 측면을 강조하는 이론과 정치적 측면을 강조하는 이론으로 구분할 수 있는데, 전자는 점증적·단편적 접근이며 후자는 포괄적·분석적 접근이다.
② 총체주의 예산은 목표에 대한 사회적 합의가 도출되지 않은 경우에도 적용할 수 있다는 장점이 있다.
③ 점증주의 예산은 예산을 탄력적으로 활용하여 경기변동에 대응하는 재정정책적 기능을 수행할 수 있다.
④ 루빈(Rubin)의 실시간 예산운영 모형에서 세입, 세출, 예산균형, 예산집행, 예산과정의 다섯 가지 의사결정 흐름은 서로 느슨하게 연계된 상호의존성을 가지고 있다.

25 예산제도에 대한 설명으로 옳지 않은 것은?

① 영기준예산제도는 예산배분의 관행을 인정하지 않는 제도로서 미국의 민간기업 Texas Instruments에서 처음 시작되었고, 1970년대 미국 연방정부에 도입되었다.
② 계획예산제도는 장기적 계획, 사업, 예산을 연결시키는 제도로서 미국에서 베트남 전쟁, 위대한 사회 프로그램 등 정부예산이 팽창하던 1960년대에 도입·운영되었다.
③ 성과주의예산제도는 산출 이후의 성과에 관심을 가지며 예산집행의 재량과 결과에 대한 책임을 강조하는 제도로서 1950년대 연방정부를 비롯해 지방정부에 확산되었다.
④ 품목별예산제도는 예산을 지출대상별로 분류해 편성하는 통제지향적 제도로서 1920년대 대부분 미국 연방 부처가 도입하였다.

제3회 모의고사

01 리더십과 팔로워십 이론에 대한 설명으로 옳은 것만을 모두 고르면?

> ㄱ. 켈리(Kelley)는 소외적 추종자(alienated followers), 순응적 추종자(sheep), 수동적 추종자(yes people), 효과적 추종자(effective followers) 등 네 가지 추종자 유형을 제시하였고, 그 중 소외적 추종자가 가장 위험하다고 주장하였다.
> ㄴ. 블레이크(Blake)와 머튼(Mouton)은 생산에 대한 관심과 사람에 대한 관심이 모두 높은 단합형(team management) 리더십 유형을 최선의 관리방식으로 제안하였다.
> ㄷ. 상황적응적 리더십 모형의 주창자 중 하나인 피들러(Fiedler)는 리더 - 구성원 관계, 직무구조, 직위권력 등 3가지 변수를 중요한 상황요소로 설정하였다.
> ㄹ. 오하이오 주립대 리더십 연구자들은 리더의 행동을 구조주도(initiating structure)와 배려로 설명하며 가장 훌륭한 리더유형을 중간 수준의 구조주도와 배려를 갖춘 균형잡힌 리더형태로 보았다.

① ㄱ, ㄴ ② ㄱ, ㄹ
③ ㄴ, ㄷ ④ ㄷ, ㄹ

02 다음 제도에 대한 설명으로 옳지 않은 것은?

> 킹슬리(Kingsley)가 처음 사용한 용어로, 그 사회의 주요 인적 구성에 기반하여 정부관료제를 구성함으로써, 정부관료제 내에 민주적 가치를 주입하려는 의도에서 발달되었다.

① 관료들은 누구나 자신의 사회적 배경의 가치나 이익을 정책과정에 반영시키려고 노력한다는 점을 전제로 한다.
② 크랜츠(Kranz)는 이 제도의 개념을 비례대표(proportional)로까지 확대하는 것에 반대한다.
③ 라이퍼(Riper)는 이 제도의 개념을 확대해 사회적 특성 외에 사회적 가치까지도 포함시키고 있다.
④ 현대 인사행정의 기본 원칙인 실적제를 훼손할 뿐만 아니라 역차별을 야기할 수 있다는 비판을 받는다.

03 직위분류제 분류 구조와 관련된 개념을 바르게 연결한 것은?

> ㄱ. 한 사람의 공무원에게 부여할 수 있는 직무와 책임
> ㄴ. 직무의 종류는 다르지만, 그 곤란성·책임 수준 및 자격 수준이 상당히 유사하여 동일한 보수를 지급할 수 있는 모든 직위를 포함하는 것
> ㄷ. 직렬 내에서 담당 분야가 동일한 직무의 군
> ㄹ. 직무의 종류가 유사한 직렬의 군

	ㄱ	ㄴ	ㄷ	ㄹ
①	직위	등급	직류	직군
②	직렬	등급	직군	직류
③	직위	직급	직류	직군
④	직렬	직급	직군	직류

04 퍼트남(R. Putnam)이 제시한 사회자본론과 관련하여 옳지 않은 것은?

① 사회자본의 구성요소로 신뢰, 사회적 네트워크, 근로 소득, 지역 금융이 있다.
② 이탈리아 지방정부의 제도적 성과와 관련하여 남부의 성공하지 못한 지역과 북부의 성공적인 지역을 비교 연구한 결과이다.
③ 사회자본은 과도한 대외적 폐쇄성으로 인해 비판을 받고 있다.
④ 사회자본은 스스로 창출되면서도 오랜 기간에 걸쳐 구축되고 나면 짧은 기간 내에 쉽게 사라지지 않는 성격을 지닌다.

05 증거기반 정책결정에 대한 설명으로 가장 적절하지 않은 것은?

① 정책이 이념, 신념, 의견 등에 기반하거나 과학적 사실이 부족한 담론 등에 의한 정책결정을 지양한다는 것이다.
② 증거기반 정책결정이 성공하기 위해서는 상당한 수준의 정보를 활용할 수 있는 정보기반이 갖추어져야 한다.
③ 증거기반 정책결정은 보건정책 분야, 사회복지정책 분야, 교육정책 분야, 형사정책 분야 등에서 상대적으로 용이하게 적용할 수 있다.
④ 증거기반 정책결정을 주장하는 학자들은 정치적 결정 과정을 증거기반 정책결정으로 대체할 수 있다고 주장한다.

06 로위(Lowi)의 정책유형과 그에 대한 설명으로 옳은 것만을 모두 고르면?

ㄱ. 강제력이 행위의 환경에 직접적으로 적용되는 정책은 재분배정책이다.
ㄴ. 분배정책의 사례에는 코로나로 인한 재난지원금의 지급, 사회보장 및 의료보장정책 등이 있다.
ㄷ. 재분배정책은 고소득층으로부터 저소득층으로 소득 이전을 목적으로 하기 때문에 계급대립적 성격을 지닌다.
ㄹ. 규제정책은 개인이나 특정집단에게 강제력이 직접적으로 적용되는 정책이다.
ㅁ. 로위(Lowi)의 정책유형론은 정책유형들 간의 높은 상호 배타성을 특징으로 한다.

① ㄱ, ㄴ, ㄷ
② ㄱ, ㄷ, ㄹ
③ ㄴ, ㄹ, ㅁ
④ ㄱ, ㄷ, ㄹ, ㅁ

07 정책네트워크의 유형별 특징에 대한 설명으로 옳지 않은 것은?

① 정책네트워크에는 참여자들의 상호작용을 규정하는 공식적 규칙이 존재하지 않는다.
② 이익집단, 관련 행정부처 (관료조직), 그리고 의회 위원회가 연합하여 실질적인 정책결정이 이루어지는 모형은 철의 삼각(iron triangle) 모형이다.
③ 정책공동체(policy community)의 주요구성원에는 하위정부 모형의 참여자 외에 전문가집단이 포함된다.
④ 네트워크의 경계가 불분명한 이슈네트워크(issue network)는 정책공동체와 비교해 볼 때 참여자들의 출입과 퇴장이 용이하게 이루어진다.

08 만족모형에 대한 비판으로 옳은 것만을 모두 고르면?

ㄱ. 책임회피의식과 보수적 사고가 지배적인 상황에서 혁신을 이끄는 데 한계가 있다.
ㄴ. 만족에 대한 기대수준을 지나치게 명확히 규정하여 획일적인 의사결정 구조가 나타난다.
ㄷ. 조직 내 상하 관계 등에서 나타나는 권력적 측면이 의사결정에 미치는 영향을 간과한다.
ㄹ. 일반적이고 가벼운 의사결정과 달리 중대한 의사결정에 적용하기 어려울 수 있다.

① ㄱ, ㄴ
② ㄱ, ㄹ
③ ㄴ, ㄷ
④ ㄷ, ㄹ

09 다음에서 설명하는 의사결정 휴리스틱스(heuristics)의 오류는?

사람들에게 10명의 사람으로부터 무작위로 K명의 위원회를 구성하라고 하고, K가 2일 때와 8일 때 어느 경우에 구성되는 위원회의 '경우의 수'가 더 클 것인지를 판단하게 하였다. 이때 대부분의 사람들은 2일 경우가 더 많다고 답한다. 이는 2명의 위원회를 생각하는 것이 8명의 서로 다른 위원회를 생각하는 것보다 더 쉽기 때문이다. 하지만 실제로 2명일 때와 8명일 때의 조합 가능한 위원회의 수는 같다.

① 고착화와 조정(anchoring & adjustment)으로 인한 오류
② 허위상관(illusory correlation)으로 인한 오류
③ 상상의 용이성(imaginability)으로 인한 오류
④ 사례의 연상가능성(retrievability of instances)으로 인한 오류

10 모건(Morgan)이 제시한 조직의 8가지 이미지에 해당하지 않는 것은?

① 문화로서의 조직(Organizations as Culture)
② 적응적 사회구조로서의 조직(Organizations as Adaptive Social Structure)
③ 심리적 감옥으로서의 조직(Organizations as Prison Metaphor)
④ 흐름과 변환과정으로서의 조직(Organizations as Flux and Transformation)

11 조직이론에 관한 설명으로 옳지 않은 것은?

① 전략적 선택론은 조직 설계의 문제를 단순히 상황 적응의 차원이 아니라 설계자의 자유재량에 의한 의사결정 산물로 파악한다.
② 번스(Burns)와 스토커(Stalker)는 조직을 둘러싼 환경의 성격 및 특성이 조직구조와 어떻게 관련되는지를 설명한다.
③ 조직군 생태학은 조직을 외부환경의 선택에 영향을 받을 뿐만 아니라 적극적으로 영향을 끼치는 능동적인 존재로 이해한다.
④ 버나드(Barnard)는 조직 내 인간적·사회적 측면을 강조한다.

12 오츠(Oates)의 분권화정리가 성립하기 위한 조건에 대한 설명으로 옳은 것만을 모두 고르면?

ㄱ. 중앙정부의 공공재 공급 비용이 지방정부의 공공재 공급 비용보다 더 적게 든다.
ㄴ. 공공재의 지역 간 외부효과가 없다.
ㄷ. 지방정부가 해당 지역에서 파레토 효율적 수준으로 공공재를 공급한다.

① ㄱ
② ㄷ
③ ㄱ, ㄴ
④ ㄴ, ㄷ

13 전자정부 구현사례에 대한 설명으로 옳지 않은 것은?

① 'G2B'의 대표적 사례는 '나라장터'이다.
② 'G2C'는 조달 관련 온라인 서비스를 통합적으로 제공하는 것이다.
③ 'G4C'는 단일창구를 통한 민원업무혁신사업으로 데이터베이스공동활용시스템 구축을 내용으로 한다.
④ 'G2G'는 정부 내 업무처리의 전자화를 내용으로 하고 있으며 대표적 사례로는 '온-나라시스템'이 있다.

14 특수경력직 공무원이 아닌 것은?

① 국회사무총장
② 서울특별시 행정2부시장
③ 헌법재판소 사무차장
④ 고위공직자범죄수사처 차장

15 현행 법령상 공무원의 보수 및 연금제도에 대한 설명으로 옳은 것은?

① 「공무원연금법」상 퇴직수당은 공무원과 정부가 분담한다.
② 호봉 간 승급에 필요한 기간은 1년 6개월이며, 직종별 구분 없이 오로지 하나의 봉급표가 적용된다.
③ 「공무원연금법」상 공무원에는 군무원과 군인은 포함되지 않지만 선거에 의해 취임한 공무원은 포함된다.
④ 고위공무원단에 속하는 공무원에 대해서는 대통령경호처 직원 중 별정직공무원을 제외하고 직무성과급적 연봉제를 적용한다.

16 공무원의 소청심사제도에 대한 설명으로 옳은 것은?

① 지방검찰청 소속의 검사 갑은 법무부 소청심사위원회에 소청을 제기할 수 있다.
② 강임과 면직은 심사대상이나 휴직과 전보는 심사대상에 해당되지 않는다.
③ 국립대학교 소속의 교수 을은 인사혁신처 교원소청심사위원회에 소청을 제기할 수 있다.
④ 지방소청심사위원회 위원은 자치단체의 장이 임명 또는 위촉하나 위원장은 위촉위원 중에서 호선한다.

17 공직윤리 관련 제도에 대한 설명으로 옳지 않은 것은?

① 공익신고자의 동의 없이 공익신고자의 인적사항 등을 다른 사람에게 알려주거나 공개할 경우, 징역 또는 벌금 등 법적 제재 대상이 된다.
② 지방공무원이 외국 정부로부터 영예나 증여를 받을 경우에는 소속 지방자치단체장의 허가를 받아야 한다.
③ 「공직자윤리법」을 통해 이해 충돌 방지 의무를 규정하고 주식백지신탁 제도를 도입하였다.
④ 「공직자윤리법」상 재산 등록의무자 모두가 등록재산 공개대상은 아니다.

18 「국가재정법」상 예산개혁에 대한 설명으로 옳지 않은 것은?

① 재정운용의 투명성을 위해 중앙정부 외에 지방정부 재정정보의 공개가 의무화되었다.
② 재정활동에 대한 성과관리체계의 구축하기 위해 성과계획서와 보고서의 작성이 필요하다.
③ 재정운용의 효율성을 위해 일반회계에서 특별회계로의 전출은 가능하지만 전입은 불가능하다.
④ 재정운용의 건전성을 위해 국가채무관리계획을 수립해 회계연도 개시 120일 전까지 국회에 제출해야 한다.

19 「국가재정법」상 (가)에 해당하는 기관만을 모두 고르면?

> 정부는 협의에도 불구하고 (가)의 세출예산요구액을 감액하고자 할 때에는 국무회의에서 해당 (가)의 장의 의견을 들어야 하며, 정부가 (가)의 세출예산요구액을 감액한 때에는 그 규모 및 이유, 감액에 대한 (가)의 장의 의견을 국회에 제출하여야 한다.

| ㄱ. 헌법재판소 | ㄴ. 중앙선거관리위원회 |
| ㄷ. 국민권익위원회 | ㄹ. 국가인권위원회 |

① ㄱ, ㄴ
② ㄱ, ㄹ
③ ㄴ, ㄷ
④ ㄷ, ㄹ

20 우리나라의 예산결산특별위원회에 대한 설명으로 옳지 않은 것은?

① 예산안 및 결산 심사는 제안설명과 전문위원의 검토보고를 듣고, 종합정책질의, 부별 심사 또는 분과위원회 심사 및 찬반토론을 거쳐 표결한다.
② 국회의장이 기간을 정하여 회부한 예산안과 결산에 대하여 상임위원회가 이유 없이 그 기간 내에 심사를 마치지 아니한 때에는 이를 바로 예산결산특별위원회에 회부할 수 있다.
③ 예산안과 결산뿐 아니라 관계 법령에 따라 제출·회부된 기금운용계획안도 심사한다.
④ 소관 상임위원회에서 삭감한 세출예산 각 항의 금액을 증가하게 할 경우에 소관 상임위원회의 동의를 받지 않아도 된다.

21 다음 중 우리나라의 예비비에 대한 설명으로 가장 적절하지 않은 것은?

① 목적예비비는 예산총칙 등에서 미리 사용목적을 지정해야 하며, 따로 세입·세출예산에 계상할 수 있다.
② 예측할 수 없는 예산 외의 지출 또는 초과지출에 충당하기 위하여 편성한다.
③ 재해대책비·공공요금·환율상승에 따른 원화부족액 보정 등을 위해 사용 가능한 한도액을 정한 목적예비비가 있다.
④ 일반예비비는 그 사용 목적을 특정하지 않고 국회의 사전 의결을 거친 경비이므로 회계연도를 달리하여 사용할 수 있다.

22 지방재정에 대한 설명으로 옳지 않은 것은?

① 부동산교부세는 일반재원이다.
② 내국세 및 교육세의 일부는 지방교육재정교부금의 재원이다.
③ 지역균형발전특별회계는 노무현 정부의 국가균형발전특별회계의 신설에서 비롯되었다.
④ 지역상생발전기금은 지방소비세 도입 과정에서의 광역지자체와 기초지자체 간 세수입 배분의 불균형을 해소하기 위한 것이다.

23 2022년 개정·시행된 「지방자치법」에 대한 설명으로 옳지 않은 것은?

① 지방의회 의장의 지방의회 소속 사무직원 임용
② 지방의회 의원 정수의 3분의 2 범위에서 정책지원 전문인력 충원
③ 주민은 권리·의무와 직접 관련되는 규칙에 대한 제정·개정 및 폐지 의견을 지방자치단체장에게 제출 가능
④ 국가와 지방자치단체 간의 협력을 도모하고 지방자치 발전과 지역간 균형발전에 관련되는 중요 정책을 심의하기 위한 중앙지방협력회의 도입

24 다음 중 공공선택이론에 대한 설명으로 가장 적절하지 않은 것은?

① 중위투표자 이론은 중간선거자만을 만족시킨 모형으로서 모든 투표자의 선호를 고려하지 않기 때문에 자원배분의 효율성을 보장하지 못한다.
② 티부(Tiebout)에 의하면, 지역주민의 완전한 이동성이라는 시장 배분적 과정을 통하여 지방공공재의 적정규모 공급이 가능하다.
③ 공공선택이론은 소비자인 개인의 선호를 존중하고, 경쟁을 통하여 공공서비스를 생산하고 공급함으로써 행정의 대응성을 높일 수 있다고 주장한다.
④ 고위직 관료들의 관청형성전략(bureau-shaping strategy)은 소속 조직을 보다 집권화된 대규모의 계서적 관료조직으로 개편시킨다.

25 다음 대화에서 옳지 않은 말을 한 사람은?

A: 신공공관리론의 학문적 토대는 신고전학파 경제학인데, 넛지이론은 공공선택론이야.
B: 신공공관리론은 효율성을 증대하여 고객 대응성을 높이자는 목표를 가지는데, 넛지이론은 행동변화를 통해서 삶의 질을 높이는 것이 목표야.
C: 신공공관리론에서는 경제적 합리성을 가정하지만, 넛지이론에서는 제한된 합리성을 가정하지.
D: 신공공관리론에서는 공무원이 정치적 기업가가 되길 원하지만 넛지이론에서는 선택설계자가 되길 바라지.

① A ② B
③ C ④ D

제4회 모의고사

01 우리나라 기금 운영에 대한 설명으로 옳은 것은?

① 주한 미군기지 이전, 행정중심 복합도시 건설 등 기존의 일반회계에서 처리하기 곤란한 대규모 국책사업을 실행하기 위해 운영된다.
② 특정 수입과 지출을 연계한다는 점에서 특별회계와 차이점이 있다.
③ 정부는 매년 기금운용계획안을 마련하여 국무회의의 의결을 받아야 하며, 국회에 제출해야 한다.
④ 정부는 주요항목 단위로 마련된 기금운용계획안을 회계연도 개시 60일 전까지 국회에 제출하여야 한다.

02 지방교부세에 대한 설명으로 옳은 것은?

① 신청주의를 원칙으로 하며 각 중앙관서의 예산에 반영되어야 한다.
② 자치구는 보통교부세의 직접 교부대상에 해당한다.
③ 지방행정 및 재정운용 실적이 우수한 지방자치단체의 재정지원 등 특별한 재정수요가 있을 경우 보통교부세를 교부할 수 있다.
④ 소방안전교부세 중 「개별소비세법」에 따라 담배에 부과하는 개별소비세 총액의 20%를 초과하는 부분은 소방 인력의 인건비로 우선 충당하여야 한다.

03 공기업 민영화 과정에서 발생할 수 있는 문제점에 대한 설명으로 옳지 않은 것은?

① 민영화 과정에서 특혜, 정경유착 등의 부패가 발생할 수 있다.
② 공기업에서 제공하던 공공서비스가 사적 서비스로 변환되기 때문에 서비스 배분의 형평성 문제가 제기될 수 있다.
③ 민영화를 통해 정부의 지분이 다수 국민에게 지나치게 분산되면 대주주는 없고 다수의 소액주주만 있어서 공기업에 대한 효과적인 감시가 어려워질 수 있다.
④ 시장성이 큰 서비스를 다루는 공기업을 민영화하게 되면 지나친 경쟁체제에 노출되기 때문에 민영화의 실익이 없다.

04 다음 중 공공재의 공급 규모에 대한 설명으로 가장 적절하지 않은 것은?

① 니스카넨(Niskanen)의 예산극대화모형에 따르면 공공재는 과다 공급된다.
② 파킨슨(Parkinson)의 법칙이 적용되면 공공재는 과다 공급된다.
③ 보몰(Baumol)의 효과로 인하여 정부의 지출규모가 감소하여 공공재는 과소 공급된다.
④ 다운스(Downs)에 의하면, 국민의 합리적 무지 내지 무관심은 공공재의 과소 공급을 가져온다.

05 정책혁신의 확산에 대한 설명으로 옳은 것은?

① 로저스(E. Rogers)에 따르면, 혁신수용시간에 따라 수용자 수의 분포는 S자 형태를 띠고, 이들 수용자의 누적도수는 정규분포를 이룬다.
② 확산은 선진산업국가로부터 저개발지역으로 확산되는 '공간적 확산(spatial diffusion)'과 이웃지역으로부터의 모방을 통한 '계층적 확산(hierarchical diffusion)'으로 구분할 수 있다.
③ 혁신의 초기수용자는 소속집단의 신망을 받는 이들로서 그 사회에서 여론선도자일 가능성이 높다.
④ 혁신 확산에 관한 연구는 주로 미시수준에 머물러 있고, 중위수준 및 거시수준에서의 연구는 여전히 미진한 실정이다.

06 신엘리트 이론에 대한 설명으로 옳은 것은?

① 기득권 세력이 그 권력을 이용해 기존의 이익배분 상태에 대한 변동을 요구하는 것이다.
② 정책결정에 영향을 미치는 정치권력이 두 가지 얼굴이 있다고 주장하며, 이 가운데 하나의 측면만을 고려하는 다원주의를 비판하였다.
③ 헌터(Hunter)는 지역사회연구를 통해 응집력과 동료의식이 강하고 협력적인 기업엘리트들이 지역사회를 지배한다는 엘리트론을 주장한다.
④ 엘리트가 정책문제의 정의와 의제설정과정에서 은밀한 영향력을 행사하기 때문에 실증적 분석방법론의 활용이 용이하다고 주장하였다.

07 나카무라와 스몰우드(Nakamura & Smallwood)의 정책집행모형에 대한 설명으로 옳지 않은 것은?

① 고전적 기술관료형의 경우, 정책집행자가 정책을 집행하는 데 필요한 기술이 부족하거나 정책집행자가 정책목표를 지지하지 않을 때, 집행과정에서 문제가 발생한다.
② 지시적 위임형의 경우, 정책결정자가 정책목표를 달성하는 데 필요한 관리적 행위에 관한 권한들을 정책집행자에게 위임하기 때문에 정책집행자는 행정적 권한을 소유하고 있다.
③ '관료적 기업가형'은 정책집행자가 목표와 수단을 강구한 다음 정책결정자를 설득하고, 정책결정자는 정책집행자가 수립한 목표와 수단을 기술하는 역할을 담당한다고 본다.
④ 재량적 실험가형은 정책집행자들이 대부분의 권한을 갖고 정책과정 전반에 영향력을 행사하면서 실질적인 정책결정 및 집행과정을 주도한다고 본다.

08 지역사회의 권력구조를 설명하는 성장기구론에 대한 설명으로 옳은 것만을 모두 고른 것은?

ㄱ. 자기 소유의 주택가격 상승을 위하는 주민들이 많을수록 성장연합이 더 강한 힘을 발휘하는 경향이 있다.
ㄴ. 토지문제와 개발문제 그리고 이와 연계된 도시의 공간확장 문제 등과 관련이 있다.
ㄷ. 반성장연합은 일부 지역주민과 환경운동 집단 등으로 이루어진다.
ㄹ. 성장연합은 반성장연합에 비해서 토지 또는 부동산의 교환가치보다는 사용가치를 중시한다.

① ㄱ, ㄴ, ㄷ
② ㄱ, ㄴ, ㄹ
③ ㄱ, ㄷ, ㄹ
④ ㄴ, ㄷ, ㄹ

09 SWOT 분석에 대한 설명으로 옳지 않은 것은?

① 조직 내적 특성과 외부 환경의 조합에 따른 맞춤형 대응전략 수립에 도움이 된다.
② 조직 외부 환경은 기회와 위협으로, 조직 내부 자원·역량은 강점과 약점으로 구분한다.
③ 다양화 전략은 조직의 강점을 활용하여 위협을 회피하거나 최소화하는 전략이라고 볼 수 있다.
④ 기존 프로그램의 축소 또는 폐지는 약점-기회를 고려한 방어적 전략이라고 볼 수 있다.

10 총액인건비제도에 대한 설명으로 옳지 않은 것은?

① 정원관리에 대한 각 부처의 자율성 확대를 목표로 한다.
② 김대중 정부에서 중앙행정기관 및 지방자치단체에 처음 도입되었으며, 공공기관으로 확대되었다.
③ 보수관리에 대한 각 부처의 자율성이 확대되었다.
④ 시행기관은 성과중심의 조직운영을 위하여 총액인건비제도를 활용할 수 있다.

11 공공가치론에 대한 설명으로 옳은 것만을 모두 고르면?

ㄱ. 무어(Moore)는 공공가치 실패를 진단하는 도구로 '공공가치 지도그리기(mapping)'을 제안한다.
ㄴ. 보즈만(Bozeman)은 공공기관에 의해 생산된 순(純) 공공가치를 추정하는 '공공가치 회계'를 제시했다.
ㄷ. '전략적 삼각형' 모델은 정당성과 지지, 운영 역량, 공공가치로 구성된다.
ㄹ. 시장과 공공부문이 공공가치 실현에 필수적으로 요구되는 재화와 서비스를 제공하지 못할 때 '공공가치 실패'가 일어난다.

① ㄱ, ㄴ
② ㄱ, ㄹ
③ ㄴ, ㄷ
④ ㄷ, ㄹ

12 정책분석에 대한 설명으로 옳은 것만을 <보기>에서 모두 고르면?

<보기>

ㄱ. 정책문제를 정확하게 인식해야 바람직한 정책목표와 정책대안 분석이 가능하다.
ㄴ. 비용효과분석은 비용과 편익 모두 화폐가치로 측정하기 때문에 대안 간 비교에 용이하다.
ㄷ. 정책의 대상이 되는 문제 자체에 대한 정의를 잘못 내리는 경우에 발생하는 오류를 1종 오류라고 한다.
ㄹ. 문제상황의 가능성 있는 원인, 개연성(plausible) 있는 원인, 행동가능한 원인을 식별하기 위한 기법은 정책분석 중 가정분석이다.
ㅁ. 정책대안을 평가하는 기준으로 효율성, 효과성, 형평성, 실현 가능성 등이 활용되고 있다.

① ㄱ, ㄴ
② ㄴ, ㄷ
③ ㄷ, ㄹ
④ ㄱ, ㅁ

13 우리나라 중앙예산기관의 변천에 대한 설명으로 옳지 않은 것은?

① 국무총리 직속 기획처 예산국이 우리나라에서 처음으로 중앙예산기관의 역할을 담당하였다.
② 1961년 설립된 경제기획원은 수입·지출의 총괄기능을 담당하였으며, 재무부는 중앙예산기관의 역할을 담당하였다.
③ 김영삼 정부는 1994년 정부조직개편을 통해 경제기획원과 재무부를 재정경제원으로 통합하여 세제, 예산, 국고 기능을 일원화하였다.
④ 현재는 기획재정부 예산실이 중앙예산기관의 역할을 담당하고 있다.

14 정책평가의 설계에 대한 설명으로 옳지 않은 것은?

① 사후적 비교집단 구성(비동질적집단 사후측정설계)은 선정효과로 인해 내적 타당성이 훼손될 수 있다.
② 진실험은 모방효과로 인해 내적 타당성이 훼손될 수 있다.
③ 비동질적 통제집단설계는 진실험과 같은 수준의 내적 타당성을 확보할 수 있다.
④ 진실험과 준실험을 비교하면 실행가능성 측면에서는 준실험이, 내적 타당성 측면에서는 진실험이 더 우수하다.

15 직무평가 방법에 대한 설명으로 옳지 않은 것은?

① 분류법은 미리 정해진 등급기준표를 이용하는 비계량적 방법이다.
② 서열법은 비계량적 방법으로, 직무의 수가 적은 소규모 조직에 적절하다.
③ 점수법은 직무와 관련된 평가요소를 선정하고 각 요소별로 중요도를 부여하는 과정에서 계량화를 통해 명확하고 객관적인 이론적 증명이 가능하다.
④ 요소비교법은 조직 내 기준직무(key job)를 선정하여 평가하려는 직무와 기준직무의 평가요소를 상호비교하여 상대적 가치를 판단하는 방법이다.

16 특별지방자치단체에 대한 설명으로 옳지 않은 것은?

① 2개 이상의 지방자치단체가 공동으로 특정한 목적을 위하여 광역적으로 사무를 처리할 필요가 있을 때 설치할 수 있다.
② 특별지방자치단체는 법인으로 한다.
③ 특별지방자치단체를 구성하는 지방자치단체(이하 '구성 지방자치단체'라고 함)는 상호 협의에 따른 규약을 정하여 구성 지방자치단체의 지방의회 의결을 거쳐 행정안전부장관의 승인을 받아야 한다.
④ 특별지방자치단체의 사무가 구성 지방자치단체 구역의 일부에만 관계되는 등 특별한 사정이 있을 때에는 해당 지방자치단체 구역의 일부만을 구역으로 할 수는 없다.

17 「지방자치법」상 주민참여 수단에 대한 설명으로 옳은 것은?

① 지방자치단체장은 지방의회의 동의 없이 직권으로 주민투표를 실시할 수 있다.
② 주민은 그 지방자치단체의 장을 소환할 권리를 갖지만, 비례대표 지방의회의원을 소환할 권리를 가지고 있지는 못하다.
③ 주민은 행정기구를 설치하거나 변경하는 것에 관한 사항이나 공공시설의 설치를 반대하는 사항의 조례를 제정하거나 개정하거나 폐지할 것을 청구할 수 있다.
④ 18세 이상의 주민은 그 지방자치단체와 그 장의 권한에 속하는 사무의 처리가 법령에 위반되거나 공익을 현저히 해친다고 인정되면 감사원에 감사를 청구할 수 있다.

18 정책변동의 유형 중 정책유지에 관한 설명으로 가장 적절하지 않은 것은?

① 정책의 기본적 성격이나 정책목표·수단 등이 큰 폭의 변화 없이 모두 그대로 유지되지만, 정책의 구체적 내용에 있어서 부분적 대체나 완만한 변동은 있을 수 있다.
② 정책평가로부터 얻은 정보가 정책채택 단계에서 다시 활용되는 경우로 정책목표는 유지하면서 정책수단을 새로운 수단으로 대체하는 것이다.
③ 저소득층 자녀에 대한 교육비 보조를 그 바로 위 계층의 자녀에게 확대하는 사례가 이에 해당한다.
④ 정책 대상 집단의 범위가 축소 혹은 확대되거나 정책으로부터 얻는 혜택수준이 변화하는 경우와 관련이 있다.

19 현대조직이론에 대한 설명으로 옳지 않은 것은?

① 자원의존이론은 조직을 환경적 결정에 피동적인 존재로 보지 않고 스스로의 이익을 위해 주도적·능동적으로 환경에 대처하며, 환경을 조직에 유리하도록 관리하려는 존재로 본다.
② 조직군생태론은 조직을 외부 환경의 선택에 따라 좌우되는 피동적인 존재로 보고, 조직의 발전이나 소멸의 원인을 환경에 대한 조직 적합도에서 찾는다.
③ 혼돈이론은 조직이라는 복잡한 체제의 총체적 이해를 도울 수 있다는 장점이 있으나, 복잡한 현상에 대한 통합적 연구를 지향한다는 점에서 현실세계에 적용하기 어렵다는 한계를 보인다.
④ 상황론적 조직이론은 기술, 규모, 환경 등의 다양한 상황요인에 대한 조직 적합성을 발견함으로써, 모든 상황에 적합하고 유일한 최선의 조직설계와 관리방법을 찾을 수 있다고 본다.

20 공직부패의 유형에 대한 설명으로 옳지 않은 것은?

① 인·허가 업무처리 시 소위 '급행료'를 당연하게 요구하는 행위를 일탈형 부패라고 한다.
② 정치인이나 고위공무원이 자신의 권력을 남용해 사적 이익을 추구하는 것을 권력형 부패라고 한다.
③ 공금 횡령, 회계 부정 등 거래 당사자 없이 공무원에 의해 일방적으로 발생하는 부패를 사기형 부패라고 한다.
④ 사회체제에 파괴적 영향을 미칠 잠재성이 있음에도 불구하고, 일부 집단은 처벌을 원하는 반면, 다른 집단은 처벌을 원하지 않는 경우를 회색부패라고 한다.

21 조직의 갈등과 갈등관리에 관한 설명으로 옳지 않은 것은?

① 고전적 조직이론에서는 갈등을 중요하게 고려하지 않는다.
② 수평적 갈등의 경우 상위의 목표를 제시하거나 권위를 이용해 갈등을 해결할 수 있다.
③ 진행단계별로 분류할 때 잠재적 갈등은 갈등이 야기될 수 있는 상황 또는 조건을 의미한다.
④ 토마스의 갈등해소 전략 중 타협형 갈등관리는 갈등당사자 간의 관계를 좋은 상태로 유지하면서 상호 간의 이익을 추구하는 상생(win-win) 전략이다.

22 우리나라 중앙인사기관에 대한 설명으로 옳지 않은 것은?

① 인사혁신처는 독립합의형의 형태를 취한다.
② 인사혁신처장은 차관급 정무직 공무원으로 대통령이 임명한다.
③ 인사혁신처는 공직사회의 개방성과 전문성을 강화하고 공직개혁을 추구하기 위한 목적으로 설립되었다.
④ 소청심사위원회는 공무원의 징계, 그 밖에 그 의사에 반하는 불리한 처분이나 부작위에 대한 소청을 심사 결정하기 위한 합의제기관으로 재결기능을 갖는다.

23 우리나라의 공무원 복무와 징계에 대한 설명으로 옳은 것은?

① 공무원은 직무상의 관계가 있든 없든 그 소속 상관에게 증여하거나 소속 공무원으로부터 증여를 받아서는 아니 된다.
② 중징계의 일종인 파면의 경우 5년간 공무원으로 재임용될 수 없으나, 연금급여의 불이익은 없다.
③ 공무원은 어떠한 경우에도 자신의 직무권한을 행사하여 직무관련자로부터 사적 노무를 제공받아서는 아니 된다.
④ 감봉은 경징계에 해당하며 1개월 이상 3개월 이하 기간 동안 직무에 종사하지 못하고, 보수의 1/3을 삭감하는 처분이다.

24 다음 중 공직윤리 확보를 위해 우리나라에서 시행하고 있는 제도에 관한 설명으로 옳은 것은?

①「공직자윤리법」상 소방정 이상의 소방공무원은 재산등록 의무가 있다.
②「공직자윤리법」상 지방의회 의원은 외국 정부 등으로부터 받은 선물의 신고 의무가 없다.
③ 공직자 행동강령은 공무원이 준수하여야 할 행동기준으로「국가공무원법」에 규정되어 있다.
④ 취업심사대상자는 퇴직 전 3년 동안 소속하였던 부서의 업무와 밀접한 관련이 있는 기관에 퇴직일로부터 5년간 취업할 수 없다. 단, 관할 공직자윤리위원회로부터 취업 승인을 받은 경우는 예외로 한다.

25 학습조직에 대한 설명으로 옳지 않은 것은?

① 개방체제와 자아실현적 인간관을 바탕으로 새로운 지식을 창출하고자 한다.
② 연결된 체계 간의 상호작용을 이해하고, 이를 효과적으로 활용하기 위한 체계적 사고(systems thinking)를 강조한다.
③ 조직구성원들의 비전 공유를 중시한다.
④ 조직구성원의 합이 조직이 된다는 점에서, 조직 내 구성원 각자의 개인적 학습을 강조한다.

제5회 모의고사

01 탈신공공관리론(post-NPM)에 대한 설명으로 가장 적절하지 않은 것은?

① 신공공관리론을 교정하고 통치역량을 강화하며, 정치·행정의 통제와 조정을 개선하기 위해 재집권화와 재규제를 주장하는 것이다.
② 탈신공공관리는 신공공관리의 조정이 아니라 신공공관리의 주요 아이디어들을 대체하는 것이다.
③ 탈신공공관리는 구조적 통합을 통해 분절화의 축소를 추구한다.
④ 중앙의 정치·행정적 역량 강화를 추구한다.

02 다음 중 민츠버그(Mintzberg)의 전문적 관료제 구조에 대한 설명으로 가장 적절하지 않은 것은?

① 업무의 표준화가 어려워 개인의 전문성에 의존한다.
② 종합병원과 같이 높은 분화와 낮은 공식화의 특성을 가진다.
③ 환경변화에 적응하는 속도가 빠른 편이므로 복잡하고 불안정한 환경에 적합하다.
④ 핵심운영층에 해당하는 작업 계층의 역할이 강조된다.

03 발생주의 회계제도에 대한 설명으로 옳지 않은 것은?

① 거래나 사건이 발생하는 시점에서 인식하는 것으로 자산·부채·수입·지출을 정확하게 측정하기 위한 회계기법이다.
② 미지급금·부채성충당금 등을 포함하여 부채를 정확하게 측정한다.
③ 산출에 대한 원가 산정이 가능하기 때문에 분권화된 조직의 자율과 책임을 구현할 수 있는 중요한 수단이다.
④ 이 제도를 사용하더라도 현금흐름표를 통해 현금흐름을 파악할 수 있으며, 부채를 과소평가하는 현금주의회계제도의 단점을 극복할 수 있다.

04 정부 간 관계와 지방자치권에 대한 설명으로 옳지 않은 것은?

① 라이트(Wright)는 미국의 연방정부, 주정부, 지방정부 간 관계에 주목하면서 중앙·지방정부 간 관계를 3가지 형태로 구분하였다.
② 엘코크(Elcock)가 제시한 대리인모형은 지방정부의 자율성이 제약되는 상황을 특징으로 한다.
③ 우리나라 지방자치단체의 자치조직권은 「지방자치법」의 위임에 따라 제정된 대통령령의 제약을 받는다.
④ 우리나라 지방자치단체의 단체위임사무는 의결기관인 지방의회가 그 사무의 처리에 관여할 수 없다.

05 우리나라 지방자치제도에 대한 설명으로 옳지 않은 것은?

① 자치사무·고유사무와 달리 법령에 의하여 지방자치단체에 속하는 사무, 단체위임사무에 관해서는 조례로 규정할 수 없다.
② 합의제 행정기관의 설치 운영에 관하여 필요한 사항은 대통령령 또는 조례로 정한다.
③ 지방자치단체는 공공시설을 부정 사용한 자에 대하여 과태료를 부과하는 규정을 조례로 정할 수 있다.
④ 지방자치단체는 공공시설을 관계 지방자치단체의 동의를 얻어 그 지방자치단체의 구역 밖에 설치할 수 있다.

06 「지방공기업법」상 지방공기업에 대한 설명으로 옳지 않은 것은?

① 지방직영기업의 관리자는 해당 지방자치단체의 공무원으로서 지방직영기업의 경영에 관하여 지식과 경험이 풍부한 사람 중에서 지방자치단체의 장이 임명한다.
② 지방공사를 설립하고자 하는 시장·군수·구청장은 설립 전에 행정안전부장관과 협의하여야 한다.
③ 지방자치단체는 상호 규약을 정하여 다른 지방자치단체와 공동으로 지방공사를 설립할 수 있다.
④ 지방자치단체는 지방직영기업을 설치·경영하려는 경우에는 그 설치·운영의 기본사항을 조례로 정하여야 한다.

07 고위공무원단제도에 대한 설명으로 옳은 것은?

① 고위공무원단으로 관리되는 풀(pool)에는 일반직 공무원 뿐만 아니라 외무공무원도 포함된다.
② 적격 심사에서 부적격 결정을 받은 경우에 한해서만 직권면직이 가능하므로 제도 도입 전보다 고위공무원의 신분보장이 강화되었다.
③ 감사원 소속 공무원과 지방 공무원은 「국가공무원법」상 고위공무원단에 속한다.
④ 고위공무원단의 구성은 소속 장관별로 개방형 직위 30%, 공모 직위 20%, 기관자율 직위 50%로 이루어져 있다.

08 우리나라 공기업에 대한 설명으로 옳은 것은?

① 공공기관은 매년 기획재정부장관이 지정하여 고시한다.
② 정부기업은 정부가 소유권을 가지고 운영하는 공기업으로서 정부조직에 해당되지 않는다.
③ 주식회사형 공기업은 특별법 혹은 상법에 의해 설립되지만 일반행정기관에 적용되는 조직·인사 원칙이 적용된다.
④ 준정부기관은 직원정원 50명 이상, 수입액 30억 원 이상, 자산규모 10억 원 이상인 공공기관 중에서 공기업이 아닌 공공기관이다.

09 브레이브룩과 린드블롬(Braybrooke & Lindblom)이 제시한 다음 모형에서, '다소 행정적이고 기술적인 의사결정'이 필요한 포괄적 합리모형에 해당하는 것은?

정책목표와 수단에 대한 이해의 정도 \ 의사결정에 의한 사회변화의 크기	광범위한 변화	점증적인 변화
높은 이해	㉠	㉡
낮은 이해	㉢	㉣

① ㉠
② ㉡
③ ㉢
④ ㉣

10 우리나라 정부재정에 대한 설명으로 옳지 않은 것은?

① 일반회계예산의 세입은 원칙적으로 조세수입을 재원으로 하고 세출은 국가사업을 위한 기본적 경비 지출로 구성된다.
② 실질적인 정부의 총예산 규모를 파악하는 데에는 예산순계 기준보다 예산총계 기준이 더 유용하다.
③ 중앙관서의 장은 특별회계를 신설하고자 하는 때에는 해당 법률안을 입법예고하기 전에 특별회계 신설에 관한 계획서를 기획재정부장관에게 제출하며 그 신설의 타당성에 관한 심사를 요청하여야 한다.
④ 중앙정부의 통합재정 규모는 일반회계, 특별회계, 기금, 세입세출 외 항목을 포함하지만 내부거래와 보전거래는 제외한다.

11 우리나라 통합재정과 관련된 설명으로 옳지 않은 것은?

① 일반회계, 특별회계, 기금을 포함한다.
② 일반정부 통합재정의 기관 범위에 지방자치단체는 포함되지만, 금융성 공공기관은 포함되지 않는다.
③ 통합재정수지 계산 시 신용보증기금 등의 금융성 기금을 포함한다.
④ 1979년부터 정부의 재정규모 통계로 사용하고 있으며 국가예산의 세입, 세출을 순계 개념으로 파악한다.

12 정책 평가의 내적 타당성과 외적 타당성에 대한 설명으로 옳은 것은?

① 역사요인, 성숙요인, 회귀요인은 모두 외적 타당성 저해 요인이다.
② 준실험이 갖는 약점은 주로 외적 타당성보다는 내적 타당성에 관한 것이다.
③ 실험대상자들이 실험의 대상으로 자신들이 관찰되고 있다는 사실을 알게 되어 평소와는 다른 행동을 함으로써 발생하는 효과는 내적 타당성의 저해요인이다.
④ 정책집행과 정책효과 사이의 인과관계를 정확히 파악할 수 있는 평가는 외적 타당성을 갖추었다고 볼 수 있다.

13 현대조직이론에 대한 설명으로 옳은 것은?

① 조직군생태론은 단일조직을 기본 분석단위로 하며, 환경에 대한 조직 적합도에 초점을 둔다.
② 거래비용이론은 자원의존이론의 한 접근법으로, 조직 간 거래비용보다는 조직 내 거래비용에 더 많은 관심을 둔다.
③ 조직군 생태학이론 - 조직군의 변화를 이끄는 변이는 우연적 변화(돌연변이)로 한정되며, 계획적이고 의도적인 변화를 포함한다.
④ 대리인이론에 따르면 정보의 대칭성과 자산 불특정성이 합리적 선택을 제약하며, 주인-대리인 관계는 조직 내에서 나타나지 않는다.

14 롬젝(Romzeck)의 행정책임 유형에 대한 설명으로 옳지 않은 것은?

① 계층적 책임 - 조직 내 상명하복의 원칙에 따라 통제된다.
② 법적 책임 - 표준운영절차(SOP)나 내부 규칙(규정)에 따라 통제된다.
③ 전문가적 책임 - 전문직업적 규범과 전문가집단의 관행을 중시한다.
④ 정치적 책임 - 민간 고객, 이익집단 등 외부 이해관계자의 기대에 부응하는가를 중시한다.

15 조직기술에 대한 설명으로 옳은 것은?

① 톰슨의 분류에 따른 집약적 기술은 정기적인 회의를 조정기제로 삼는다.
② 페로의 분류에 따르면 기예적(craft) 기술은 대체로 기계적 조직구조와 부합한다.
③ 톰슨의 분류에 따르면 집합적 상호의존성이 있는 기술은 순차적 의존관계를 가진다.
④ 페로의 분류에 따르면 일상기술은 과제다양성이 낮고 분석가능성이 높아 표준화 가능성이 크다.

16 옹호연합모형(Advocacy Coalition Framework)에 대한 설명으로 옳은 것만을 모두 고르면?

> ㄱ. 정책하위체제에 초점을 두어 정책변화를 이해한다.
> ㄴ. 정책지향학습은 옹호연합 내부만 아니라 옹호연합 사이에서도 발생한다.
> ㄷ. 행정규칙, 예산배분, 규정의 해석에 대한 결정은 정책 핵심 신념과 관련된다.
> ㄹ. 신념 체계 구조에서 규범적 핵심 신념은 관심 있는 특정 정책 규범에 적용되며, 이차적 측면(secondary aspects)보다 변화 가능성이 작다.

① ㄱ, ㄴ ② ㄱ, ㄹ
③ ㄴ, ㄷ ④ ㄷ, ㄹ

17 집단적 문제해결의 전통적 방법을 수정한 대안과 그 특징을 바르게 연결하지 않은 것은?

① 델파이기법(delphi method) – 문제해결의 아이디어를 제공하는 사람들이 서로 대면적인 접촉을 하지 않고 각각 독자적으로 형성한 판단들을 종합·정리하는 방법이다.
② 브레인스토밍(brain storming) – 참가자들이 될 수 있는 대로 많은 독창적 의견을 내도록 노력해야 하므로, 이미 제안된 여러 아이디어들을 종합하여 새로운 아이디어를 만들어내는 편승기법(piggy backing)의 사용을 지양한다.
③ 변증법적 토론(dialectical inquiry) – 두 집단으로 나누어 토론을 하기 때문에 특정 대안의 장점과 단점이 최대한 노출될 수 있다.
④ 명목집단기법(nominal group method) – 개인들이 개별적인 해결방안을 구상하고 그에 대해 제한된 집단적 토론만 한 다음, 표결로 의사를 결정하는 방법이다.

18 피터스(G. Peters)의 정부모형에 대한 설명으로 옳은 것은?

① 참여모형에서는 조직의 고위층과 최하위층 간에 계층 수가 많지 않아야 한다.
② 유연정부모형은 변화하는 정책수요에 맞춰 탄력적으로 구성원들을 활용함으로써 이들의 조직과 업무에 대한 몰입도를 높인다.
③ 시장모형은 정치지도자들의 권력을 약화시키고 기업가적 관료들의 정책결정자로서의 역할을 제고하는 결과를 가져왔다.
④ 탈규제모형은 정부역할의 적극성 및 개입성이 높으면 공익 구현이 어렵다는 인식을 전제한다.

19 지방공공서비스 공급과 관련된 설명으로 옳지 않은 것은?

① 영국에서는 의무경쟁입찰제도가 최고가치정책으로 전환되었다.
② 사바스(E. S. Savas)의 분류에 따르면 계약, 허가, 보조금 등은 지방정부가 공급을 결정하고 민간부문이 생산을 담당하는 공급유형에 속한다.
③ 니스카넨(W. Niskanen)의 예산극대화모형에 따르면, 관료들의 행태 때문에 지방정부의 예산규모가 사회적으로 효율적인 수준보다 더 커질 수 있다.
④ 시민공동생산 논의는 시민과 지역주민을 정규생산자로 파악하는 데에서 출발한다.

20 사바스(Savas)의 재화 및 서비스 유형에 대한 설명으로 옳지 않은 것은?

① 시장재(private goods)는 소비자 보호와 서비스 안전을 위해 행정의 개입도 가능하다.
② 공유재(common pool goods)는 과다 소비와 공급 비용 귀착 문제가 발생한다.
③ 요금재(toll goods)는 X - 비효율성으로 인해 발생할 수 있는 문제 때문에 대부분 정부가 공급한다.
④ 집합재(collective goods)는 비용 부담에 따라 서비스 혜택을 차별화하거나 배제할 수 없기 때문에 무임승차 문제가 발생한다.

01 정책의 효과를 확인하기 위한 평가설계에 대한 설명으로 옳은 것만을 모두 고르면?

> ㄱ. 동일 정책대상집단에 대해 정책집행을 기준으로 여러 번의 사전, 사후측정을 하여 정책효과를 추정하는 '단절적 시계열설계'는 준실험설계 유형 중 하나이다.
> ㄴ. 내적 타당성을 위협하는 역사요인은 정책집행 기간이 상대적으로 길고 정책대상이 사람일 때 주로 나타나며 시간의 경과 때문에 발생하는 조사대상 집단의 특성변화가 정책의 효과에 혼재되어 나타나는 경우를 말한다.
> ㄷ. 정책실험을 할 수 없는 경우, 통계분석 기법을 이용해서 정책효과의 인과관계를 추론하는 것을 비실험적 정책평가설계라고 하며 회귀분석이나 경로분석 등이 있다.

① ㄱ ② ㄱ, ㄷ
③ ㄴ, ㄷ ④ ㄱ, ㄴ, ㄷ

02 다음 정책결정모형에 대한 설명으로 옳지 않은 것은?

① 사이버네틱스모형은 시간의 흐름에 따라 환류되는 정보를 분석하여 잘못한 점이 있으면 수정·보완하는 방식이다.
② 쓰레기통 모형은 문제성 있는 선호(problematic preferences), 불명확한 기술(unclear technology), 일시적 참여자(part-time participants)가 전제조건이다.
③ 최적모형은 양적인 분석 대신 질적인 분석을 고려한다.
④ 점증모형에서 목표와 수단이 뚜렷하게 구분되지 않기 때문에 목표-수단에 대한 분석은 부적절하다.

03 리더 - 구성원교환이론에 대한 설명으로 옳은 것만을 모두 고르면?

> ㄱ. 내집단(in-group)에 속한 구성원이 많을수록 집단의 성과가 높아진다고 본다.
> ㄴ. 리더와 구성원이 파트너십 관계로 발전하는 과정을 '리더십 만들기'라 한다.
> ㄷ. 리더가 모든 구성원을 차별 없이 대우하는 공정성을 중시한다.
> ㄹ. 리더와 구성원이 점점 높은 도덕성과 동기 수준으로 서로를 이끌어 가는 상호 관계를 중시한다.

① ㄱ, ㄴ ② ㄱ, ㄹ
③ ㄴ, ㄷ ④ ㄷ, ㄹ

04 킹던(Kingdon)의 정책의 창(정책흐름)모형에 대한 설명으로 옳지 않은 것은?

① 정책과정 중 정책의제설정 단계에 초점을 맞춘 모형이다.
② 정치의 흐름은 국가적 분위기 전환, 선거에 따른 행정부나 의회의 인적 교체, 이익집단들의 로비활동과 압력행사 등과 같은 요소들로 구성된다.
③ 문제의 흐름, 정책의 흐름, 정치의 흐름의 세 가지 흐름은 상호의존적 경로를 따라 진행된다.
④ 정책의 흐름은 문제를 검토하여 해결방안들을 제안하는 전문가들과 분석가들로 구성되며, 여기서 여러 가능성들이 탐색되고 그 범위가 좁혀진다.

05 다음 중 우리나라 고위공무원단 또는 고위감사공무원단에 속하는 공무원이 아닌 것은?

① 「정부조직법」 제2조에 따른 중앙행정기관의 실장·국장 및 이에 상당하는 보좌기관
② 지방자치단체 및 지방교육행정기관의 지방공무원 중 국장급 직위의 공무원
③ 행정부 각급기관의 직위 중 중앙행정기관의 실·국장의 직위에 상당하는 직위의 공무원
④ 감사원 사무차장, 감사교육원장, 감사연구원장

06 다음 위원회에 대한 설명으로 옳은 것은?

① 행정안전부장관은 지방자치단체합동평가위원회의 당연직 위원장이다.
③ 정부업무평가위원회는 위원장 1인과 14인 이내의 위원으로 구성한다.
② 규제개혁위원회는 위원장 2명을 포함한 20명 이상 25명 이하의 위원으로 구성한다.
④ 규제개혁위원회는 정부의 규제정책을 심의·조정하고 규제의 심사·정비 등에 관한 사항을 종합적으로 추진하기 위해 만들어진 국무총리 소속 위원회이다.

07 앨리슨(Allison)모형 중 다음 내용에 초점을 두고 정책결정을 설명하는 모형의 특징으로 옳은 것은?

> 1960년대 쿠바 미사일 사태에서 미국은 해안봉쇄로 위기를 극복하였다. 정부의 각 부처를 대표하는 사람들은 위기 상황에서 각자가 선호하는 대안을 제시하였다. 대표자들은 여러 대안에 대하여 갈등과 타협의 과정을 거쳤고, 결국 해안봉쇄 결정이 내려졌다. 이는 대통령이 사태 초기에 선호했던 국지적 공습과는 다른 결정이었다. 물론 해안봉쇄가 위기를 해소하는 최선의 대안이라는 보장은 없었고, 부처에 따라서는 불만을 가진 대표자도 있었다.

① 조직의 하위계층에 적용가능성이 높은 모형이다.
② 정책산출물은 주로 관행과 표준적 절차에 따라 만들어진다.
③ 여러 다양한 문제에 관심을 갖는 다수의 행위자를 상정하며 이들의 목표는 일관되지 않는다.
④ 국가전체의 이익과 국가목표 추구를 위해서 개인의 이익을 고려하지 않는다고 보며 국가가 단일적인 결정자임을 강조한다.

08 정책학습(policy learning)에 대한 설명으로 옳지 않은 것은?

① 버크랜드(Birkland)가 제안한 '사회적 학습'은 하울렛과 라메쉬의 '외생적 학습'과 비슷한 의미로 이해할 수 있다.
② 하울렛과 라메쉬(Howlett & Ramesh)의 '내생적 학습'은 정책 문제의 정의 또는 정책목적 자체에 대한 의문제기를 포함한다.
③ 로즈(Rose)의 '교훈얻기(도출) 학습'은 다른 지역의 효과적인 프로그램을 조사·연구하여 창도자의 관할지역에 도입할 경우 어떠한 결과가 나올지 미리 평가하는 것이다.
④ 정책학습의 주체는 정책집행의 대상이 되는 개인이나 조직일 수도 있고 정책을 결정하거나 집행하는 개인, 조직 또는 정책창도연합체(advocacy coalition)일 수도 있다.

09 정책 델파이(policy delphi) 기법에 대한 설명으로 옳지 않은 것은?

① 일반적인 델파이와 달리 개인의 이해관계나 가치판단이 개입될 수 있다.
② 대립되는 입장에 내재된 가정과 논증을 표면화시켜 명백하게 만든다.
③ 참가자를 선발하는 과정은 '전문성'과 더불어 이해관계와 식견을 고려한다.
④ 정책대안에 대한 주장들이 표면화된 후에는 참가자들로 하여금 비공개적으로 토론을 벌이게 한다.

10 신공공관리론에 대한 설명으로 옳은 것은?

① 신공공관리론의 인식론적 기초는 공동체주의이다.
② 뉴거버넌스론에서는 부문 간 경쟁에 역점을 두는 데 비해 신공공관리론에서는 부문 간 협력을 강조한다.
③ 신공공관리론은 수익자부담원칙 강화, 경쟁원리 강화, 민영화 확대, 규제 강화 등을 강조한다.
④ 신공공관리론은 사회적 요구에 대한 능동적 대처를 위해 구조적 분화를 통한 분권화의 확대를 지향한다.

11 우리나라의 주민참여제도에 대한 연결로 옳지 않은 것은?

① 주민투표제도 - 18세 이상의 주민이 과도한 부담을 주거나 중대한 영향을 미치는 지방자치단체의 주요 결정사항으로서, 그 지방자치단체의 조례로 정하는 사항을 직접 결정하는 제도이다.
② 지방선거 - 외국인을 포함해 18세 이상의 주민은 법령으로 정하는 바에 따라 그 지방자치단체에서 실시하는 지방의회의원과 지방자치단체의 장의 선거에 참여할 권리를 가진다.
③ 주민발의제도 - 18세 이상의 주민이 직접 조례의 제정 및 개폐를 청구할 수 있는 제도로, 주민은 지방의회에 이를 청구하게 되어 있다.
④ 주민소환제도 - 일정 연령 이상의 주민은 그 지방자치단체의 장 및 지방의회의원을 소환할 수 있다. 단, 교육감은 제외된다.

12 「공직자의 이해충돌 방지법」상 '사적이해관계자'로 규정하고 있는 대상이 아닌 것은?

① 공직자 자신 또는 그 가족
② 공직자의 직무수행과 관련하여 이익 또는 불이익을 직접적으로 받는 다른 공직자
③ 공직자로 채용·임용되기 전 2년 이내에 공직자 자신이 재직하였던 법인 또는 단체
④ 공직자 자신 또는 그 가족이 임원·대표자·관리자 또는 사외이사로 재직하고 있는 법인 또는 단체

13 결산에 대한 설명으로 옳지 않은 것은?

① 정부는 집행실적, 성평등 효과분석 및 평가 등을 포함한 성인지 결산서를 작성하여야 한다.
② 각 중앙관서의 장은 회계연도마다 작성한 결산보고서를 다음 연도 2월 말일까지 기획재정부장관에게 제출하여야 한다.
③ 기획재정부장관은 회계연도마다 작성하여 대통령의 승인을 받은 국가결산보고서를 다음 연도 4월 10일까지 감사원에 제출하여야 한다.
④ 감사원은 제출된 국가결산보고서를 검사하고 그 보고서를 다음 연도 5월 30일까지 기획재정부장관에게 송부하여야 한다.

14 민원행정에 대한 설명으로 옳지 않은 것은?

① 행정체제의 경계를 넘나드는 교호작용을 통하여 주로 규제와 급부에 관련된 행정산출을 전달한다.
② 행정기관의 장은 개인의 사생활에 관한 사항에 해당하는 경우 그 민원을 처리하지 않을 수 있다.
③ 행정구제수단으로서의 기능을 수행한다.
④ 행정기관은 사경제의 주체로서 민원을 제기할 수 없다.

15 「지방자치법」상 주민의 감사청구에 대한 설명으로 옳은 것은?

① 주민의 감사청구는 사무처리가 있었던 날이나 끝난 날부터 2년이 지나면 제기할 수 없다.
② 감사원에서 감사한 사항이라면 중요 사항이 감사에서 누락된 경우라도 감사청구의 대상이 될 수 없다.
③ 주무부장관이나 시·도지사는 감사청구를 수리한 날부터 90일 이내에 감사청구된 사항에 대하여 감사를 끝내는 것을 원칙으로 한다.
④ 지방자치단체의 18세 이상의 주민은 인구 50만 명 이상 대도시는 200명을 넘지 아니하는 범위에서 그 지방자치단체의 조례로 정하는 18세 이상의 주민 수 이상의 연서로 감사를 청구할 수 있다.

16 잉그람과 슈나이더(Ingram & Schneider)가 제시한 '정책대상집단의 사회적 구성(Social Construction of Target Population)' 모형에 대한 설명으로 옳은 것은?

정치적 권력 (Political Power) \ 사회적 형상 (Social Image)	긍정적	부정적
높음	수혜집단 (Advantaged)	주장집단 (Contenders)
낮음	의존집단 (Dependents)	이탈집단 (Deviants)

※ 사회적 형상: 정책결정자 및 국민들이 정책대상집단에 대해 갖는 긍정적 혹은 부정적 인식
※ 정치적 권력: 다른 집단과의 연합형성의 용이성, 동원가능한 보유자원의 양, 집단구성원들의 전문성 정도

① 사회문제를 설명할 때 이미지, 고정관념, 사람·사건에 대한 가치부여 등에 관한 해석을 가급적 배제하고자 한다.
② 특정 정책대상집단이 둘 이상의 유형으로 구성될 수 있으며, 그 사회적 구성이 시간에 따라 변화할 수도 있다.
③ 정책설계 및 집행의 맥락을 이해하기 위해 사회적·정치적 상황을 객관적 분석으로 단순화하는 방법론을 지향한다.
④ 정책설계는 기술적인(technical) 과정이므로 어느 집단의 이익을 더 많이 반영할 것인가에 대한 논쟁은 잘 발생하지 않는다.

17 조직문화 및 변동의 이론에 대한 설명으로 옳은 것만을 모두 고르면?

> ㄱ. 퀸(Quinn)은 경쟁가치모형을 활용해 '내부지향 - 외부지향'과 '유연성 - 통제(안정성)'라는 두 가지 차원에서 4가지 조직문화 유형을 도출하였다.
> ㄴ. 홉스테드(Hofstede)는 '권력거리'의 크기가 큰 문화에서는 평등한 관계를 중시하기 때문에 조직 내 의사소통이 활발하고 분권화된 경우가 많다고 본다.
> ㄷ. 레빈(Lewin)은 조직 변화의 과정을 현재 상태에 대한 해빙(unfreezing), 원하는 상태로의 변화(moving), 새로운 변화가 지속될 수 있도록 재동결(refreezing)하는 3단계로 제시하였다.

① ㄱ
② ㄱ, ㄷ
③ ㄴ, ㄷ
④ ㄱ, ㄴ, ㄷ

18 공무원의 고충처리제도와 소청심사제도에 대한 설명으로 옳은 것은?

① 고충처리제도는 「부패방지 및 국민권익위원회 설치 및 운영에 관한 법률」에 근거를 둔다.
② 소청심사위원회의 결정은 처분행정청에 대한 권고의 효력이 있다.
③ 5급 이상 공무원 및 고위공무원단에 속하는 일반직공무원의 고충을 다루는 중앙고충심사위원회의 기능은 소청심사위원회가 관장한다.
④ 소청심사제도는 공무원이 징계처분이나 승진임용 누락을 포함한 인사상 불이익 처분에 대해 이의를 제기하는 경우 이를 심사·결정하는 특별행정심판제도이다.

19 중앙정부의 지출 성격상 의무지출에 해당하는 것만을 모두 고르면?

> ㄱ. 지방교부세
> ㄴ. 유엔 평화유지활동(PKO) 예산 분담금
> ㄷ. 정부부처 운영비
> ㄹ. 지방교육재정교부금
> ㅁ. 국채에 대한 이자지출

① ㄱ, ㄴ, ㅁ
② ㄴ, ㄷ, ㄹ
③ ㄱ, ㄴ, ㄹ, ㅁ
④ ㄱ, ㄷ, ㄹ, ㅁ

20 지방채에 대한 설명으로 옳은 것은?

① 지방자치단체조합의 장은 지방채를 발행할 수 없다.
② 이미 발행한 지방채의 차환을 위해서 지방자치단체의 장은 지방채를 발행할 수 없다.
③ 제주특별자치도지사는 제주특별자치도의 발전과 관계가 있는 사업을 위하여 필요하면 도의회 의결을 마친 후 외채 발행과 지방채 발행 한도액의 범위를 초과한 지방채 발행을 할 수 있다.
④ 외채를 발행할 경우에는 지방채 발행 한도액 범위더라도 지방의회의 의결을 거치기 전에 기획재정부장관의 승인을 받아야 한다.

제7회 모의고사

01 수평적 전문화와 수직적 전문화에 대한 설명으로 옳은 것은?

① 직무 확장(job enlargement)은 수평적 전문화의 수준이 낮아지는 것이다.
② 직무 풍요화(job enrichment)는 수직적 전문화의 수준이 높아지는 것이다.
③ 전문가적 직무는 수평적 전문화와 수직적 전문화의 수준이 모두 낮은 경우에 효과적이다.
④ 고위관리직무는 수평적 전문화의 수준이 높고 수직적 전문화의 수준이 낮은 경우에 효과적이다.

02 다음 지방자치단체의 권한에 설명 중 옳지 않은 것은?

① 인구 100만 이상의 도시를 특례시로 둘 수 있다.
② 해당 지방자치단체의 사무를 위탁받아 수행하고 있는 기관·단체라면 지방의회의원은 겸직이 가능하다.
③ 시·군 및 자치구의회의 의결이 법령에 위반된다고 판단됨에도 불구하고 시·도지사가 재의를 요구하게 하지 아니한 경우 주무부장관이 직접 시장·군수 및 자치구의 구청장에게 재의를 요구하게 할 수 있다.
④ 주무부장관은 지방자치단체의 사무에 관한 시장·군수 및 자치구의 구청장의 명령이나 처분이 법령에 위반되거나 현저히 부당하여 공익을 해침에도 불구하고 시·도지사가 시정명령을 하지 아니하면 시·도지사에게 기간을 정하여 시정명령을 하도록 명할 수 있다.

03 지방자치에 대한 설명으로 옳지 않은 것은?

① 특별자치도에 두는 시는 행정시로서 지방자치단체가 아니다.
② 지방의회 소속 사무직원 임용권을 지방의회 의장에게 부여한다.
③ 자치경찰 사무를 관장하기 위하여 기초자치단체에 자치경찰위원회를 둔다.
④ 지방자치단체의 조례안이 지방의회에서 의결되면 단체장은 이송된 날부터 20일 이내에 공포 또는 재의결을 요구해야 한다.

04 「국가공무원법」상 우리나라 인사제도에 대한 설명으로 옳은 것은?

① 개방형직위로 지정된 직위에는 외부적격자만 임용이 가능하다.
② 전문경력관이란 직무 분야가 특수한 직위에 임용되는 특정직 공무원을 말한다.
③ 별정직 공무원의 근무상한연령은 60세이며, 일반임기제 공무원으로는 채용할 수 없다.
④ 국가공무원은 경력직 공무원과 특수경력직 공무원으로 구분하고, 특수경력직공무원은 다시 정무직 공무원과 별정직 공무원으로 나뉜다.

05 행정가치에 대한 설명으로 옳지 않은 것은?

① 공익 과정설은 현실주의적이고 개인주의적인 공익 개념이다.
② 공익 실체설은 개인의 사익을 모두 합한 것이 공익이라고 보지 않는다.
③ 행정 이념으로서 사회적 형평성은 신행정론의 등장과 함께 강조되었다.
④ 롤스가 정의론에서 제시한 기본적 자유의 평등 원리는 개개인의 권리가 다른 사람의 유사한 자유와 상충되더라도 최대한의 기본적 자유가 인정되어야 한다는 것이다.

06 다음 내용에 해당하는 조직유형에 대한 설명으로 옳지 않은 것은?

> A회사는 장기적인 제품개발 프로젝트 수행을 위해 각 부서에서 총 10명을 차출하여 팀을 운영하려고 한다. 이 팀에 소속된 팀원들은 원부서에서 주어진 고유 기능을 수행하면서 제품개발을 위한 별도 직무가 부여된다. 따라서 프로젝트 수행 기간 중 팀원들은 프로젝트팀장과 원소속 부서장의 지휘를 동시에 받게 된다.

① 기능구조와 사업구조를 결합한 혼합형 구조이다.
② 동태적 환경 및 부서 간 상호 의존성이 높은 상황에서 효과적이다.
③ 조직 내부의 갈등 가능성이 커질 우려가 있다.
④ 명령 계통의 다원화로 유연한 인적자원 활용이 어렵다.

07 공공사업의 경제성분석을 위한 비용-편익분석에 대한 설명으로 옳지 않은 것은?

① 내부수익률(internal rate of return)은 순현재가치를 영으로 만드는 할인율을 말한다.
② 직접적이고 유형적인 비용과 편익은 반영하지만 간접적이고 무형적인 비용과 편익은 포함하지 않는다.
③ 재화에 대한 잠재가격(shadow price)의 측정과정에서 실제가치를 왜곡할 수 있다.
④ 할인율이 높을 때는 편익이 장기간에 실현되는 장기투자 사업보다 단기간에 실현되는 단기투자사업이 유리하다.

08 사회실험에 대한 설명으로 옳지 않은 것은?

① 자연과학의 실험실 실험과는 달리 상황에 따라 통제집단(control group) 또는 비교집단(comparison group) 없이 진행할 수 있다.
② 진실험 설계는 사전측정과 무작위배정을 통해 이루어지는 미래지향적 실험설계이다.
③ 실험 집단과 비교집단을 무작위 배정(random assignment)할 수 없어 집단 간 동질성 확보가 불가능하면, 준실험(quasi-experiment) 방법을 채택하여 진행할 수 있다.
④ 준실험설계는 짝짓기(matching) 방법으로 실험집단과 통제집단을 구성하여 정책영향을 평가하거나, 시계열적인 방법으로 정책영향을 평가한다.

09 다음 우리나라 지방자치에 대한 설명으로 옳지 않은 것은?

① 읍·면·동의 주민자치 활성화를 위해 기존주민자치위원회의 주민자치회로의 전환이 추진되고 있다.
② 인구 50만 명 이상의 시와 인구 100만 명 이상의 시(특례시)는 도가 처리하는 사무일부를 직접 처리할 수 있다.
③ 광역자치단체는 2개 이상의 기초자치단체와 관련되는 광역적 사무의 처리를 담당할 수 있다.
④ 농림축수산물 및 양곡의 수급 조절과 수출입에 관한 사무는 광역자치단체의 사무이다.

10 우리나라 지방자치단체의 재정에 대한 설명으로 옳은 것은?

① 지방세는 재산보유에 대한 과세보다 재산거래에 대한 과세의 비중이 상대적으로 높다.
② 재정력지수는 지방자치단체의 전체 재원에 대한 자주재원(=지방세수입+지방세 외 수입)의 비율을 의미한다.
③ 재정자립도란 일반회계 세입에서 자주재원과 지방교부세를 합한 일반재원의 비중으로 생계 급여 등 사회복지 분야에서 차등보조율을 설계할 때 사용된다.
④ 지방재정조정제도는 크게 지방자치단체에 재원 사용의 자율성을 전적으로 부여하는 국고보조금과 특정한 사업에 사용할 것을 조건으로 선택적으로 지원하는 지방교부세로 구분한다.

11 우리나라의 중앙행정기관 소속 책임운영기관에 대한 설명으로 옳지 않은 것은?

① 「정부조직법」에 근거하여 설치 및 운영된다.
② 기관장은 공개모집절차에 따라 5년 범위 내에서 임기제공무원으로 채용한다.
③ 소속책임운영기관 소속 공무원의 임용시험은 기관장이 실시함을 원칙으로 한다.
④ 총정원은 대통령령으로, 공무원의 종류별·계급별 정원은 총리령 또는 부령으로 정한다.

12 균형성과표(BSC)에 대한 설명으로 옳은 것은?

① 균형성과표는 재무적 관점과 비재무적 관점의 균형을 강조한다.
② 균형성과표는 결과보다는 결과를 이루어나가는 과정을 중시한다.
③ 고객 관점에서의 성과지표는 시민참여, 적법절차, 내부 직원의 만족도, 정책 순응도, 정보공개 등이 있다.
④ 내부프로세스 관점에서는 통합적인 일처리 절차보다 개별부서별로 따로따로 이루어지는 일처리 방식에 초점을 맞춘다.

13 다양성 관리(diversity management)에 대한 설명으로 옳지 않은 것은?

① 오늘날 개인의 성격, 가치관의 차이와 같은 내면적 다양성의 중요성이 커지고 있다.
② 다양성 관리란 내적·외적 차이를 가진 다양한 조직 구성원을 공평하고 효율적으로 활용하기 위한 체계적인 인적자원관리 과정이다.
③ 균형인사정책, 일과 삶 균형정책은 다양성 관리의 방안으로 볼 수 없다.
④ 대표관료제를 통한 조직 내 다양성 증대는 실적주의와 충돌할 가능성이 있다.

14 정부 규제의 유형에 대한 설명으로 옳지 않은 것은?

① 환경규제와 산업재해규제는 사회규제의 성격이 강하다.
② 네거티브 규제 방식에서는 명시적으로 금지하는 것 이외의 모든 것을 자유로이 할 수 있다.
③ 자율규제는 개인과 기업 등 피규제자가 스스로 합의된 규범을 만들고 이를 구성원들에게 적용하는 형태의 규제이다.
④ 관리규제에서는 정부가 제시한 성과 기준만 충족하면 되기 때문에 이를 달성하는 수단과 방법의 선택은 피규제자가 자유롭게 선택할 수 있다.

15 교육훈련 방법에 대한 설명으로 옳은 것은?

① 직장내 훈련(OJT: on-the-job training)은 감독자의 능력과 기법에 따라 훈련성과가 달라지며 많은 사람을 동시에 교육하기 어렵다.
② 감수성 훈련(sensitivity training)은 원래 정신병 치료법으로 발달한 것으로 전문가의 지원을 받아 과제의 해결책을 도출하는 방법이다.
③ 모의연습(simulation)은 T-집단훈련으로도 불리며 주어진 사례나 문제에서 어떠한 역할을 연기해 봄으로써 당면한 문제를 체험해 보는 방법이다.
④ 액션러닝(action learning)은 미국 GE사 전략적 인적자원개발프로그램으로 활용된 것으로 태도와 행동의 변화를 통해 인간관계 기술을 향상하려는 것이 주된 목적이다.

16 우리나라의 공무원 복무와 징계에 대한 설명으로 옳은 것은?

① 공무원은 직무상의 관계가 있든 없든 그 소속 상관에게 증여하거나 소속 공무원으로부터 증여를 받아서는 아니 된다.
② 중징계의 일종인 파면의 경우 5년간 공무원으로 재임용될 수 없으나, 연금급여의 불이익은 없다.
③ 공무원은 어떠한 경우에도 자신의 직무권한을 행사하여 직무관련자로부터 사적 노무를 제공받아서는 아니 된다.
④ 감봉은 경징계에 해당하며 1개월 이상 3개월 이하 기간 동안 직무에 종사하지 못하고, 보수의 1/3을 삭감하는 처분이다.

17 공공기관 기업지배구조의 이념형적 모델인 주주(share holder) 자본주의 모델과 이해관계자(stakeholder) 자본주의 모델에 대한 설명으로 옳지 않은 것은?

① 주주 자본주의 모델은 주주가 기업의 주인이라고 보며, 주주의 이익 극대화가 경영목표이다.
② 주주 자본주의 모델의 기업규율방식에는 이사회의 경영감시, 시장에 의한 규율 등이 있다.
③ 이해관계자 자본주의 모델은 기업을 하나의 공동체로 보며, 이해관계자의 이익 극대화가 경영목표이다.
④ 이해관계자 자본주의 모델에서 근로자의 경영 참여는 종업원 지주제도 등을 통해서 이루어지며 단기 업적주의를 추구한다.

18 윌다브스키(A. Wildavsky)의 예산행태 유형 중 국가의 경제력은 낮지만 재정 예측력이 높은 경우에 나타나는 행태는?

① 점증적 예산(incremental budgeting)
② 반복적 예산(repetitive budgeting)
③ 세입 예산(revenue budgeting)
④ 보충적 예산(supplemental budgeting)

19 예산제도에 대한 설명으로 옳은 것은?

① 조세지출 예산제도는 세제 지원을 통해 제공한 혜택을 예산지출로 인정하는 것이다.
② 디지털예산회계시스템은 성과중심형 예산시스템으로 발생주의·단식부기 회계제도를 기반으로 한 과학적 예산관리 제도이다.
③ 예산성과금은 수입이 증대되거나 지출이 절약된 때에 이에 기여한 자에게 지급할 수 있으나 절약된 예산은 다른 사업에 사용할 수 없다.
④ 총사업비관리제도는 소요 기간에 관계없이 고속도로, 국도 등 일정 규모 이상의 대규모 사업의 경우, 사업 규모·총사업비 및 사업기간 등을 정하여 미리 기획재정부장관과 사전협의할 것을 요구한다.

20 예산의 집행에 대한 설명으로 옳은 것은?

① 각 중앙관서의 장은 분기별로 기획재정부장관에게 사업집행 보고서를 제출해야 한다.
② 기획재정부장관은 매년 2월 말까지 예산집행지침을 각 중앙관서의 장에 통보하여야 한다.
③ 기획재정부장관은 각 중앙관서의 장에게 예산을 배정한 때에는 감사원에 통지하여야 한다.
④ 기획재정부장관은 월별로 예산배정계획을 작성하여 국회의 심의를 받은 뒤에 예산을 배정한다.

제8회 모의고사

01 다음 인사행정제도에 관한 설명으로 옳은 것은?

① 특정직 공무원 중 소방공무원은 공무원 노조에 가입할 수 있다.
② 인사 및 보수에 관한 업무를 수행하는 6급 일반직 공무원은 노동조합에 가입할 수 있다.
③ 공무원연금법상 퇴직급여 산정기준은 퇴직 전 3년 평균보수월액이다.
④ 퇴직수당은 공무원과 정부가 분담한다.

02 우리나라 지방세에 대한 설명으로 옳지 않은 것은?

① 목적세에는 지역자원시설세와 지방교육세가 있다.
② 특별시 관할구역의 경우 재산세(선박 및 항공기에 대한 재산세 등 제외)는 특별시세 및 구세로 공동과세한다.
③ 광역시의 구(區)와 군(郡)은 세목이 동일하다.
④ 보통세에는 취득세, 등록면허세, 레저세, 담배소비세, 지방소비세 등이 있다.

03 우리나라 지방자치행정에 대한 설명으로 옳은 것은?

ㄱ. 지방의회 소속 사무직원 임용권을 지방의회의 장이 갖는다.
ㄴ. 지방자치단체는 조례를 위반한 행위에 대하여 조례로써 1,500만원 이하의 과태료를 정할 수 있다.
ㄷ. 지역주민생활과 밀접한 관련이 있는 사무는 원칙적으로 시·군 및 자치구의 사무로, 시·군 및 자치구가 처리하기 어려운 사무는 시·도의 사무로, 시·도가 처리하기 어려운 사무는 국가의 사무로 각각 배분하여야 한다.
ㄹ. 지방자치법 개정에 따라 인구 50만 이상의 대도시는 행정구를 둘 수 없다.

① ㄱ, ㄴ
② ㄱ, ㄷ
③ ㄴ, ㄷ
④ ㄴ, ㄹ

04 우리나라 예산과정과 관련된 설명으로 옳은 것은?

① 국회의 예산안 심의는 정부 예산안 제출 → 국회 소관 상임위원회의 예비심사 → 국회 예산결산특별위원회의 종합심사 → 시정연설 → 본회의 의결 순으로 진행된다.
② 각 중앙관서의 장은 그 소관에 속하는 다음 연도의 세입세출예산·계속비·명시이월비·국가채무관리계획 요구서를 작성해 5월 31일까지 기획재정부 장관에게 제출해야 한다.
③ 국회사무총장은 회계연도마다 작성한 결산보고서를 다음 연도 1월 31일까지 기획재정부 장관에게 제출해야 한다.
④ 정부의 세입·세출에 대한 출납사무는 다음 연도 2월 10일까지 완결해야 한다.

05 우리나라의 전자정부에 대한 설명으로 옳지 않은 것은?

① 정부는 '지능정보사회 종합계획'을 3년 단위로 수립하여야 한다.
② 과학기술정보통신부장관은 5년마다 행정기관등의 기관별 계획을 종합하여 '전자정부기본계획'을 수립하여야 한다.
③ 「전자정부법」상 '전자화문서'는 종이문서와 그 밖에 전자적 형태로 작성되지 아니한 문서를 정보시스템이 처리할 수 있는 형태로 변환한 문서를 말한다.
④ 중앙행정기관의 장과 지방자치단체의 장은 해당기관의 지능정보사회 시책의 효율적 수립·시행과 대통령령이 정하는 업무를 총괄하는 '지능정보화책임관'을 임명하여야 한다.

06 공익의 본질에 관한 설명으로 옳지 않은 것은?

① 공리주의적 관점의 공익은 목적론적 윤리론을 따르고 있다.
② 공익의 실체설은 행정의 목민관적 역할을, 공익의 과정설은 조정자 역할을 강조된다.
③ 공익의 실체설은 절차적 합리성을 강조하여 적법절차의 준수에 의해서 공익이 보장된다고 본다.
④ 공익의 실체설에서는 효율성(efficiency)보다는 합법성(legitimacy)이 윤리적 행정의 판단기준이다.

07 리플리(Ripley)와 프랭클린(Franklin)의 경쟁적 규제정책에 대한 설명으로 옳지 않은 것은?

① 국가가 소유한 희소한 자원에 대해 다수의 경쟁자 중에서 지정된 소수에게만 서비스나 재화를 공급하도록 규제한다.
② 선정된 승리자에게 공급권을 부여하는 대신에 이들에게 규제적인 조치를 하여 공익을 도모할 수 있다.
③ 경쟁적 규제정책의 예로는 주파수 할당, 항공노선 허가 등이 있다.
④ 정책집행 단계에서 규제받는 자들은 규제기관에 강하게 반발하거나 저항하기도 한다.

08 정책의제설정 모형에 관한 설명으로 가장 옳은 것은?

① 포자 모형은 정책문제가 제기되어 정의되는 환경이 갖는 중요성에 주목한다.
② 혁신확산이론은 이슈의 확산은 수용자의 혁신성향과 관계없이 확산된다고 본다.
③ 이슈관심주기 모형은 공공의 관심을 끌기 위한 치열한 경쟁과 별개로 이슈 자체에 생명주기가 있다고 본다.
④ 정책흐름 모형은 의제설정을 위한 정책의 창이 열리면 의제설정이 이루어질 때까지 닫히지 않는다고 본다.

09 「지방공무원법」상 인사위원회의 위원으로 임명되거나 위촉될 수 없는 사람은?

① 지방의회의원
② 법관·검사 또는 변호사 자격이 있는 사람
③ 공무원으로서 20년 이상 근속하고 퇴직한 사람
④ 초등학교·중학교·고등학교 교장 또는 교감으로 재직하는 사람

10 매틀랜드(Matland)가 모호성(ambiguity)과 갈등(conflict)이라는 두 차원에 따라 분류한 네 가지 정책집행상황 중에서, 모호성이 낮고 갈등이 높은 상황에 대한 설명으로 옳지 않은 것은?

① 갈등은 매수(side payment)나 담합(logrolling)등과 같은 방식으로 해결되기도 한다.
② 순응을 확보하기 위해서는 강압적 또는 보상적 수단이 중요해진다.
③ 정책집행과정은 대립적 이해관계를 가진 집행조직 외부의 행위자에 의해 영향을 많이 받는다.
④ 정책목표가 명확하지 않기 때문에 집행과정은 목표의 해석 과정으로 이해될 수 있다.

11 정책변수에 대한 설명으로 옳지 않은 것은?

① 왜곡변수 - 서로 상관관계가 있는데도 없는 것처럼 나타나게 하는 변수
② 조절변수 - 독립변수와 종속변수 간에 상호작용효과를 나타나게 하는 변수
③ 허위변수 - 독립변수와 종속변수 모두에게 영향을 미치며 이들 사이의 공동변화를 설명하는 변수
④ 혼란변수 - 독립변수인 정책수단과 함께 종속변수인 정책효과를 가져오는 요인으로 정책수단과 정책효과 사이의 인과관계를 과대 또는 과소평가하게 하는 제3의 변수

12 조직원리에 대한 설명으로 옳지 않은 것은?

① 전문화(분업)의 원리는 업무를 종류와 성질별로 구분하여 구성원에게 가급적 한 가지의 주된 업무를 분담시켜 능률을 향상시키려는 것이나 흥미상실과 비인간화라는 역기능을 가지고 있다.
② 조정의 원리는 공동목적을 달성하기 위하여 구성원의 행동 통일을 기하도록 집단적 노력을 질서 있게 배열하는 과정이며 전문화에 의한 할거주의, 비협조 등을 해소하는 순기능을 가지고 있다.
③ 계층제의 원리는 상하계층 간에 지휘와 명령복종 관계를 확립하여 구성원의 귀속감과 참여감을 증진시키는 순기능을 가지고 있다.
④ 부성화의 원리는 한 조직 내에서 유사한 업무를 묶어 여러 개의 하위기구를 만들 때 활용되는 것으로 매트릭스 조직의 혼합부서화 등이 예시가 될 수 있다.

13 우리나라의 재정사업 성과관리에 대한 설명으로 옳지 않은 것은?

① 재정사업 성과관리의 내용은 성과목표관리와 성과평가로 구성된다.
② 재정사업 성과평가 결과는 지출 구조조정 등의 방법으로 재정운용에 반영될 수 있다.
③ 재정사업 심층평가 결과 기획재정부장관이 필요하다고 판단하면 재정사업 자율평가를 실시할 수 있다.
④ 재정사업 자율평가는 미국 관리예산처(OMB)의 PART(Program Assessment Rating Tool)를 우리나라 실정에 맞게 도입한 제도이다.

14 다음 정책이론에 대한 설명으로 옳지 않은 것은?

① 제도의 협착(lock-in)모형은 제도가 복잡하게 얽힌 이해관계로 정체된 상황을 설명한다.
② 단절적 균형모형은 별다른 계기가 없어도 제도 변화가 급격히 변동하는 상황을 설명하는 데 유용하다.
③ 시차이론은 정책이나 제도의 개혁이 제도의 도입 과정에서 발생하는 시차적 요소를 고려해야 한다고 주장한다.
④ 정책패러다임변동모형은 정책목표, 정책수단, 정책환경 중 정책목표와 정책수단에 급격한 변화가 일어나는 과정을 설명한다.

15 「정부업무평가기본법」에 의한 정부업무평가제도에 대한 설명으로 옳지 않은 것은?

① 세종특별자치시와 도로교통공단은 평가대상에 포함된다.
② 검찰청장은 자체평가위원회를 운영한다.
③ 기획재정부장관은 정부업무평가위원회의 위원이다.
④ 지방자치단체가 위임받은 국가사무에 대해 행정안전부장관이 관계중앙행정기관의 장과 특정평가를 실시할 수 있다.

16 우리나라의 행정윤리에 대한 설명으로 옳은 것만을 모두 고르면?

> ㄱ. 「공직자의 이해충돌방지법」의 위반행위는 감사원이나 국민권익위원회로 신고할 수 있으나 수사기관이나 위반행위가 발생한 기관은 제외된다.
> ㄴ. 공익신고자의 동의 없이 공익신고자의 인적사항 등을 다른 사람에게 알려주거나 공개할 경우, 징역 또는 벌금 등 법적제재 대상이 된다.
> ㄷ. 공무원은 「국가공무원법」에 따라 직무상의 관계가 있든 없든 그 소속 상관에게 증여하거나 소속 공무원으로부터 증여를 받아서는 안된다.
> ㄹ. 비위면직자는 퇴직일로부터 3년간 취업심사대상기관에 취업할 수 없으며, 퇴직 전 5년 동안 소속된 부서 또는 기관의 업무와 밀접한 관련성이 없다는 확인을 받아 취업승인이 있는 경우에만 취업할 수 있다.

① ㄱ, ㄴ ② ㄱ, ㄷ
③ ㄴ, ㄷ ④ ㄴ, ㄷ, ㄹ

17 「공공기관의 운영에 관한 법률」과 「지방공기업법」상 공공기관과 지방공기업에 대한 설명으로 옳지 않은 것은?

① 기획재정부장관은 공공기관을 공기업·준정부기관과 기타공공기관으로 구분하여 지정하되, 공기업과 준정부기관은 직원 정원이 300인 이상인 공공기관 중에서 기준에 따라 지정한다.
② 기획재정부장관은 경영실적 평가 결과 경영실적이 부진한 공기업·준정부기관에 대하여 운영위원회의 심의·의결을 거친 후 기관장, 상임이사의 임명권자에게 그 해임을 건의하거나 요구할 수 있다.
③ 「지방공기업법」상 지방공기업의 범주에는 지방직영기업과 지방공사·지방공단이 포함된다.
④ 지방자치단체장은 지방자치의 발전과 주민복리의 증진을 위해 지방공기업을 설립·운영할 수 있으며, 매년 경영평가 결과를 토대로 경영진단 대상 지방공기업을 선정한다.

18 동기부여이론에 대한 다음 설명으로 옳은 것은?

① 제임스 페리(J. Perry)는 공공봉사동기로 합리적 차원, 규범적 차원, 감성적 차원을 들며, 공공부문 종사자와 민간부문 종사자의 가치체계는 차이가 없다고 본다.
② 로크(Locke)의 목표설정이론에 따르면, 개인의 강력한 동기유발을 위해서는 추상적인 목표를 채택해야 한다.
③ 포터(Porter)와 롤러(Lawler)의 업적·만족 이론은 직무성취 수준이 직무 만족의 요인이 될 수 있다고 주장한다.
④ 스키너(Skinner)의 강화이론은 인간의 내면적 과정에 초점을 맞추며, 행동의 결과보다 원인을 더 강조한다.

19 다음 개인정보보호제도에 관한 설명으로 옳지 않은 것은?

① 프라이버시란 보호되어야 하는 개인의 사생활 일체로, 현대적으로는 자기정보통제권으로 이해할 수 있다.
② 「개인정보보호법」은 정부 주체의 사생활을 현저히 침해할 우려가 있는 개인정보 처리 금지를 명문화하고 있다.
③ 맞춤형 전자정부 서비스를 지속적으로 고도화하기 위해서는 개인정보의 행정기관 간 공동활용이 필요하다.
④ 개인정보보호와 정보공동 활용의 조화를 위해서 개인정보에 대한 식별화가 필요하다.

20 우리나라의 재정수립에 대한 설명으로 옳지 않은 것은?

① 정부는 예산이 온실가스 감축에 미칠 영향을 미리 분석한 보고서를 작성하여야 한다.
② 기획재정부 장관은 재정사업 성과관리를 위한 재정사업 성과관리 기본계획을 3년마다 한 번씩 수립해야 한다.
③ 각 중앙관서의 장은 예산요구서 제출 시 다음연도 예산의 성과계획서와 전년도 예산의 성과보고서를 함께 제출해야 한다.
④ 기획재정부장관은 매년 재정사업의 성과목표관리 결과를 종합하여 국무회의에 보고하여야 한다.

모의고사

01 다음 행정학의 주요이론에 대한 설명으로 옳은 것은?

① 공공선택론은 역사적으로 누적 및 형성된 개인의 기득권을 타파하기 위한 접근이다.
② 신공공서비스론에서 정부는 정치적으로 정의된 단일의 목표에 초점을 맞춘 정책 설계 및 집행기능을 한다.
③ 신공공관리론에서는 사회적 요구에 대한 능동적 대처를 위해 구조적 통합을 통한 분절화의 축소를 지향하고 있다.
④ 넛지이론에 따르면 정책을 설계할 때 정책대상집단의 행동에 개입하지만 개인의 자유로운 선택을 허용해야 한다고 본다.

02 우리나라의 국가재무제표에 대한 설명으로 옳지 않은 것은?

① 재무제표는 국가결산보고서에 포함되어 국회에 제출하도록 하고 있다.
② 「국가회계법」에 따르면 재무제표는 재정상태표, 재정운영표, 순자산변동표로 구성된다.
③ 재정상태표는 재정상태표일 현재 국가 재정상태를 보여 주는 것이다.
④ 재정상태표에는 현금주의와 단식부기가, 재정운영표에는 발생주의와 복식부기가 각각 적용되고 있다.

03 다음 공직윤리에 관련한 법적 내용으로 옳지 않은 것은?

① 지방자치단체는 고충민원을 처리하기 위해 시민고충처리위원회를 둘 수 있다.
② 국민권익위원회는 접수된 부패행위 신고사항을 그 접수일부터 60일 이내에 처리하여야 한다.
③ 세무·감사·건축·토목·환경·식품위생분야의 대민업무 담당부서에 근무하는 일반직 7급 이상의 경우 재산등록 대상에 해당한다.
④ 「부정청탁 및 금품 등 수수의 금지에 관한 법률」상 금지하는 부정청탁은 공개적으로 공직자 등에게 특정한 행위를 요구하는 행위이다.

04 우리나라의 예산과목 분류체계에 대한 설명으로 옳은 것은?

① 세입예산과 세출예산 모두 장·관·항·세항·목으로 구분한다.
② 세입세출예산은 일반회계·특별회계를 구분한 후 독립기관 및 중앙관서의 소관별로 구분한다.
③ 우리나라의 프로그램 예산제도는 지방자치단체가 2007년부터, 중앙정부는 2008년부터 공식적으로 채택하였다.
④ 예산과목 중에서 장·관·항은 입법과목이며, 세항·목은 행정과목으로 구체적 내용은 기획재정부 장관이 정하는 바에 따른다.

05 조직효과성 관련 이론 중 퀸과 로보그(Quinn & Rohrbaugh)의 경쟁가치모형(Competing Values Model, CVM)에 대한 설명으로 옳지 않은 것은?

① 조직효과성 측정기준에는 '유연성-통제', '조직-구성원', '목표-수단'의 세 가지 차원이 있다.
② 개방체제모형(open system model)은 조직의 자원획득과 성장을 목적으로 유연성을 강조한다.
③ 합리적목표모형(rational goal model)은 조직의 능률성과 생산성 증대를 목적으로 한다.
④ 내부과정모형(internal process model)은 응집력과 사기를 수단으로 해 구성원의 만족, 인적자원의 발달을 추구하고자 한다.

06 정책의제설정모형에 대한 설명으로 적절하지 않은 것은?

① 동형화 모형은 강압·모방·규범 등을 통해 정부 간 정책 전이가 일어나면서 정책의제설정에 영향을 끼친다고 주장한다.
② 사이먼의 의사결정론은 조직의 주의집중력이 한계가 있어서 일부의 사회문제만 정책의제로 선택된다고 본다.
③ 이스턴의 체제론은 문지기가 선호하는 문제가 정책의제로 채택된다고 본다.
④ 킹던에 따르면 문제의 흐름, 정책의 흐름, 정치의 흐름은 상호의존적인 경로를 따라 진행된다.

07 행정개혁에 대한 저항을 극복하는 전략 및 방법에 관한 설명으로 옳은 것은?

① 경제적 손실 보상, 임용상 불이익 방지는 규범적·사회적 전략이다.
② 개혁지도자의 신망 개선, 의사전달과 참여의 원활화, 사명감 고취는 공리적·기술적 전략이다.
③ 교육훈련과 자기계발 기회 제공은 규범적·사회적 전략이다.
④ 개혁 시기 조정은 강제적 전략이다.

08 조직구조 및 유형의 특성에 대한 설명으로 옳은 것은?

① 애드호크라시는 공식화 정도가 높고 분권화되어 있으며 수직적 분화가 심한 특징을 보여주고 있다.
② 공식화는 자원배분을 포함한 의사결정 권한이 조직의 상하직위 간에 어떻게 분배되어 있는가를 의미한다.
③ 복잡성은 조직이 얼마나 나누어지고 흩어져 있는가의 분화정도를 말하며 수평적·수직적·공간적 분화 등으로 세분화 할 수 있다.
④ 집권화는 업무수행 방식이나 절차가 표준화되어 있는 정도를 의미하며 직무기술서·내부규칙·보고체계 등의 명문화 정도로 측정할 수 있다.

09 다음 지방자치단체조합과 특별지방자치단체의 특징에 대한 설명으로 옳은 것은?

① 지방자치단체조합은 특별지방자치단체의 달리 별도의 법인격을 가진다.
② 특별지방자치단체 설치 시 기초단위의 특별지방자치단체는 시·도지사의 승인을 필요로 한다.
③ 지방자치단체조합의 의결기관은 조합회의, 특별지방자치단체의 의결기관은 특별지방자치단체의회의 형태이다.
④ 지방자치단체조합과 마찬가지로 특별지방자치단체도 조례의 제·개정 시 주민참여가 가능하다.

10 다음 우리나라의 주민투표와 주민소환에 대한 설명으로 옳은 것을 고르면?

〈보기〉
ㄱ. 지방자치단체의 장은 주민의 청구 또는 직권에 의한 경우에만 주민투표를 실시할 수 있다.
ㄴ. 주민투표의 경우 전체 투표수가 주민투표권자 총수의 1/3에 미달되는 때에는 개표를 하지 아니한다.
ㄷ. 도지사에 대한 주민소환투표의 청구를 위해서는 당해 지방자치단체의 주민투표청구권자 총수의 100분의 10 이상에 해당하는 주민의 서명이 있어야 한다.
ㄹ. 선출직 지방공직자의 임기만료일로부터 1년 미만일 때에는 주민소환투표의 실시를 청구할 수 없다.

① ㄱ, ㄴ
② ㄴ, ㄹ
③ ㄷ, ㄹ
④ ㄱ, ㄴ, ㄹ

11 현행 지방세의 탄력세율 제도에 대한 설명으로 옳은 것만을 모두 고르면?

> ㄱ. 지방세 일부 세목의 세율에 대해 일정 범위 내에서 지방자치단체가 자율적으로 결정할 수 있다.
> ㄴ. 레저세, 지방소비세는 탄력세율이 적용되지 않는다.
> ㄷ. 조례로 담배소비세, 주행분 자동차세에 대해 표준세율의 50%를 가감하는 방식과 같이 일정 비율을 가감하는 방식이 주로 활용된다.

① ㄱ
② ㄱ, ㄴ
③ ㄴ, ㄷ
④ ㄱ, ㄴ, ㄷ

12 부패와 행정통제에 대한 설명으로 옳지 않은 것은?

① 계층제는 공식적 행정통제 방법이다.
② 공금횡령은 거래형 부패에 해당된다.
③ 우리나라는 공공기관의 부패행위에 대해 국민감사청구제를 시행하고 있다.
④ 우리나라는 '모든 국민의 공공기관 부패방지 시책에 대한 협력의무'를 법률로 규정하고 있다.

13 다음 「공직자의 이해충돌 방지법」(약칭:「이해충돌방지법」)에 관한 내용으로 옳은 것은?

① 이해충돌방지에 관한 업무를 총괄하는 기관은 감사원이다.
②「공직자의 이해충돌 방지법」상의 고위공직자에는 지방공무원이 해당하지 않는다.
③ 누구든지 이 법의 위반행위가 발생하고 있다는 사실을 알게 된 경우에는 위반행위가 발생한 공공기관 또는 그 감독기관에 신고할 수 있다.
④ 공직자는 직무관련자가 사적이해관계자임을 안 경우 안 날부터 7일 이내에 소속기관장에게 그 사실을 서면으로 신고하고 회피를 신청하여야 한다.

14 다음 우리나라의 자치재정권에 대한 설명으로 옳지 않은 것은?

① 지방자치단체의 장은 지방의회의 예산안 심의 결과 폐지되거나 감액된 지출항목에 대해서는 예비비를 사용할 수 없다.
② 지방자치단체조합의 장은 법률이 정하는 바에 따라 지방채를 발행할 수 있다.
③ 지방자치단체의 특별회계는 지방자치단체의 조례로만 설치할 수 있다.
④ 지방자치단체의 장은 5회계연도 이상의 기간에 대한 중기지방재정계획을 수립해 지방의회와 행정안전부 장관에게 제출한다.

15 다음 조직형태에 따른 공기업의 제도적 유형의 특징에 해당하지 않는 것은?

① 공사형 공기업은 특정한 목적을 위해 특별법에 의해 설립된다.
② 주식회사형 공기업은 「정부기업예산법」에 설치 및 운영근거를 둔다.
③ 지방공단은 지방자치단체 전액출연이 원칙이며, 민간출자를 허용하지 않는다.
④ 정부기업의 직원은 일반행정기관과 동일한 임용방법이나 근무조건의 적용을 받는다.

16 정부규제에 관한 설명으로 가장 적절한 것은?

① 규제영향분석은 규제의 비용보다 규제의 편익에 주안점을 둔다.
② 우리나라 규제영향분석은 정부입법과 의원입법의 신설·강화 규제심사 시 활용되고 있다.
③ 국회, 법원, 헌법재판소, 선거관리위원회 및 감사원이 하는 사무에 대하여는 「행정규제기본법」을 적용하지 아니한다.
④ 「행정규제기본법」상 규제의 존속기한 또는 재검토기한은 규제의 목적을 달성하기 위하여 필요한 최소한의 기간 내에서 설정되어야 하며, 그 기간은 원칙적으로 10년을 초과할 수 없다.

17 「국가재정법」상 국가재정 운용에 대한 설명으로 가장 옳지 않은 것은?

① 외국차관을 도입하여 전대(轉貸)하는 경우는 예산 총계주의 원칙의 예외에 해당한다.
② 공무원 보수 인상을 위한 인건비 충당을 위해서는 예비비의 사용목적을 지정할 수 없다.
③ 정부는 국무회의의 승인을 얻은 예산안을 회계연도 개시 120일 전까지 국회에 제출하여야 한다.
④ 정부는 필요한 경우 회계·기금 간 여유재원의 전입·전출을 할 수 있는데, 국민연금기금과 공무원연금기금은 제외하고 있다.

18 예산 집행과 관련된 기술로 옳은 것은?

① 계속비는 원칙상 5년 이내로 국한하지만 필요 시 국회의 의결을 통해 연장할 수 있다.
② 국고채무부담행위는 법률에 따른 것과 세출예산금액 또는 계속비의 총액의 범위 이내로 한정한다.
③ 예비비로 공무원의 보수 인상을 위한 인건비를 충당하기 위해서는 예산총칙 등에 따라 미리 사용 목적을 지정하여야 한다.
④ 예산의 이월은 당해 회계연도에 집행되지 않은 예산을 다음 연도의 예산으로 사용하는 것으로 각 중앙관서의 장이 자유롭게 이월 및 재이월할 수 있다.

19 정부의 행정서비스 공급체계 및 방식에 대한 설명으로 옳지 않은 것은?

① 사용자부담 방식의 활용은 재정부담의 공평성 제고에 기여한다.
② 과잉생산과 독점 등이 야기한 공공부문 비효율의 해결책으로 계약방식을 통한 서비스 공급이 도입되고 있다.
③ 사바스(E. Savas)가 제시한 공공서비스 공급유형론에 따르면, 자원봉사(voluntary service)방식은 민간이 결정하고 정부가 공급하는 유형에 속한다.
④ 정부의 직접적 공급이 아닌 대안적 서비스 공급체계(ASD: Alternative Service Delivery)는 생활 쓰레기 수거, 사회복지 사업 운영, 시설 관리 등의 분야에 적용되고 있다.

20 「국가공무원법」상 공무원의 인사제도에 대한 설명으로 옳지 않은 것은?

① 특수업무 분야에 종사하는 공무원은 대통령령으로 정하는 바에 따라 일반직 공무원의 계급구분과 직군분류를 적용받지 않을 수 있다.
② 인사혁신처장은 필요에 따라 인사교류계획을 수립하고, 국무총리의 승인을 받아 이를 실시할 수 있다.
③ 징계로 해임처분을 받은 때부터 5년이 지나지 아니한 자는 공무원으로 임용될 수 없다.
④ 임용권자는 지역인재의 임용을 위한 수습 기간을 3년의 범위에서 정할 수 있다.

모의고사

01 결과 지향적 예산제도(new perfomance budgeting; result-oriented budgeting)에 대한 설명으로 옳지 않은 것은?

① 미국 클린턴 행정부는 결과 지향적 예산제도의 일환으로 PART(Program Assessment Rating Tool)를 도입했다.
② 각 부처 재정사업 담당자들에 대한 동기부여를 강조하고 이들에게 더 많은 권한을 부여하고자 한다.
③ 재정사업의 목표, 결과, 재원을 연계하여 예산을 '성과에 대한 계약'의 개념으로 활용한다.
④ 20세기 후반부터 주요 국가들이 재정사업의 운영과정이나 기능에 초점을 두고 새로운 성과주의 예산체계를 도입하기 시작했다.

02 우리나라 지방세에 대한 설명으로 옳지 않은 것은?

① 목적세에는 지역자원시설세와 지방교육세가 있다.
② 특별시 관할구역의 경우 재산세(선박 및 항공기에 대한 재산세 등 제외)는 특별시세 및 구세로 공동과세한다.
③ 광역시의 구(區)와 군(郡)은 세목이 동일하다.
④ 보통세에는 취득세, 등록면허세, 레저세, 담배소비세, 지방소비세 등이 있다.

03 지방자치단체의 기관구성형태에 대한 설명으로 옳지 않은 것은?

① 지방정부 기관구성 형태에서 강시장 - 의회(strong mayor-council) 형태에서는 시장이 강력한 정치적 리더십을 행사한다.
② 지방정부 기관구성 형태에서 의회 - 시지배인(council-manager) 형태에서는 시지배인이 실질적인 의사결정 기능을 수행한다.
③ 기관대립형 중 약시장 - 의회형은 시장의 고위직 지방공무원인사에 대해서 의회의 동의를 요하는 반면, 시장은 지방의회의결에 대한 거부권을 가진다.
④ 우리나라 지방자치제는 지방자치단체의 의사를 결정하는 의결기관과 의사를 집행하는 집행기관을 이원적으로 구성하는 기관대립(분립)형이 원칙이다.

04 우리나라 지방자치의 역사에 대한 설명으로 옳은 것은?

① 제헌의회가 성립하면서 1949년 전국에서 도의회의원 선거가 실시되었다.
② 1991년 지방선거에서 지방의회의원을 선출하였으나, 지방자치단체장 선거는 실시되지 않았다.
③ 1995년부터 주민직선제에 의한 시·도교육감 선거가 실시되면서 실질적 의미의 교육자치가 시작되었다.
④ 1960년 지방선거에서는 서울특별시장·도지사 선거는 실시되었으나, 시·읍·면장 선거는 실시되지 않았다.

05 공무원 단체에 대한 설명으로 옳은 것은?

①「공무원의 노동조합 설립 및 운영 등에 관한 법률」은 공무원 노조의 쟁의 행위를 명시적으로 허용하고 있다.
② 별정직 공무원은 공무원 노조에 가입할 수 없다.
③ 국가와 지방자치단체는 노동조합 전임자에게 그 전임기간 중 보수를 지급한다.
④ 특정직 공무원 중 소방공무원은 공무원 노조에 가입 할 수 있다.

06 조합주의에 대한 설명으로 옳지 않은 것은?

① 정부는 사회적 공동선을 달성하기 위해 중요 이익집단과 우호적 협력관계를 유지한다.
② 사회조합주의는 사회경제체제의 변화에 순응하려는 이익집단의 자발적 시도로부터 생성되었다.
③ 조합주의이론은 정책과정에서 국가의 역할이 소극적·제한적이라고 본다.
④ 국가조합주의는 국가가 민간부문의 집단들에 대하여 강력한 주도권을 행사한다고 보는 모형이다.

07 다음 비용-효과(cost-effectiveness)분석에 대한 설명으로 옳지 않은 것은?

① 비용효과분석에서 정책대안의 비용과 효과는 모두 화폐단위로 측정된다.
② 비용효과분석은 분석결과를 사회적 후생의 문제와 쉽게 연계시킬 수 없다.
③ 비용효과분석은 비용과 효과가 서로 다른 단위로 측정되기 때문에 총효과가 총비용을 초과하는지의 여부에 대한 직접적 증거는 제시하지 못한다.
④ 비용효과분석은 산출물을 금전적 가치로 환산하기 어렵거나 산출물이 동일한 사업의 평가에 주로 이용되고 있다.

08 다음 정책결정에 대한 설명으로 옳은 것은?

① 만족모형은 책임회피의식과 보수적 사고가 지배적인 상황에서 혁신을 이끌어내는 데 용이하다.
② 점증주의적 정책결정은 비가분적 정책결정에 적용하기 용이하다.
③ 브레이브룩과 린드블룸에 따르면 의사결정에 대한 사회변화의 크기가 점증적인 경우 합리모형이나 점증모형을 적용할 수 있다.
④ 쓰레기통모형에 따르면 해결이 필요한 문제, 해결책, 참여자, 의사결정의 기회는 의존적인 상호작용을 한다.

09 다음 디지털예산회계시스템(dBrain)에 대한 설명으로 옳지 않은 것은?

① 디지털예산회계시스템은 2007년 도입된 국가재정업무 순기상의 전체 과정을 포괄하는 재정정보시스템이다.
② 디지털예산회계시스템은 조달청의 나라장터와의 연계는 현재 이루어지지 않고 있다.
③ 디지털예산회계시스템을 통해 국민감시와 국회의 예·결산 심의가 원활하게 이루어질 수 있다.
④ 디지털예산회계시스템을 통해 재정당국은 사업의 집행성과 정보 등을 바탕으로 예산을 합리적으로 편성할 수 있다.

10 조직기술에 대한 설명으로 옳은 것은?

① 톰슨의 분류에 따른 집약적 기술은 정기적인 회의를 조정기제로 삼는다.
② 페로의 분류에 따르면 기예적(craft) 기술은 대체로 기계적 조직구조와 부합한다.
③ 톰슨의 분류에 따르면 집합적 상호의존성이 있는 기술은 순차적 의존관계를 가진다.
④ 페로의 분류에 따르면 일상기술은 과제다양성이 낮고 분석가능성이 높아 표준화 가능성이 크다.

11 재니스(Janis)의 집단사고(groupthink)의 특성에 해당하지 않는 것은?

① 토론을 바탕으로 한 집단지성의 활용
② 침묵을 합의로 간주하는 만장일치의 환상
③ 집단적 합의에 대한 이의 제기에 대한 자기 검열
④ 집단에 대한 과대평가로 집단이 실패할 리 없다는 환상

12 지역사회 권력구조에 관한 이론에 대한 설명으로 옳은 것은?

① 레짐이론은 기업을 비롯한 민간부문 주요 주체들과의 연합이나 연대를 배제하는 특성을 갖는다.
② 성장기구론에서 성장연합은 비성장연합에 비해 부동산의 사용가치(use value), 즉 일상적 사용으로부터 오는 편익을 중시한다.
③ 지식경제 사회에서 엘리트 계층과 일반 대중 사이의 정보비대칭성(asymmetry)이 심화되면 엘리트이론의 설명력은 더 높아진다.
④ 신다원론에서는 정책과정이 지역사회의 모든 구성원들에게 공정하게 개방되어 있으며, 엘리트 집단의 영향력은 의도적 노력의 결과이다.

13 다음 지방자치단체의 권한에 설명 중 옳지 않은 것은?

① 시·군 및 자치구의회의 의결이 법령에 위반된다고 판단됨에도 불구하고 시·도지사가 재의를 요구하게 하지 아니한 경우 주무부장관이 직접 시장·군수 및 자치구의 구청장에게 재의를 요구하게 할 수 있다.
② 주무부장관은 지방자치단체의 사무에 관한 시장·군수 및 자치구의 구청장의 명령이나 처분이 법령에 위반되거나 현저히 부당하여 공익을 해침에도 불구하고 시·도지사가 시정명령을 하지 아니하면 시·도지사에게 기간을 정하여 시정명령을 하도록 명할 수 있다.
③ 「지방자치법」상 특례시는 200명을 넘지 아니하는 범위에서 그 지방자치단체의 조례로 정하는 18세 이상의 주민 수 이상의 연서로 주민감사를 청구할 수 있다
④ 구성원인 시·군 및 자치구가 2개 이상의 시·도에 걸치는 지방자치단체조합은 기획재정부장관의 지도·감독을 받는다.

14 국고보조금에 대한 설명으로 옳은 것은?

① 내국세 총액의 일정비율과 「종합부동산세법」에 따른 종합부동산세 총액을 재원으로 한다.
② 사업별 보조율은 50%로 사업비의 절반은 지방자치단체가 부담해야 한다.
③ 국고보조사업의 수행에서 중앙정부의 감독을 받으므로 지방자치단체의 자율성이 약화될 우려가 있다.
④ 중앙관서의 장은 보조사업을 수행하려는 자로부터 신청 받은 보조금의 명세 및 금액을 조정하여 행정안전부장관에게 보조금 예산을 요구하여야 한다.

15 공론조사(deliberative polling)에 대한 설명으로 옳지 않은 것은?

① 조사 대상자들을 한곳에 모아 일정 기간 동안 공론화 과정을 거쳐야 하기 때문에 비용과 시간이 많이 든다.
② 공론조사는 조사 대상자가 중간에 탈락하는 경우가 적기 때문에 대표성 측면에서 일반 여론조사보다 우위에 있다.
③ 공론조사는 여론조사에 숙의와 토론과정을 보완한 것으로, 정제된 국민여론을 수렴하는 방법이라고 할 수 있다.
④ 우리나라에서도 공공정책 결정과정에서 공론조사를 도입하여 활용한 사례가 있다.

16 쓰레기통 모형에 대한 설명으로 옳은 것은?

① 조직구성원의 응집성이 아주 강한 혼란상태에 있는 조직에서 의사결정이 어떻게 이루어지는가를 기술하고 설명한다.
② 불명확한 기술(unclear technology)은 조직에서 의사결정 참여자의 범위와 그들이 투입하는 에너지가 유동적임을 의미한다.
③ 쓰레기통 모형의 의사결정 방식에는 끼워넣기(by oversight)와 미뤄두기(by flight)가 포함된다.
④ 문제성 있는 선호(problematic preferences)는 목표와 수단 사이의 인과관계가 명확하지 않음을 의미한다.

17 프레스먼(Pressman)과 윌다브스키(Wildavsky)의 성공적인 정책집행에 관한 오클랜드 사례분석의 내용으로 옳지 않은 것은?

① 정책집행에 개입하는 참여자의 수가 적어야 한다.
② 정책집행은 정책결정과 분리되어 독립적으로 수행해야 한다.
③ 정책집행을 위한 프로그램 설계가 단순해야 한다.
④ 최초 정책집행 추진자 또는 의사결정자가 지속해서 집행을 이끌어야 한다.

18 다음은 딜레마 이론에 대한 설명으로 옳은 것은?

① 딜레마 상황은 관련 참여자, 선택 기회, 문제 등의 모호성으로 인해 대안을 선택하기 어려운 상황을 의미한다.
② 딜레마의 구성요건은 분절성, 상충성, 균등성, 선택불가피성, 명료성으로 이들 중 하나만 충족되어도 딜레마가 초래된다.
③ 딜레마의 구성요건 중 분절성은 대안 간 절충이 불가능하다는 것을 의미한다.
④ 딜레마 이론은 기존 행정이론과 마찬가지로 어려운 상황에서의 대안 선택 방법의 규명에는 관심을 두지 않는다.

19 공직윤리 확보를 위한 제도에 대한 설명으로 옳지 않은 것은?

① 국민권익위원회는 공익신고자 등으로부터 보호조치를 신청 받은 때에는 바로 공익신고자 등이 공익신고 등을 이유로 불이익조치를 받았는지에 대한 조사를 시작하여야 한다.
② 취업심사대상자는 퇴직 전 3년 동안 소속하였던 부서의 업무와 밀접한 관련이 있는 기관에 퇴직일로부터 5년간 취업할 수 없다. 단, 관할 공직자윤리위원회로부터 취업 승인을 받은 경우는 예외로 한다.
③ 재직자는 퇴직공직자로부터 직무와 관련한 청탁 또는 알선을 받은 경우 이를 소속 기관의 장에게 신고하여야 한다.
④ 국민권익위원회는 접수된 부패행위 신고사항을 그 접수일부터 60일 이내에 처리하여야 한다. 단, 신고내용의 특정에 필요한 사항을 확인하기 위한 보완 등이 필요하다고 인정되는 경우에는 그 기간을 30일 이내에서 연장할 수 있다.

20 정부 예산 편성에 대한 설명으로 옳지 않은 것은?

① 국가재정운용계획은 중·장기적 국가비전과 정책 우선순위를 고려한 계획으로 단년도 예산편성의 기본틀이 된다.
② 기획재정부는 예산안 편성 시 사전에 지출한도를 설정하고 각 중앙부처는 그 한도 내에서 예산을 자율적으로 편성한다.
③ 기획재정부는 예비타당성조사를 실시하여 정치·경제적 이해관계가 배제될 수 있도록 예산배분의 타당성을 검토한다.
④ 각 중앙관서의 장은 완성에 2년 이상이 소요되는 사업으로서 대통령령으로 정하는 대규모사업에 대하여는 그 사업규모·총사업비 및 사업기간을 정하여 미리 기획재정부장관과 협의해야 한다.

정답 및 해설

최영희행정학
7급 대비 실전모의고사

정답 및 해설

모의고사 제1회

01	④	02	③	03	④	04	③	05	②
06	③	07	②	08	④	09	④	10	①
11	①	12	③	13	①	14	④	15	②
16	①	17	④	18	①	19	③	20	③
21	③	22	④	23	②	24	①	25	④

01
2023 지방 7급

① [O] 국가기관의 장은 국가안보 및 보안·기밀에 관계되는 분야를 제외하고 대통령령 등으로 정하는 바에 따라 외국인을 공무원으로 임용할 수 있다.

> 「국가공무원법」제26조의3(외국인과 복수국적자의 임용) ① 국가기관의 장은 국가안보 및 보안·기밀에 관계되는 분야를 제외하고 대통령령등으로 정하는 바에 따라 외국인을 공무원으로 임용할 수 있다.

② [O] 임용시험의 타당성은 임용시험이 측정하고자 하는 바를 정확하게 측정하는 정도로 임용시험 성적과 임용 후 근무성적 간의 연관성이 높다면 임용시험의 기준 타당성이 높다.

③ [O] 국가기관의 장은 업무의 특성이나 기관의 사정 등을 고려하여 소속 공무원을 대통령령등으로 정하는 바에 따라 통상적인 근무시간보다 짧게 근무하는 시간선택제 공무원으로 임용할 수 있다.

> 「국가공무원법」제26조의2(근무시간의 단축 임용 등) 국가기관의 장은 업무의 특성이나 기관의 사정 등을 고려하여 소속 공무원을 대통령령등으로 정하는 바에 따라 통상적인 근무시간보다 짧게 근무하는 공무원으로 임용 또는 지정할 수 있다.

④ [X] 신규 채용되는 공무원의 경우 본래 정해진 시보기간이 있지만, 예외적으로 대통령령 등으로 정하는 경우 시보 임용을 **면제하거나 그 기간을 단축할 수 있다.**

> 「국가공무원법」제29조(시보 임용) ① 5급 공무원(제4조제2항에 따라 같은 조 제1항의 계급 구분이나 직군 및 직렬의 분류를 적용하지 아니하는 공무원 중 5급에 상당하는 공무원을 포함한다. 이하 같다)을 신규 채용하는 경우에는 1년, 6급 이하의 공무원을 신규 채용하는 경우에는 6개월간 각각 시보(試補)로 임용하고 그 기간의 근무성적·교육훈련성적과 공무원으로서의 자질을 고려하여 정규 공무원으로 임용한다. 다만, 대통령령등으로 정하는 경우에는 시보 임용을 면제하거나 그 기간을 단축할 수 있다.

정답 ④

02

① [X] 생태론적 접근방법의 대표적 학자인 리그스(Riggs)는 행정에 영향을 미치는 환경적 요인으로 정치체제의 환경이 가장 중요하다고 보면서 **후진국의 행정 현상을 연구하는 데 기여했다.**

② [X] 제도론적 접근방법은 전통적 제도주의와 신제도주의로 구분되는데, **전통적 제도주의인 구제도주의는 공식적 제도가 형성되는 과정에 분석의 초점을 맞추고 신제도주의는 행태주의에 대한 반발로서 사회적으로 형성된 제도가 개인의 행위를 지배한다고 본다.**

③ [O] 현상학적 접근방법은 실증주의와 행태주의를 비판하는 입장으로서 인간의 주관적 관념, 의식 및 동기의 의미를 해석하고 가치평가적 연구를 할 수 있게 한다.

④ [X] 포스트모더니티 접근방법은 **진리기준의 상대성을 전제로 상상, 해체, 탈영역화, 타자성**을 통해 전통적 관료제의 폐쇄성과 경직성을 극복하는 데에 기여하고 있다.

정답 ③

03

① [X] 1951년 라스웰은 「정책지향(=정책정향)」에서 정책과정에 관한 지식과 정책에 필요한 지식이라는 두 가지 방향의 지식이 모두 중요하다 주장하며, 가치지향적 정책연구를 위해서는 **두 가지를 합한 처방적 지식**이 필요하다고 주장한다.

② [X] 라스웰의 「정책학 소개(=정책과학서설)」에서 그는 정책학의 맥락지향성(contextuality), **문제지향성**(problem orientation), 이용방법의 다양성(diversity: 연합학문지향성)을 정책학의 3가지 기본속성으로 소개하였다.

③ [X] 정책의제설정이론 중 하나인 무의사결정론은 기득권층의 이해관계에 따라 정책문제가 의제로 설정되지 않는 **비결정 상황에 관심을 가진다.**

④ [O] 드로는 정책결정 구조의 최적화를 위한 최적모형을 제시하였고, 이 모형에서 정책결정단계를 상위정책결정, 정책결정, 정책결정 이후의 단계로 나누었다.

정답 ④

04

내용정리 고전적 다원주의

고전적 다원주의에서는 정책이 특수한 이익에 치우치거나 특정 세력이 주도할 수 없으며, 다양한 이익집단의 요구에 민주적으로 부응할 수 있다고 주장하면서 다음의 근거를 내세웠다.

잠재이익집단론	정책결정자는 침묵하는 이익집단의 이익도 염두에 두기 때문에 활동적인 이익집단의 특수이익만 추구할 수 없음
중복회원이론	이익집단 구성원은 여러 집단에 중복 소속되어 있어 특수이익을 추구하기 곤란

① [O] 국가조합주의는 일반적이고 전형적인 조합주의로서 제3세계 및 후진자본주의에서 국가가 일방적으로(위로부터) 주도하는 이익 대표체제를 말한다. 이탈리아 파시스트 조합주의가 대표적이다.

② [O] 사회조합주의는 이익집단의 자발적(아래로부터) 시도에 의한 것으로 서구 선진자본주의의 의회민주주의하에서 나타났다.

③ [X] 다원주의는 이익집단 간의 영향력 차이가 나타날 수 있지만 **정치체제에 대한 접근기회가 동등하기 때문에 전반적으로 권력 균형이 유지된다고 본다.**

④ [O] 이익집단론은 고전적 다원론으로 정치체제가 잠재이익집단(결정자가 잠재 이익집단의 이익을 염두에 둠)과 중복회원이론(이익집

단의 구성원은 여러 집단에 중복 소속)으로 인하여 특수이익에 치우치지 않는다고 본다.

정답 ③

05

내용정리 현대적 정책집행 연구

현대적 정책집행 연구는 1970년대부터 1990년대에 이르기까지 크게 3단계 연구가 진행되었으며 그들의 특징은 다음과 같다.

1세대 집행연구 (프레스만과 윌다브스키)		정책집행을 정책결정과 분리하지 않고 연속적 과정으로 이해하며 집행을 저해하는 요인을 규명
2세대 집행 연구	하향적 접근 (사바티어와 마즈마니언, 반미터와 반호른)	정책집행의 실패요인과 성공요인을 분석하여 유형화
	상향적 접근 (엘모어, 버만, 립스키)	집행현장 상황을 중시한 상황론적 접근
	통합적 접근 (엘모어, 사바티어, 윈터)	상향적 접근과 하향적 접근의 통합
3세대 집행연구 (오툴, 고긴)		집행의 다양성 강조

① [X] 립스키의 일선관료제 이론에 따르면 일선관료는 업무환경에 적응하는 과정에서 **고객을 성별, 인종 등의 범주에 따라 구분한 뒤 우호적 집단과 비우호적 집단을 차별적으로 대한다**.
② [O] 반미터와 반호른은 하향적 연구의 관점에서 집행모형의 구축이 필요하다고 보았으며 정책집행의 성과를 설명하는 6개의 변수(정책의 목표와 기준, 가용자원, 조직 간 관계, 집행기관의 특성, 경제·정치·사회적 환경의 특징, 집행자의 성향 및 반응)를 제시하였다.
③ [X] 효과적인 정책집행을 위해 갖추어야 할 조건으로서 정책결정의 내용은 타당한 인과이론에 바탕을 두어야 하며 정책내용으로서 법령은 명확한 정책지침을 가지고 있어야 한다고 본 것은 **사바티어(Sabatier)와 마즈매니언(Mazmanian)**이다.
④ [X] 고긴(Goggin)과 오툴(O'Toole)은 **통계적(과학적·연역적) 연구 설계의 바탕 위에서 이론의 검증을 시도하는 제3세대 집행 연구**를 주장하였다.

정답 ②

06

2019 국가직 7급

① [O] 애드호크라시는 과업의 표준화나 공식화 정도 등의 구조변수가 상대적으로 낮으며 이로 인해 구성원 간 업무상 갈등이 일어날 우려가 있다.
② [O] 유기적 구조는 대체로 복잡성, 공식성, 집권성이 낮지만 복잡성의 경우 수평적 분화의 의미에 따라 입장에 차이가 생긴다. 수평적 분화는 전통적으로 일의 전문화 다시 말해 작업의 전문화인 분화를 의미하지만 현대적인 의미에서는 기능별 분업이 아니라 사람의 전문화 내지 흐름별 분업을 말한다. 수평적 분화를 후자의 입장으로 본다면 애드호크라시에서는 수평적 전문화가 높아질 수 있다.
③ [X] 애드호크라시(adhocracy)는 환경이나 상황이 급변하거나 유동적인 경우 높은 환경적응도로 변화에 신속하게 대응한다는 장점이 있으나 조직화나 표준화가 어렵고 명확한 계층 구분이 없어 갈등과 대립, 비효율성이 발생하는 등 완전한 조직은 아니다. 따라서 애드호크라시가 관료제 구조를 전면 대체하기 보다는 서로 보완·공존하는 관계이다.
④ [O] 애드호크라시의 대표적인 예로는 네트워크 조직, 매트릭스 조직, 팀제, 학습 조직 등을 들 수 있다.

정답 ③

07

2021 국가직 7급

ㄱ. [O] 계선은 보조기관으로 행정기관의 의사결정이나 표시를 보조하여 기관의 목적달성에 공헌하는 기관으로 상하 간의 명령복종관계를 지닌 수직적 계층구조를 형성하며 정책을 집행하기 위해 부하에게 업무를 지시한다. 참모는 행정기관이 그 기능을 원활히 수행할 수 있도록 기관장이나 보조기관을 보좌하여 행정기관의 목적달성에 공헌하는 기관으로 정보제공, 자료분석, 기획, 인사, 법무, 조달 등의 전문지식을 제공한다.
ㄴ. [O] 부문화(부성화)의 원리는 서로 연관된 업무들을 묶어 조직단위를 구성해야 한다는 원리이다.
ㄷ. [X] **통솔범위가 넓은 조직은 일반적으로 저층구조(적은 계층 수)를 갖고, 통솔범위가 좁은 조직은 중간관리자가 많은 고층구조를 가지게 된다**.
ㄹ. [O] 명령통일의 원리는 부하들이 한 사람의 상관에게만 보고하며 명령받아야 한다는 명령계통 일원화를 의미한다.

정답 ②

08

① [X] 허즈버그(Herzberg)의 욕구충족이원론에서 **보수는 위생요인에, 승진기회는 동기요인에 포함**된다.
② [X] 앨더퍼의 욕구내용 중 관계욕구는 머슬로의 욕구 단계에서는 **사회적 욕구 및 존재 욕구와 유사하다. 머슬로의 생리적 욕구과 안전욕구에 해당하는 것은 앨더퍼의 생존욕구이다**.
③ [X] 브룸(Vroom)은 개인에게 주어지는 보상의 가치인 유의성(Valence)을 강조하였다. 도구성(수단성:instrumentality)이란 자신이 얻은 산출(성과:performance)이 원하는 보상(결과:reward)을 가져올 수 있는 수단이 될 수 있는지를 의미한다.
④ [O] 아담스(Adams)의 공정성이론에서는 불공정하다고 느끼는 경우 산출에 대한 자신의 지각을 의도적으로 왜곡하는 경우도 있다고 주장하였다.

정답 ④

09

2018 국가직 7급

내용정리 인사행정이론 종합

미국	엽관주의	잭슨 대통령의 엽관주의
	실적주의	1883년 펜들턴 법 ⇨ 실적주의 확립(공개경쟁시험, 직위분류제)
영국	정실주의	초기 : 은혜적 정실주의 → 후기 : 정치적 정실주의
	실적주의	1870년 추밀원령 ⇨ 실적주의 확립(공개경쟁시험, 계급제)
	직업공무원제	젊은 인재 임용, 정년보장
대표관료제		다양한 사회집단들을 비율에 맞추어 공평하게 충원·배치
적극적 인사행정		엽관주의와 실적주의, 계급제와 직위분류제 등의 조화

① [O] 직업공무원제도는 공직을 정년까지 보장해 전문 직업 분야로 확립시키기도 하지만, 일반행정가주의를 지향해 행정의 전문성 약화를 가져오기도 한다.
② [O] 엽관주의하에서는 정치적 임용에 따른 행정의 민주성과 관료적 대응성의 향상뿐만 아니라 엽관주의 임용을 통한 정책 결정과 집행의 일원화에 따른 정책수행 과정의 효율성 제고도 기대할 수 있다.
③ [O] 대표관료제는 다양한 사회집단(인종·종교·성별·직업 또는 지역 등)들이 한 나라의 인구 전체 안에서 차지하는 비율에 맞게 공직을 임용하는 제도로 역차별 문제의 발생과 실적주의 훼손의 비판이 제기될 수 있다. 사회적 소외집단을 배려하는 우리나라의 균형인사정책은 대표관료제에 기반을 둔 미국의 적극적 조치(affirmative action)의 관점에서 이해될 수 있다.
④ [X] 2007년 1월부터 시행된 총액인건비제도는 정부의 각 기관이 총액인건비 내에서 조직·정원, 보수, 예산을 각 기관특성에 맞게 자율적으로 운영하되 그 결과에 책임을 지는 제도로 총액인건비 내에서 조직·보수 제도를 성과향상을 위한 효율적 인센티브로 활용, 성과중심의 정부조직 운영을 위해 도입된 것으로 2007년 1월부터 시행되고 있으며 **기구 및 정원조정에 대해 재정당국의 통제는 줄어들고 각 기관의 자율성을 높일 수 있다.**

정답 ④

10
2019 국가직 7급

제시문은 시차이론에 대한 설명이다. 시차이론(Time Lag Theory)이란 인과관계에는 시간적 간격(시차)이 개입하기 때문에 어떤 원인변수가 결과변수를 가져오는 데 일정한 시간이 흘러야 하므로 인과관계를 평가할 때에는 일정한 시간적 고려가 있어야 한다는 행정이론이다.
① [X] 시차이론은 제도 개혁의 성과는 제도 도입의 순서 혹은 선후관계의 변화, 원인변수의 수나 작동순서의 변화 등과 같은 시차에 따라 **변화하는 사회현상을 발생시키는 주체들의 속성이나 행태연구에 주목한다.**
② [O] 시차이론은 인과관계에도 시차가 있을 수 있으므로 정책의 성과평가나 행정개혁의 추진에 있어서 그 적정시기를 알려주는데 도움을 주는 이론이다.
③ [O] 시차이론은 정책평가나 행정개혁을 시도할 때 구성요소(변수)들 간의 내적 정합성 확보는 물론, 충분한 성숙기간이 필요하다고 본다.
④ [O] 시차이론은 시차적 요소를 고려하지 않고 성급하게 정책을 평가하거나 제도를 개혁하려는 우리나라에서 정책집행이나 정부개혁과정이 성공을 거두지 못하는 이유를 파악하려는 접근법이다.

정답 ①

11
2023 국가직 7급

① [O] 등록대상재산이 국채, 공채, 회사채 등 유가증권인 경우 액면가로 등록하여야 한다(「공직자윤리법」 제4조).
② [X] 직계존비속의 재산은 등록할 재산에 포함된다. 단, **혼인한 직계비속인 여성과 외조부모, 외손자녀 등은 제외한다**(「공직자윤리법」 제4조).
③ [X] 공직자는 **등록의무자가 된 날부터 2개월이 되는 날이 속하는 달의 말일까지** 등록의무자가 된 날 현재의 재산을 등록하여야 한다(「공직자윤리법」 제5조).
④ [X] 교육공무원 중 **대학교 학장도 재산등록 의무자이다**(「공직자윤리법」 제3조).

정답 ①

12
2021 지방직 7급

① [O] 카플란(Kaplan)과 노턴(Norton)이 개발한 조직성과관리 지표인 균형성과표(BSC)에서는 네 가지 관점으로 고객 관점, 내부 프로세스 관점, 재무적 관점, 학습과 성장 관점을 제시하고 있다.
② [O] 민츠버그는 조직성장경로모형에서 조직의 5개의 구성 요소로 전략적 최고관리층, 중간계선관리층, 작업층, 기술구조, 지원 막료의 5가지를 제시한다.
③ [X] 허시와 블랜차드는 리더십의 3차원 이론에서 상황변수로 부하의 성숙도를 고려하면 부하의 성숙도가 높아질수록 리더십의 유형도 지시형, 설득형, 참여형, 위임형으로 달라져야 한다고 주장한다. 따라서 **부하의 성숙도가 높은 경우에는 참여형이나 위임형이 효과적이다.**
④ [O] 베버의 이념형 관료제는 법적·합리적 권한에 기초를 두고 법과 규칙의 지배, 계층제, 문서에 의한 직무수행, 비개인성, 분업과 전문화 등을 그 특징으로 한다.

정답 ③

13
2022 국가직 7급

① [X] X의 비효율성은 정부의 서비스가 독점적으로 제공되는 과정에서 발생하는 비효율적 배분 현상이다. 권력을 통해 불평등한 분배가 이루어지는 현상은 '**권력의 편재**'에 대한 설명이다.
② [O] '지대추구'는 규제 등의 정부개입에 따라 발생하는 인위적 지대를 획득하기 위해 피규제산업에서 발생하는 자원낭비현상이다.
③ [O] '파생적 외부효과'는 시장실패를 해결하기 위한 정부의 규제가 의도하지 않은 부작용을 초래하는 것이다.
④ [O] 공공조직의 '내부성(internalities)'은 공공조직이 공익적 목표보다는 관료 개인이나 소속기관의 이익을 우선적으로 고려해 발생하는 정부실패 현상이다.

정답 ①

14
2022 지방직 7급

내용정리 재정준칙

재정준칙이란 재정총량에 대한 수치적 제한을 통해 재정에 대한 행정부의 재량권을 제약하는 것을 의미한다. 재정수지, 재정지출, 국가채무 등의 총량적인 재정지표에 대하여 구체적인 목표수지를 포함한 국가의 재정운용 목표를 법제화하여 만들어진 재정운용정책으로 설명할 수 있다.

준칙	내용	장점	단점
채무 준칙	국가채무 규모의 상한성을 설정하는 준칙	부채 유지 가능성과 직접 연관	경기 안정화 기능 미비
재정수지 준칙	회계연도 또는 일정기간 동안 재정수지(수입-지출)가 일정 비율을 넘지 않도록 관리하는 준칙	명확한 운용지침	경기 안정화 기능 미비
재정지출 준칙	총지출 한도, 총지출 증가율 등 재정지출 규모나 증가율을 직접적으로 제한하는 준칙(조세지출 등에 의한 감세율 제한정책 포함)	명확한 운용지침	부채유지 가능성과 직접 관련 없음
수입 준칙	재정수입의 최고 또는 최저한도를 설정 하거나, 특정 수입에 대한 배분비율을 설정하는 준칙	정부 규모의 조정 용이	부채유지 가능성과 관련없음

① [O] 국가채무준칙은 재정 건전성을 확보하기 위해 국가채무 규모에 상한선을 설정한다. 이 경우 국가채무는 GDP대비 국가채무의 비율로 설정된다.
② [O] 재정수지준칙은 GDP 대비 명목재정 적자 비율 등으로 측정할 수 있으며 보통 경기변동과 무관하게 설정되므로 경기에 따라 지출을 급격하게 변동시키는 데 제한이 되므로 경제 안정화를 오히려 저해할 수 있다.
③ [O] 재정지출준칙은 경제성장률이나 재정적자 규모의 예측에 의존하지 않고 정해진 지출 한도 금액이나 지출 증가율 등 원칙적인 지출 한도만 설정하는 준칙이다.
④ [X] 조세지출을 우회적으로 활용함으로써 재정건전성이 훼손될 **가능성이 있는 것은 재정수입준칙이 아닌 지출준칙이다.**

정답 ④

15

① [X] **인공지능(AI: Artificial Intelligence)**은 인간의 지능이 가지는 학습, 추리, 적응, 논증 따위의 기능을 갖춘 컴퓨터 시스템을 말한다.
② [O] 거래정보의 기록을 중앙집중화된 서버나 관리 기능에 의존하지 않고, 분산원장(distributed ledger)을 기반으로 모든 참여자에게 분산된 형태로 배분함으로써, 데이터 관리의 탈집중화된 환경을 제공하는 기술은 블록체인(block chain)이다. 여러 구성원이 가진 데이터 블록(data block)을 체인(chain)처럼 연결한다고 하여 블록 체인이라고 한다.
③ [X] **업무재설계**는 조직의 업무 프로세스를 개선하여 재설계하는 것으로, 업무처리 절차를 근본적으로 개선하는 데에 초점을 맞춘 것으로 정보기술을 활용해 ICT행정혁신을 촉진시킬 수 있다.
④ [X] **제3의 플랫폼**은 IDC(International Data Corporation)에서 2007년에 만든 개념으로 모바일기기, 클라우드 서비스, 소셜 미디어, 빅데이터 분석, IoT 등을 기반으로 한 플랫폼을 말한다. 참고로 이 구분에 따를 경우 제1의 플랫폼은 개별 컴퓨터 시스템을, 제2의 플랫폼은 이러한 개별 컴퓨터가 서버를 기반으로 엮여 있는 플랫폼을 각각 의미한다.

정답 ②

16
2022 국가직 7급

① [X] 특례를 적용할 수 있는 시의 인구는 **50만 이상**이다. 인구 50만 이상의 시에 대해서는 도가 처리하는 사무의 일부를 직접 처리하게 할 수 있다(「지방자치법」 제14조1항2호).
② [O] 행정처리 결과가 2개 이상의 시·군·자치구에 미치는 광역적 사무, 시·군·자치구가 독자적으로 처리하기 어려운 사무 등은 시·도의 사무로 한다(「지방자치법」 제14조1항1호).
③ [O] 지방자치단체의 구역, 조직, 행정관리 등의 사무는 시·도와 시·군·자치구의 공통된 사무로 한다(「지방자치법」 제14조1항 단서).
④ [O] 국가와 시·군·자치구 사이의 연락·조정 등의 사무는 시·도의 사무이다(「지방자치법」 제14조1항1호).

「지방자치법」 제14조(지방자치단체의 종류별 사무배분기준)
① 제13조에 따른 지방자치단체의 사무를 지방자치단체의 종류별로 배분하는 기준은 다음 각 호와 같다. 다만, 제13조제2항제1호의 사무는 각 지방자치단체에 공통된 사무로 한다.
  1. 시·도
    가. 행정처리 결과가 2개 이상의 시·군 및 자치구에 미치는 광역적 사무
    나. 시·도 단위로 동일한 기준에 따라 처리되어야 할 성질의 사무
    다. 지역적 특성을 살리면서 시·도 단위로 통일성을 유지할 필요가 있는 사무
    라. 국가와 시·군 및 자치구 사이의 연락·조정 등의 사무
    마. 시·군 및 자치구가 독자적으로 처리하기 어려운 사무
    바. 2개 이상의 시·군 및 자치구가 공동으로 설치하는 것이 적당하다고 인정되는 규모의 시설을 설치하고 관리하는 사무
  2. 시·군 및 자치구
    제1호에서 시·도가 처리하는 것으로 되어 있는 사무를 제외한 사무. 다만, 인구 50만 이상의 시에 대해서는 도가 처리하는 사무의 일부를 직접 처리하게 할 수 있다.

정답 ①

17

내용정리 자치권

개념	지방자치를 할 수 있는 권리	
본질	고유권설	지방의 고유한 권리(주민자치)
	전래권설	국가의 권력으로부터 유래(단체자치)
내용	자치입법권	지방자치단체는 법령의 범위 안에서 자치에 관한 규정 제정
	자치조직권	사무처리에 필요한 조직을 자주적으로 구성
	자치재정권	사무처리에 필요한 재원을 자주적으로 조달·지출 ⇨ 조세법률주의로 제약
	자치행정권	사무처리를 중앙 간섭 없이 자주적 처리
	자치사법권	지방자치단체 스스로 법규 위반 행위에 대해 형 선고·집행 ⇨ 우리나라는 인정 X

① [O] 우리나라의 모든 지방자치단체는 법인이다(「지방자치법」 제3조).
② [O] 지방자치단체가 두는 행정기구의 설치와 지방공무원의 정원은 인건비 등 대통령령으로 정하는 기준에 따라 그 지방자치단체의 조례로 정한다(「지방자치법」 제125조).
③ [O] 조세의 종목과 세율은 법률에 근거를 두어야 한다는 조세법률주의에 입각해 지방세의 세목과 세율에 대해서는 법률로써 정해야 하며, 지방의회의 조례를 통한 세목의 설치를 허용하지 않는다.
④ [X] 자치권은 지방정부의 자체적인 권한으로 우리나라의 경우 이에 자치입법권, 자치행정권, 자치재정권이 있다. 하지만 **사법권이나 외교권은 자치권에 포함되지 않는 중앙정부의 권한으로 자치사법권은 인정되지 않는다.**

정답 ④

18
2023 국가 7급

내용정리 국가채무

개념	정부가 재정적자를 메우기 위해 국내외에서 자금을 빌려 생긴 국가의 채무: 「국가재정법」 제91조 2항
범위	채권(국고채, 재정증권, 국민주택채권, 외국환평형기금채권), 차입금, 국고채무부담행위, 대지급이 확정된 보증채무
제외	· 재정증권 또는 한국은행으로부터의 일시차입금 · 국가의 회계나 기금이 인수 또는 매입하여 보유하고 있는 채권 · 국가의 다른 회계 또는 기금으로부터의 차입금 · 국가의 보증채무는 국가채무가 아님(단, 대지급 확정시에는 국가채무에 포함)

① [X] 국가채무는 국가의 회계 또는 기금이 발행한 채권을 모두 포함하는 것이 원칙이고, 일부 대통령령으로 정하는 경우에 제외한다

(「국가재정법」 제91조).
② [O] 우리나라 중앙정부가 발행하는 국채에는 국고채권, 국민주택채권, 외화표시 외국환평형기금채권, 재정증권 등 4종이 있다.
③ [O] 국가채무는 성질에 따라 크게 구분하면 대응자산을 보유하고 있는 금융성 채무와 대응자산을 보유하고 있지 않은 적자성 채무로 나눌 수 있다.
④ [O] 채권의 발행 주체가 중앙정부이면 국가가 발행한 국채가 되고, 주체가 지방자치단체이면 지방정부가 발행한 지방채가 된다.

정답 ①

19

(가) 정부는 재정운용의 효율화와 건전화를 위하여 매년 해당 회계연도부터 **5회계연도 이상의 기간**에 대한 재정운용계획을 수립하여 회계연도 개시 120일 전까지 국회에 제출하여야 한다(「국가재정법」 제7조).
(나) 기획재정부장관은 예산집행의 효율성을 높이기 위하여 매년 예산집행에 관한 지침을 작성하여 **예산집행지침을 매년 1월말까지 각 중앙관서의 장에게 통보**하여야 한다.(「국가재정법」 제44조, 「국가재정법 시행령」 제18조).
(다) 감사원은 『국가회계법』에 따라 결산 확인이 끝나면 그 보고서를 다음 연도 **5월 20일까지 기획재정부장관에게 송부**하고 정부는 감사원의 검사를 거친 결산보고서를 다음 연도 5월 말까지 국회에 제출한다(「국가재정법」 제60조).
(라) 「국가재정법」 제33조에 따르면 정부는 예산안을 회계 연도 개시 120일 전까지 국회에 제출하여야 한다. 하지만 『헌법』 제54조에서는 **회계연도 개시 90일전까지 국회에 제출**하도록 규정하고 있다.
③ [O] (가)는 5년, (나)는 1월, (다)는 20일, (라)는 90일이다.

정답 ③

20

내용정리 예산의 시기에 따른 분류

본예산(당초예산)	행정부가 예산을 편성하여 입법부에 회계연도 개시 120일 전까지 제출
수정예산	정부가 예산안을 국회에 제출한 후 국회에 최종 의결되기 전 내용의 일부 수정할 때 제출
추가경정예산	예산이 확정된 이후에 이미 확정된 예산을 변경할 필요가 있는 경우에 행정부는 추가적인 예산을 편성하여 국회에 제출 → 사유요구
준예산	전년도 예산을 기준으로 임시 예산을 편성해 운영하는 방법으로 국회의결이 필요하지 않음

① [X] 다른 예산과 마찬가지로 **추가경정예산도 사전의결의 원칙에 적용을 받기 때문에** 국회에서 확정되기 전에 정부가 미리 배정하거나 집행할 수 없다.
② [X] 추가경정예산은 이미 확정된 예산에 변경을 가할 필요가 있는 경우 추가경정예산을 편성할 수 있다. 국가재정법은 추가경정예산의 편성이 가능한 사유로 전쟁이나 대규모 재해가 발생한 경우, 경기침체, 대량실업, 남북관계의 변화, 경제협력과 같은 대내·외 여건에 중대한 변화가 발생하였거나 발생할 우려가 있는 경우, 법령에 따라 국가가 지급하여야 하는 지출이 발생하거나 증가하는 경우로 규정하고 있다.

하지만 **중대한 변화가 아닌 경제협력, 해외원조를 위한 지출을 예비비로 충당해야 할 우려가 있는 경우는 추가경정예산을 편성하는 사유로 규정하고 있지 않다.**
③ [O] 수정예산은 예산안 편성이 끝난 이후 정부가 예산안을 국회에 제출한 다음 국회 의결 전에 기존 예산안 내용의 일부를 수정하여 다시 제출한 예산안을 의미한다.
④ [X] 준예산으로 지출할 수 있는 경비는 ① 「헌법」이나 법률에 의하여 설치된 기관 및 시설의 유지와 운영비(공무원 보수와 사무처리에 관한 기본경비), ③ 예산상 승인된 계속비, ④ 법률상 지출의무가 있는 경비이다.

정답 ③

21

내용정리 예산의 고전적 원칙

원칙		내용	예외
공개성의 원칙		예산과정 공개 ⇒ 국민의 알 권리	국가정보원 예산
명료성의 원칙		누구나 쉽게 이해할 수 있도록 단순	총액예산(총액계상예산)
사전의결의 원칙		의회의 의결 없는 예산집행은 무효	준예산, 예비비, 전용, 사고이월, 긴급명령
한정성의 원칙	질적 한정	예산의 목적 외 사용 금지	이용, 전용
	양적 한정	예산 초과 지출 및 예산 외 지출 금지	예비비, 추가경정예산
	기간적 한정	회계연도 독립	이월, 계속비, 국고채무부담행위 등
완전성 원칙 (총계주의)		모든 수입, 지출은 예산에 계상	현물출자, 외국차관의 전대, 수입대체경비
예산 통일성의 원칙		모든 수입은 국고에 편입되어 지출	목적세, 수입대체경비, 특별회계, 기금
예산 단일성의 원칙		정부 재정 활동의 단일화	추가경정예산, 특별회계, 기금

① [X] 예산은 결산과 일치해야 한다는 원칙은 예산의 엄밀성 원칙으로 정확성의 원칙이라고도 불린다. **예산 공개성의 원칙이란 예산의 편성·심의·집행의 내용을 국민에게 공개하여야 한다는 원칙이다.**
② [X] 통일성의 원칙은 특정수입과 특정지출을 연계시키지 않고 모든 수입이 국고에 편입되었다가 지출되어야 한다는 것으로, **특별회계와 목적세는 이러한 통일성 원칙의 예외이다.**
③ [O] 한 회계연도의 세입과 세출은 모두 예산에 계상해야 한다는 원칙은 예산 총계주의, 다시 말해 완전성의 원칙으로 국가재정법에서는 수입대체경비, 차관전대, 현물출자를 그 예외로 두고 있다.
④ [X] 통일성과 단일성의 원칙의 예외인 기금은 세입세출예산에 의하지 않고 운용할 수 있지만, 반드시 **국회의 심의·의결은 거쳐야 한다.**

정답 ③

22
2022 지방직 7급

내용정리 근무성적평정의 오류

연쇄효과		한 평정 요소에 대한 평정자의 판단이 연쇄적으로 다른 요소 평정에 영향을 주는 현상
정규분포 이탈의 오류	집중화 경향	평정자가 모든 피평정자들에게 대부분 중간 수준의 점수를 주는 심리적 경향(높거나 낮은 평정을 피하려는 경향) ⇨ 강제배분법 적용
	관대화 경향	평정 결과의 분포가 우수한 쪽에 집중되는 경향 강제배분법 적용
	엄격화 경향	평정결과의 점수 분포가 낮은 쪽에 집중되는 경향
정규분포 이탈의 유형	규칙적 오류	어떤 평정자가 다른 평정자들보다 규칙적으로(언제나) 후한 점수 또는 나쁜 점수를 주는 경우
	총계적 오류	평정 기준이 일정치 않아 관대화 및 엄격화 경향이 불규칙하게 나타나는 경우
시간적 오류	첫머리 효과	전체 기간의 근무성적을 평가하기보다 초기 업적에 크게 영향받는 현상
	막바지 효과	최근의 실적이나 사건을 중심으로 평가
선입견에 의한 오류		평정의 요소와 관계가 없는 성별·출신·학교·지방·종교·연령 등 편견이 평정에 영향을 미치는 것 →고정관념에 의한 오류(스테레오타입, 상동적 오차)

① [O] 다면평정법은 상급자, 동료, 부하, 고객 등 다양한 구성원에게 평정에 참여할 기회를 주어 객관적이고 공정한 평가가 이루어질 수 있는 가능성이 크다.
② [O] 목표관리제 평정법은 조직 구성원들이 직접 개인별 목표를 설정한 후 이에 대한 평정을 진행하는 방식으로 참여를 통한 명확한 목표의 설정과 개인과 조직 간 목표의 통합을 추구한다.
③ [O] 강제배분법은 등급별로 비율을 미리 정해 놓아 관대화나 엄격화 경향 등의 정규분포이탈오류를 방지할 수 있다.
④ [X] 도표식 평정척도법은 평정요소별 등급을 주관적 판단에 기초하여 평가하므로 평정자의 편견이 개입할 가능성이 크다.

정답 ④

23
2018 국가직 7급

내용정리 임용 시험의 효용성

타당도	· 측정하고자 하는 요소를 정확하게 측정하는 정도 - 기준 타당도: 시험성적이 다른 실적 기준과 부합하는 정도(경험적 차원) - 내용 타당도: 시험을 통해 측정하는 행동이나 질문 주제의 내용이 직무 수행이 중요 국면을 대표할 수 있는지 여부 - 구성 타당도: 이론적 구성 또는 가설과 부합하는 정도
신뢰도	· 측정 도구가 측정 대상을 일관성 있게 측정하는 정도 - 재시험법: 동일한 시험을 동일한 대상 집단에게 간격을 두고 2회 이상 실시 - 복수양식법: 동일한 내용의 시험을 양식을 달리하여 시험을 치룬 뒤 성적 비교 - 반분법: 시험은 한 번 치르되 각 문항을 반으로 나누어 성적 간 상관관계 비교
난이도	시험이 어려운 정도, 변별력 결정
객관성	채점의 공정성, 신뢰도의 조건
실용성	경제적 측면에서 시험 관리 비용 최소화, 시험관리 측면에서 시험 실시 및 채점의 용이

① [O] 시험의 타당성은 시험이 측정하고자 하는 것을 실제로 얼마나 정확하게 측정했는가를 의미하며 그 종류에는 기준타당성, 내용타당성, 구성타당성 등이 있다.
② [X] 시험 성적이 직무수행실적과 얼마나 부합하는가를 판단하는 타당성으로 두 요소 간 상관계수로 측정되는 것은 **기준 타당성**으로 내용 타당성과는 다르다. 내용 타당성은 실제 직무에서 필요한 능력 요소가 시험 내용으로 반영된 정도로 출제 전문가가 검토하여 내용타당성을 판단한다.
③ [O] 측정 대상을 일관성 있게 측정하는 정도를 신뢰성이라고 하며 같은 사람이 여러 번 시험을 반복하여 치르더라도 결과가 크게 변하지 않을 때 신뢰성이 나타나게 된다.
④ [O] 신뢰도를 측정하는 방법으로는 재시험법(test-retest), 동질이형법(equivalent forms), 반분법 등이 있다.

정답 ②

24

내용정리 우리나라의 개방형인사제도

개방형 직위 제도	내용	전문성이 요구되거나 효율적인 정책수립을 위하여 필요하다고 판단되는 경우 공직 내·외의 공개경쟁을 통해 개방형직위로 지정하여 운영
	범위	· 소속장관별로 고위공무원단 직위 총수의 20% · 과장급 직위 총수의 20% *경력개방형 직위: 개방형 직위 중 특히 공직 외부 경험과 전문성을 활용할 필요가 있는 직위에 공직 외부에서만 적격자 선발
	신분	· 임기제 공무원으로 임용 원칙 · 임용 당시 임기제가 아닌 경우 전보, 승진, 전직의 방법으로 경력직 임용
	기간	5년의 범위에서 소속장관이 정하되 최소한 2년 이상, 성과 탁월 시 5년 연장 가능
공모 직위 제도	내용	효율적인 정책 수립 또는 관리를 위하여 기관 내부 또는 외부 공무원 중 공개모집을 통해 공모 직위로 지정하여 운영
	범위	· 소속장관별로 고위공무원단 직위 총수의 30% · 과장급 직위 총수의 20%

① [O] 개방형 인사제도는 모든 계층의 직위를 불문하고 내·외부의 신규채용을 허용해 새로운 지식, 참신한 아이디어를 받아들임으로써 공직사회의 침체를 막고 행정의 효율성을 높일 수 있다.
② [X] 직위분류제에 바탕을 두고 있으며, 일반행정가보다 전문가 중심의 인력구조를 선호하는 것은 폐쇄형 인사제도가 아닌 개방형인사제도이다.
③ [X] **경력개방형직위제도**는 2015년 7월에 도입된 제도로, 공무원과 민간인이 경쟁하여 최적임자를 선발하는 개방형 직위와 달리 **외부임용을 통해 민간전문가만 채용하는 개방형 직위**이다.
④ [X] 공모직위는 공직 내부에서 타 부처 공무원들과의 경쟁을 통해 임용하는 직위로 고위공무원단 직위 총수의 30% 범위에서 지정한다.

정답 ①

25

내용정리 | 신공공서비스론

개념		신공공리론이나 시장형 거버넌스에 대한 반론으로 등장한 공공거버넌스 내지는 민주적 거버넌스
7가지 기본원칙 (덴하트와 덴하트)	서비스 제공자	노젓기, 방향잡기가 아닌 서비스 제공자로서의 정부
	공익 중시	공유가치에 대한 담론의 결과로서의 공익 중시
	전략적 사고와 민주적 행동	정책과정에서의 전략적 사고와 민주적 행동
	봉사	고객이 아니라 시민에 대한 봉사
	책임의 다원성	법, 공동체, 정치규범, 전문성, 시민이익 등 책임의 다원성·복잡성
	인간존중	공유된 리더십을 바탕으로 한 협동구조로 인간 중시
	시민의식	기업가정신보다는 시민의식과 공공서비스 중시

ㄱ. [×] **신공공서비스론은 공무원이 반응해야 하는 대상**이 고객 또는 유권자 등의 소수 이해관계가 일치하는 선별된 집단이 아니라 **시민 모두**라고 본다.

ㄴ. [×] 페리와 와이즈는 신공공서비스론의 바탕이 되는 동기이론으로 공공봉사동기이론을 주장하였으며, 이 이론에 따르면 **공무원의 봉사동기는 공공정책에 대한 호감도 등의 합리적 차원, 공공에 대한 봉사 등의 규범적 차원, 동정이나 자기희생 등의 감성적 차원**으로 구분된다.

ㄷ. [○] 신공공서비스론은 정부의 책임이 시장뿐 아니라 헌법, 법률, 공동체 가치 등을 포함해서 나타난다고 보며 행정재량의 필요성은 인정하지만, 이러한 재량은 제약과 책임이 수반된다고 본다.

ㄹ. [○] 신공공서비스론은 공익을 담론의 결과물로 인식한다.

ㅁ. [×] 신공공서비스론에서 강조하는 공무원의 동기 유발 수단은 작은 정부를 지향하는 보수주의, 다시 말해 정부 규모를 축소하려는 이데올로기적 욕구보다는 시민 정신에 부응하려는 사회봉사이다.

ㅂ. [×] 신공공서비스론에서 요구하는 공무원상은 **전략적으로 사고하고 민주적으로 행동하는 공무원**이다.

정답 ④

모의고사 제2회

01	④	02	①	03	④	04	②	05	①
06	②	07	④	08	②	09	②	10	②
11	③	12	①	13	①	14	②	15	①
16	④	17	②	18	③	19	①	20	③
21	③	22	③	23	①	24	④	25	③

01

① [×] 세부 업무와 단가를 통해 예산 금액을 산정하는 상향식 예산은 품목별 예산제도이고, 프로그램 예산제도에서는 기능·분야·부처별 지출 한도를 설정하여 우선순위에 맞게 배분하는 **하향식 예산**이다.

② [×] 국고채무부담행위는 기존에 권한이 없었던 채무를 부담할 권한을 부여받는 것이기 때문에 미리 국회의 의결을 얻어야 하고(「국가재정법」 제25조), **지출 권한을 부여받은 것은 아니기 때문에 이후 지출 시점에도 예산에 그 금액을 명시해 국회의 의결을 받아야 한다**.

③ [×] 온실가스감축인지 예산제도는 「국가재정법」에 규정된 정부예산의 원칙 중 하나이다. 정부는 예산이 온실가스 감축에 미칠 영향을 미리 분석한 보고서(이하 "온실가스감축인지 예산서"라 한다)를 작성하여야 한다(「국가재정법」 제27조 1항).

④ [○] 국가가 보증채무를 부담하고자 하는 경우에는 국회의 동의가 필요하다. 참고로 보증채무는 원칙적으로 국가채무에 해당하지는 않는다.

> 「국가재정법」 제92조(국가보증채무의 부담 및 관리) ① 국가가 보증채무를 부담하고자 하는 때에는 미리 국회의 동의를 얻어야 한다.

정답 ④

02

2021 지방직 7급

내용정리 | 리플리와 프랭클린의 규제유형

의의		정책유형에 따라 정책집행과정이 달라진다고 주장			
유형		특징	정형화	관계의 안정성	성공적 집행 가능성
분배정책		행정서비스의 제공이나 이득·기회의 배분과 관련된 정책	높음	높음	높음
재분배정책		고소득층으로부터 저소득층으로의 소득 이전을 목적으로 하는 정책	낮음	높음	낮음
규제정책	경쟁적 규제정책	다수의 경쟁자 중에서 경쟁범위를 제한하려는 정책	보통	낮음	보통
	보호적 규제정책	민간활동이 허용 또는 제한되는 조건을 설정함으로써 일반대중을 보호하는 정책	낮음	낮음	보통

① [×] TV종합편성채널의 운영 등 방송권이나 항공노선 취항 등 인가는 특정업체에 영업권을 부여하고 경쟁범위를 제한하기 위한 **경쟁적 규제정책의 사례**이다.

② [○] 네거티브규제는 원칙적으로는 자율, 예외적으로 규제하는 방식의 규제로 원칙적으로 규제하고 예외적으로 허용하는 포지티브 규제

에 비해 피규제자의 자율성을 적극 보장한다는 측면에서 피규제자들이 선호하는 방식이다.
③ [O] 규제샌드박스란 신기술이니 신제품이 출시될 때 일정기간 동안 기존 규제를 면제 또는 유예시켜주는 제도로 우리나라는 2019년 규제샌드박스를 도입하였다.
④ [O] 윌슨(J. Wilson)의 규제정치모형에 따르면 경제규제는 보통 특정 기업의 경제활동을 차단해 피규제산업에게 지대가 발생하는 형태의 규제이다. 규제로 인한 편익은 소수에게 집중되고 이로 인한 피해 또는 비용은 다수에게 분산되는 고객정치에 해당한다. 이에 비해 공적 이익을 위해 이루어지는 사회적 규제는 규제로 인한 편익은 다수에게 분산, 그로 인한 피해는 소수에게 집중하는 기업가의 정치에 해당한다.

정답 ①

03

내용정리 행정의 수단적 가치

의의		본질적 가치를 달성하기 위한 수단이 되는 가치→ 시대나 상황에 따라 다름
유형	합법성	법에 의해 이루어지는 행정→ 법치행정
	능률성	투입 대비 산출의 극대화 → 기계적 능률, 사회적 능률
	민주성	대외: 국민을 위한 행정, 대내적: 정부 내 의사결정의 민주화
	합리성	수단의 목표 달성 적합도 (사이먼, 디징)
	효과성	산출이 목표를 달성한 정도→ 경쟁가치모형
	가외성	중첩, 여분, 초과분 확보→불확실한 상황에서 실패 대비

① [O] 기계적 효율성(능률성)은 투입 대비 산출 극대화를 추구하는 것으로 정치행정이원론 시대 과학적 관리론에서 중시되었다.
② [O] 행정의 수단적 가치는 본질적 가치를 달성하기 위한 수단이 되는 가치로 능률성, 효과성, 합법성, 생산성, 민주성 등이 있다.
③ [O] 사회적 효율성(능률성)은 인간 가치의 충족과 사회 목적의 실현 등을 추구하며 인간관계론에서 중시되었다.
④ [X] 예산의 분배과정에 있어 선택과 집중은 희소한 공공재원의 배분에 대한 계획이므로 경제원리가 필요하며 효율성(능률성)을 강조하게 된다.

정답 ④

04

① [X] 윌슨(W. Wilson)은 정치행정이원론의 대표적 학자로 행정의 본질을 의회에 의해 결정된 법이나 정책을 효율적으로 집행하는 것으로 파악하고 있으며, 효율적인 정부가 되기 위해서는 시간과 비용을 덜 들여야 한다는 절약과 능률 정신을 최고의 가치로 주장하였다. 따라서 행정의 본질을 의사결정이 아닌 집행의 효율성을 높이는 것으로 파악하였다.
② [O] 미국 행정학 성립의 진보적 행정개혁운동으로 1906년 뉴욕시정연구회, 1910년 절약과 능률에 관한 대통령위원회(Taft위원회) 결성 등 행정개혁운동 전개 및 행정에 과학적 관리론을 도입하였다. 특히 1906년에 설립된 뉴욕시정조사연구소(The New York Bureau of Municipal Research)는 좋은 정부를 구현하기 위한 능률과 절약의 실천방안을 제시하고 시정에 대한 과학적 연구를 수행했다.
③ [X] 건국 직후 미국에서는 행정의 효율성을 지향하는 해밀턴의 연방주의(Hamiltonianism)가 제기되었지만 해밀턴주의가 당시 미국 정치체제를 지배한 것은 아니다. 상당한 기간 동안 제퍼슨 등 반연방주의자들의 반대도 존재하였으며 결국 이러한 갈등이 남북전쟁의 발단이 되기도 하였다.
④ [X] 「행정의 연구(The Study of Administration)」(1987)에서 행정의 영역(field of administration)은 정치의 영역(field of politics)이 아니라 비즈니스의 영역(field of business)이라고 규정한 학자는 잭슨이 아닌 윌슨(W. Wilson)이다.

정답 ②

05

2022 지방직 7급

내용정리 메이의 정책의제설정모형

정책의제 설정 주도자 \ 대중의 관여정도	높음	낮음
민간	<외부주도형> 외부집단에서 이슈제기 → 공중의제화 → 공식의제화	<내부접근형> 의사결정자들에게 접근할 수 있는 영향력 있는 집단들이 정책을 주도하는 모형
국가	<굳히기형> 대중적 지지가 광범위하게 형성되어 국가가 의제 설정을 주도하는 공고화 모형	<동원형> 국가가 주도하여 이슈제기 → 공식의제화 → 공중의제화

① [X] 내부접근형은 대중의제화 없이 바로 정부의제를 채택하는 의제설정모형으로 일반시민의 지지를 얻기 위한 홍보활동이 이루어지지 않는다. 정부가 채택한 의제를 일반시민의 지지를 얻기 위해 홍보활동을 벌이는 것은 동원형의 특징이다.
② [O] 동원모형은 정치지도자의 지시에 따라 사회문제가 바로 정부의제로 채택되며 이후 일반시민의 지지를 얻기 위한 행정홍보활동이 나타난다. 주로 정부의 힘이 강하고 민간 부문이 취약한 후진국에서 나타나는 의제설정모형이다.
③ [O] 외부주도형은 이익집단들에 의해 제기된 문제가 여론을 형성해 공중의제로 전환되며 정부가 외부의 요구에 민감하게 반응하는 다원주의 정치체제에서 자주 볼 수 있다.
④ [O] 대중적 지지가 광범위하게 형성되어 국가가 의제설정을 주도하는 모형인 공고화모형은 이미 광범위한 일반 대중의 지지가 있는 경우에, 정부는 동원 노력보다는 이미 존재하는 지지를 그대로 공고화해 의제를 설정한다.

정답 ①

06

2022 지방직 7급

내용정리 정치행정이원론과 일원론

구분	시기	배경	특징	대표적 학자	관련 이론
정치 행정 이원론	1880 년대 말	엽관주의 폐단 극복	• 과학적 관리론의 영향 • 정치와 행정을 분리하기 위한 진보주의 개혁운동 (뉴욕시정연구회, 태프트위원회)	W.Wilson, Goodnow, L.White, L.Gulick	행정 관리설
정치 행정 일원론	1930 년대	경제 대공황 극복	경제대공황 극복을 위한 뉴딜정책으로 행정 기능 확대	M.Dimock, Sayre, P.Appleby	통치 기능설

① [X] 행정은 효율성을 추구하는 관리를 핵심으로 한다는 것은 윌슨 등의 **정치행정이원론의 입장**으로 정치행정일원론자인 애플비의 주장에는 해당하지 않는다.
② [O] 애플비는 정치행정일원론자로 정치와 행정이 현실을 양자의 연속(혼합)으로 보며 정책결정은 행정과정 중에서도 이루어진다고 주장한다. 행정은 민의를 중시해야 하는 과정이며 정책결정과 집행의 혼합작용이라고 판단한 것이다.
③ [X] 시간과 동작에 관한 연구를 통해 직무를 전문화하고 행정조직의 생산성 향상방안을 연구한 학자는 **테일러**이다.
④ [X] 고위관료의 7대 기능으로 POSDCoRB(① 계획(planning), ② 조직(organizing), ③ 인사배치(staffing), ④ 지휘(directing), ⑤ 조정(coordinating), ⑥ 보고(reporting), ⑦ 예산(budgeting))를 주장한 학자는 **귤릭**이다.

정답 ②

07
2023 국가직 7급

① [O] 법률안은 국회의원과 정부 모두 제출할 수 있지만(「헌법」 제52조), 예산안은 정부만이 제출할 수 있다.
② [O] 발의·제출된 법률안에 대해 국회는 자유롭게 수정할 수 있지만, 예산안의 경우 국회는 정부의 동의 없이 제출된 지출예산 각항의 금액을 증가하거나 새 비목을 설치할 수 없다(「헌법」 제57조).
③ [O] 법률안은 대외적 효력을 인정받기 위해 공포 절차를 거쳐야 하지만 예산안은 국회에서 의결되면 바로 효력을 갖는다.
④ [X] 대통령은 법률안 재의요구권(거부권)을 통해 국회가 의결한 법률안에 대해 재의를 요구할 수 있다. 하지만 **국회는 정부가 제출한 예산안에 대한 심의·의결 자체를 거부할 수는 없다.**

정답 ④

08

내용정리 행정에 대한 내부통제

	개념	행정부의 내부기관을 통한 공식적 자기 통제
공식적	감사원	대통령 소속기관으로 행정부 소속 내부통제 ⇨ 직무감찰, 회계검사, 결산확인
	검찰	공무원 부패방지
	국민권익위원회	부패행위 등의 신고
	공직자윤리위원회	공직자재산등록 등 관료부패 통제
	국무총리	행정부 내부 상급기관에 의한 통제(국무조정실 및 국무총리실)
	각급 기관 (행정감사)	당해 또는 하급기관의 운영실태를 파악하여 시정·개선
비공식적	개념	행정부 내부의 비공식적인 제도에 의한 통제(관료들의 의식 개선)
	공직윤리 확립	공직이 요구하는 직업윤리
	내부고발자 보호	조직 내부의 부정부패적발 및 부정부패 예방

① [X] 국민권익위원회는 **국무총리 소속의 법률상 기관**으로, 독립적인 **직권조사권과 시찰권과 소추권 모두 갖고 있지 않다.**
② [O] 국회는 대통령을 비롯하여 국무총리, 국무위원, 행정각부의 장, 감사원장 등이 직무를 집행함에 있어 법률을 위반할 때 탄핵소추를 의결할 수 있다.
③ [X] 감사원은 헌법적 지위를 갖는 대통령 직속기구로서 회계검사와 직무감찰을 수행하는데, **직무감찰 시 행정부만 포함하고, 입법부, 사법부에 소속된 공무원들은 그 대상에서 제외한다.**

「감사원법」 제24조(감찰 사항) ① 감사원은 다음 각호의 사항을 감찰한다.
③ 제항의 공무원에는 국회·법원 및 헌법재판소에 소속한 공무원은 제외한다.

④ [X] 2006년 제정·시행된 「정부업무평가 기본법」에 의해 **각 부처는 자체평가를 진행하고 있다.**

정답 ②

09

내용정리 주민자치와 단체자치

구분	단체자치	주민자치
의미	법률적 의미 (국가-지방자치단체)	정치적 의미 (지방자치단체-주민)
국가	대륙계 국가	영미계 국가
자치권	전래권설	고유권설
중점	지방분권	주민참여, 민주주의
사무	고유사무와 위임사무	고유사무(위임사무×)
권한부여	포괄적 수권주의	개별적 수권주의
중앙통제	행정적 통제(강함)	입법적·사법적 통제(약함)
정부형태	기관대립형	기관통합형
중앙·지방관계	수직적 관계, 권력적 감독관계	수평적 관계, 기능적 협력관계

① [X] 일정 지역 안의 행정이 주민에 의해 수행되어져야 함을 강조하는 것은 주민자치에 대한 설명이다. 단체자치가 '중앙집권'을 중시한다면 주민자치는 '분권'을 강조하고, 단체자치가 제도적 '분권'을 강조한다면 주민자치는 실질적 '참여'를 강조한다.
② [O] 대륙법계의 단체자치국가는 포괄적 예시를 통해 불분명하게 사무를 배분하고, 영미법계의 주민자치국가는 개별적 수권을 통해 명확하게 사무를 배분한다.
③ [X] 단체자치는 독일, 프랑스, 일본 등 대륙법계 국가를 중심으로 발전한 법률적 의미의 자치이며 **주민자치는 영미법계 국가를 중심으로 발전한 정치적 의미의 자치이다.**
④ [X] 자치단체에 의한 **법적·제도적 의미의 자치는 단체자치**, 주민에 의한 정치적 의미의 자치는 주민자치이다.

정답 ②

10
2023 국가직 7급

ㄱ. [O] 정부신뢰는 다수의 시민이 자신들이 원하는 바를 행정기관이나 관료들이 정책활동에 반영할 것이라고 믿는 상태를 의미하는 것이다. 정부 인사의 도덕성 확보, 정책 내용의 일관성 유지, 정부의 역량은 모두 정부신뢰의 구성인자이다.
ㄴ. [X] 정부 신뢰의 유형으로는 신탁적 신뢰, 상호적 신뢰, 사회적 신뢰가 있다. 이 중 신탁적 신뢰는 정부와 시민 간에 비대칭적 관계에 있을 때 형성된다.

신탁적 신뢰 (fiduciary trust)	일반시민들은 정부가 무슨 일을 하는지에 대한 정보가 없어 본질적으로 정보의 비대칭적 관계가 수반되지만 그럼에도 불구하고 정부가 공익과 공공선을 극대화하기 위해 윤리적·효율적으로 최선을 다한다고 믿는 신뢰
상호적 신뢰 (mutual trust)	반복적으로 교류하는 과정에서 행위자사이에 생성되는 신뢰로 지속적인 교환과 대민접촉으로 형성되며 정보의 비대칭성이 작음
사회적 신뢰 (social trust)	정부와 시민 간 제도화된 상호작용성이 공공선을 증진한다고 보는 사회적 신뢰, 신탁적 신뢰와 상호적 신뢰가 바탕

ㄷ. [O] 숙의민주주의는 성숙된 시민의식을 바탕으로 시민들이 참여하여 대화와 토론을 통해 합의된 집단적 의사를 형성하는 민주주의를 의미하는 것으로, 기피 시설의 공론조사 과정에서 시민대표단을 구성하여 토론하는 것이 그 사례가 된다.

숙의민주주의		심사숙고의 과정을 통해 정책결정을 위한 대안을 만들고 이 대안이 정책이 될 수 있도록 만드는 민주적 과정
유형	공론조사	대표성 있는 시민의 선발과 정보 제공에 기초한 토론
	협의회의	시민들이 전문가들에게 질의하고 의견청취
	시민회의	공공정책 결정 과정에 시민이 참여하여 결론 도출
	주민배심	대표 시민들이 정책 질의 및 심의과정에 참여

정답 ②

11

2023 국가직 7급

① [O] 지방의회의원의 의정활동을 지원하기 위하여 지방의회의원 정수의 2분의 1 범위에서 해당 지방자치단체의 조례로 정하는 바에 따라 지방의회에 정책지원 전문인력을 둘 수 있다(「지방자치법」 제41조).

② [O] 지방의회의 의장은 지방의회 사무직원을 지휘·감독하고 법령과 조례·의회규칙으로 정하는 바에 따라 그 임면·교육·훈련·복무·징계 등에 관한 사항을 처리한다(「지방자치법」 제103조).

③ [X] **지방의회는 매년 2회 정례회를 개최**한다(「지방자치법」 제53조).

④ [O] 지방의회의원은 각급 선거관리위원회 위원을 겸직할 수 없다 (「지방자치법」 제43조)

정답 ③

12

2022 국가직 7급

정책순응은 정책집행자 또는 정책대상집단이 정책이나 법규에 근거한 지시나 요구사항에 대하여 일치된 행동을 보이는 것으로, 순응을 유발하는 방법에는 도덕적 설득, 유인과 보상, 처벌과 강압, 지원 및 관리 등의 방법이 있다.

(가) **도덕적 설득**은 순응주체에게 특정한 정책에 순응하는 것이 윤리적, 도덕적 차원에서 옳은 것이라고 인식시키기 위한 설득을 의미한다.

(나) **유인**은 정책순응을 위해 순응자에게 제공하는 혜택으로 경제적 유인, 비경제적 유인 등이 있다. 경제적 유인의 경우 도덕적 자각이나 이타주의적 고려에 의해 자발적으로 순응하는 사람들의 명예나 체면을 손상시키고 사람의 타락을 유발할 수 있다.

(다) **처벌**은 정책에 순응하지 않는 사람들에게 강제적 수단을 가해서 순응을 확보하는 방법이다. 처벌을 위해서는 불응의 형태를 정확하게 파악해 점검해야 하는데 이 과정이 어렵다는 단점이 나타난다.

정답 ①

13

2022 지방직 7급

① [O] 피터슨의 「도시한계(City Limits)」에 따르면, 지방정부는 노동과 자본의 이동성에 대한 통제가 어렵고, 스스로 재원을 조달해야 하기 때문에 생산적인 노동과 자본을 유입시키는 개발정책을 선호하고, 반대로 빈곤층 등을 유입시키는 재분배정책은 선호하지 않아 복지정책을 성공적으로 제공하기 어렵다.

② [X] **라이트**는 중앙정부와 지방정부의 권력관계 및 기능적 상호의존 관계를 기준으로 **정부 간 관계를 분리형, 내포형, 중첩형으로 분류**한다. 분쟁형은 나이스(D. Nice)의 분류방식(분쟁형, 상호의존형), 교환형은 엘콕(Elcock)의 분류방법(동반자 모형, 대리자 모형, 교환모형)이다.

③ [X] 로즈의 정부 간 관계론에 따르면 **지방정부는 중앙정부에 비해 정보자원과 조직자원이 우월**하고, 중앙정부는 지방정부에 비해 법적자원과 재정자원이 우월하다.

④ [X] 티부의 '발에 의한 투표'가 가능하기 위한 조건은 주민들의 자유로운 이동성, **공공서비스의 외부효과 부존재** 등의 전제조건이 충족되어야 한다.

정답 ①

14

내용정리 정책결정요인이론

개념	정책을 종속변수로 보고 정책의 원인에 해당하는 독립변수를 규명하는 이론	
유형	정치학자들의 연구 (Key, Lockard)	정치적 변수가 정책에 영향을 미치는 변수임을 강조
	경제학자들의 연구 (정치적 변수 < 경제사회적 변수)	Fabricant: 소득, 인구밀도, 도시화 등 경제사회적 변수의 중요성 입증
		Brazer: 소득, 인구밀도, 보조금 등 경제사회적 변수의 중요성 입증
	정치학자들의 재연구	Dawson & Robinson의 경제적 자원모형: 소득과 같은 경제사회적 변수 → 정치체제, 정책
		Cnudde & McCrone의 혼란관계모형: 경제사회적 변수, 정치적 변수 모두 정책에 독립적 영향을 미침 ⇨ 혼란관계임을 입증

① [X] 정책결정요인론은 정책을 종속변수로 두고 무엇이 정책에 영향을 미치는 요인인지에 대한 독립변수를 확인하기 위한 연구로, **정치적 변수에 비해 사회경제적 요인의 중요성을 더 강조**했으며 이 과정에서 정치적 변수의 중요성을 설명하지 못했다는 비판을 받았다.

② [O] 도슨-로빈슨 모형은 사회경제적 변수가 정치체제와 정책 모두에 영향을 미친다고 보며, 사회경제적 변수가 정치체제와 정책의 상관관계를 유발한다고 보았다.

③ [X] **패브리칸트**(Fabricant)나 브레이저(Brazer)와 같은 경제학자는 소득, 인구밀도, 도시화 등 **경제사회적 변수의 중요성을 강조**한다.

④ [X] 루이스-벡 모형은 사회경제적 변수와 정치적 변수 모두가 정책에 독립적인 영향을 미친다고 보며 **정치체제는 정책에 독립적 영향을 끼친다고 설명한다.**

정답 ②

15

① [O] 논리모형 혹은 프로그램 논리모형은 정책프로그램의 요소들과 해결하려는 문제들 사이의 논리적 인과관계를 투입(input)- 활동(activity) - 산출(output) -결과(outcome)로 정리하여 표현해 준다.
② [X] 정책평가는 정책수단이 정책목표달성에 기여했는지의 여부를 평가하는 과정으로 시기에 따라 프로그램 중간 단계에서 시행하는 과정평가와 프로그램 종류 이후에 실시하는 총괄평가로 구분된다. 프로그램 논리모형은 과정평가단계에서 이루어지는 평가로 프로그램이 진행되고 있는 중간 단계에서 정책프로그램의 **목표달성 여부를 확인해 프로그램을 집행단계에서 수정할 수 있다.**
③ [O] 정책이 사회적으로 끼친 영향을 평가하는 정책영향평가는 정책이 실시된 이후에 이루어지는 사후평가이자 정책의 영향을 평가하는 효과성 평가로 볼 수 있다.
④ [O] 정책모니터링은 주로 정책이 집행되는 과정을 살펴보는 과정평가의 유형으로, 이를 통해 집행의 능률성과 효과성을 확보할 수 있다.

정답 ②

16 | 2023 국가직 7급

① [O] 집권화는 조직의 의사결정권한이 소수의 상위계층에 집중된 구조로, 규모가 작은 조직이나 신설된 조직인 경우 신속한 결정을 통해 순발력 있는 대응력을 확보할 수 있다는 점에서 유리하다.
② [O] 집권화가 되어 있는 조직의 경우 상위계층에서 업무를 처리하는 절차의 표준화를 추진할 수 있다. 이 경우 업무의 전문화(작업기술의 전문화)가 이루어지면 전문적 기술의 활용가능성이 향상되고, 의사결정 시간 단축으로 의사결정 비용을 줄여 경비절감을 할 수 있다.
③ [O] 조직의 의사결정 권력이 다수의 하위계층으로 분권화가 되면 구성원 개인의 판단 재량권이 커지면서 탄력적 업무수행이 가능하다.
④ [X] 행정기능의 중복과 혼란을 회피할 수 있고 분열을 억제할 수 있는 것은 집권화의 장점이며, 오히려 **분권화가 되면 개인의 판단권이 커지면서 분열과 혼란이 커지게 될 위험성이 있다.**

정답 ④

17

① [O] 국무총리가 특별히 위임하는 사무를 수행하기 위하여 부총리 2명을 두고, 기획재정부장관과 교육부장관이 각각 겸임한다(「정부조직법」 제19조).
② [X] 국가정보원은 국가안전보장에 관련되는 정보·보안에 관한 사무를 담당하기 위하여 대통령 소속기관이지만, **중대범죄수사는 국가정보원의 사무에 해당하지 않는다**(「정부조직법」 제17조).
③ [O] 행정안전부의 안전·재난 업무 담당은 소방공무원으로 보할 수 있다(「정부조직법」 제2조6항).
④ [O] 재외동포에 관한 사무를 관장하기 위하여 외교부장관 소속으로 재외동포청을 둔다(「정부조직법」 제30조).

정답 ②

18

① [X] 총체적 품질관리는 고객 만족을 위하여 조직에서 산출하는 재화 및 서비스의 품질을 향상시켜 전체 구성원이 참여해 업무 수행방법을 개선하기 위한 조직 운영 방식으로 팀별 목표설정 이후 목표달성에 따라 팀별 보상이 이루어지는 **분권화된 기획을 중시하며 서비스 산출 전에 미리 목표달성수준이 결정되는 사전적·예방적 통제를 강조한다.**
② [X] 리엔지니어링이란 행정성과와 속도를 제고시키기 위하여 번거로운 업무절차와 엄격한 분업에 의한 단절(이음매)을 해소하여 **업무절차를 전반적으로 축소·재설계하려는 과정(절차)의 재공정 작업**이다.
③ [O] 조직발전은 외부 전문상담가가 주도하는 반면에 목표관리는 내부에서 주도하는 점이 다르다.
④ [X] **참여의 과정을 통해 단기적 목표를 설정하여 생산 활동을 수행하고 그 결과의 평가·환류에 우선적 초점을 둔 것은 목표관리(MBO)에 관한 설명이다.** 전략적 관리는 대내적으로는 조직의 강점과 약점, 대외적으로는 환경으로부터의 위협과 기회를 분석하여 대응전략을 수립하는 관리전략이다.

정답 ③

19 | 2022 국가직 7급

① [X] 계급제는 제한된 동일 계급 내에서 다양한 업무를 맡게 할 수 있으므로 공무원의 시야와 이해력을 넓혀 일반행정가를 양성하는데 적합한 제도이다. 보직관리의 범위를 제한해 공무원의 시야를 좁게 만들 수 있는 것은 직위분류제의 특징이다.
② [O] 직위분류제는 종류와 곤란도에 따라 보직을 구분해 공무원의 전문성을 강화하고 직무 중심의 동기유발이 가능하도록 한다.
③ [O] 계급제는 보통 공무원의 정년을 보장해 공무원의 장기근무를 유도하고 직업공무원제도의 확립에 유리하다.
④ [O] 직위분류제는 직위의 종류를 과학적으로 분류해 직무 한계와 책임 소재가 명확하다.

정답 ①

20 | 2023 국가직 7급

ㄱ. [X] 협의회는 기관 단위로 설립하되, **하나의 기관에는 하나의 협의회만을 설립할 수 있다**(「공무원직장협의회의 설립·운영에 관한 법률」 제2조).

구분	공무원노동조합	공무원직장협의회
법적근거	· 헌법 제33조 2항 · 공무원노동조합 설립 및 운영등에 관한 법률	· 헌법근거 없음 · 공무원직장협의회 설립 및 운영에 관한 법률
운영	행정부, 국회, 법원, 중앙선거관리위원회, 헌법재판소, 지방자치단체, 시·도 교육청이 최소단위	원칙적으로 기관장이 4급 이상 상당인 기관 단위
	최소단위별 복수노조 가능	1기관 1협의회(복수협의회 불가)
	전국단위 노조나 연합체 가능	국회, 법원, 중앙행정기관, 감사원, 지방자치단체의 경우 내부협의회 대표하는 연합협의회 설립 가능
설립절차	고용노동부장관에서 설립 신고	해당기관의 장에게 설립사실 통보

		· 일반직 공무원 · 특정직 공무원 중 외무영사직렬·외교정보기술직렬 외무공무원, 소방공무원, 교육공무원(교원 제외) · 별정직 공무원	· 일반직 공무원 · 특정직 공무원 중 외무영사직렬·외교정보기술직렬 외무공무원, 경찰공무원, 소방공무원 · 별정직 공무원
가입 대상			

ㄴ. [O] 휴직에는 임용권자가 직권으로 명하는 직권휴직과 본인의 원에 따라 휴직을 명하는 청원휴직이 있다(「국가공무원법」 제71조).

ㄷ. [X] 소청심사위원회의 결정은 처분 행정청을 기속하지만(「국가공무원법」 제15조), 소청인을 기속하지는 않기 때문에 소청인은 기각재결에 불복하여 행정소송을 제기할 수 있다.

ㄹ. [O] 시보 임용 기간 중에 있는 공무원이 근무성적·교육훈련성적이 나쁘거나 이 법 또는 이 법에 따른 명령을 위반하여 공무원으로서의 자질이 부족하다고 판단되는 경우에는 제68조와 제70조에도 불구하고 면직시키거나 면직을 제청할 수 있다(「국가공무원법」 제29조).

정답 ③

21
2017상 국가직 7급

내용정리 공무원 평정제도

성과계약 등 평가	대상	4급 이상 공무원(고위공무원단 포함)과 연구관·지도관 및 전문직 공무원
	시기	매년 12월 31일 기준 다음해 초 연 1회 실시
근무성적 평가	대상	5급 이하 공무원, 연구직·지도직 및 우정직 공무원
	시기	① 정기평가: 6월 30일과 12월 31일 기준 연 2회 실시 ② 수시평가: 승진후보자명부의 조정사유 발생 시 실시
	활용	승진임용, 교육훈련, 보직관리, 특별승급, 성과급 및 상여금 지급 등 각종 인사관리 반영
다면평정	내용	감독자뿐 아니라 부하, 동료, 민원인까지 평정주체로 참여
	등장 배경	탈계층적 조직의 등장과 관리범위 확대, 내·외부 고객의 피드백이 중요
역량평가	내용	조직의 목표달성과 연계하여 뛰어난 직무수행을 보이는 고성과자의 차별된 행동 특성과 태도
	유형	고위공무원단 신규·승진임용, 과장급후보자 승진임용

① [X] 일반직공무원의 근무성적평정은 크게 4급 이상을 대상으로 한 '**성과계약 등 평가**'와 5급 이하를 대상으로 한 '**근무성적평가**'로 구분된다(「공무원 성과평가 등에 관한 규정」 제7조, 제12조).

② [X] 5급 이하를 대상으로 하는 '근무성적평가'는 정기평가와 수시평가로 나눌 수 있으며 정기평가는 6월 30일과 12월 31일 기준으로 연 2회 실시한다. '**성과계약 등 평가**'는 연 1회 실시한다(「공무원 성과평가 등에 관한 규정」 제5조).

③ [O] 다면평가는 공무원의 능력개발 및 인사관리 등을 위하여 해당 공무원의 상급 또는 상위 공무원·동료·하급 또는 하위 공무원 및 민원인 등에 의한 평가로 평가의 객관성과 공정성을 제고할 수 있으나 여러 가지 부작용으로 인해 2010년 이후 사실상 폐지된 상태로 의무사항은 아닌 참고사항이며 승진이나 근평결과에 반영되지는 않는다.

④ [X] 역량평가제도는 **고위공무원단 후보자를 대상으로** 업무수행에 필요한 충분한 역량을 보유하고 있는지를 평가한다(「고위공무원단 인사규정」 제9조).

정답 ③

22
2023 국가직 7급

① [O] 재정투명성이란 재정에 관한 정보를 국민에게 체계적으로 적시에 공개하는 것을 의미한다.

② [O] 2007년 IMF 「재정투명성 규약」에는 정부의 역할과 책임에 대한 명확성, 예산과정의 공개, 정보의 공공이용성, 재정정보의 완전성 보장 등이 규정되어 있다.

③ [X] 「국가재정법」에서는 '일반정부 및 공공부문 재정통계를 포함하여 매년 1회 이상 투명하게 공표하여야 한다(동법 제9조)'고 규정하고 있다.

④ [O] 「국가재정법」은 제100조에서 예산·기금의 불법 지출에 대한 국민감시 규정을 두고 있다.

정답 ③

23

내용정리 시간선택제 공무원

시간선택제 전환 공무원	· 통상적인 근무시간(주 40시간, 일 8시간)동안 근무하던 공무원이 본인의 필요에 따라 시간선택제 근무를 신청하여 근무하는 제도('05년부터 시행중) · 근무시간: 1일 최소 3시간 이상, 주당 15~35시간 근무
시간선택제 채용 공무원	· 능력과 근무의욕이 있으나 종일 근무는 곤란한 인재들에게 적합한 일자리로 통상적인 근무시간보다 짧은 시간을 근무하면서 정년이 보장되는 공무원 ('14년부터 채용) · 근무시간: 임용권자 또는 임용제청권자가 15 ~ 35시간 범위에서 지정
시간선택제 임기제 공무원	· 전문지식·기술이 요구되는 업무 및 한시적인 사업 수행 또는 시간선택제 전환자의 업무대체 등을 위해 일시적으로 채용되어 시간선택제로 근무하는 공무원 · 근무시간: 1일 최소 3시간 이상, 주당 15~35시간 근무 · 종류: 시간선택제 일반임기제 공무원, 시간선택제 전문임기제 공무원

① [O] 시간선택제 채용 공무원은 통상적인 근무시간보다 근무시간을 단축하여 근무하는 공무원제도로 시간선택제 채용공무원을 통상적인 근무시간 동안 근무하는 공무원으로 임용하는 경우 어떠한 우선권도 인정하지 않는다(「공무원임용령」 제3조의2 및 제3조의3).

② [X] 우리나라의 시간선택제 공무원 제도는 유연근무제도의 일환으로 도입되었으며 기관 사정이나 정부의 일자리 나누기 정책 구현, 고용률 제고 등을 위해서 활용되었다.

③ [X] 시간선택제 채용 공무원의 경우 주당 근무시간은 15시간 이상 35시간 이하의 범위에서 임용권자 또는 임용제청권자가 정한다. 이 경우 근무시간을 정하는 방법 및 절차 등은 인사혁신처장이 정한다.(「공무원임용령」 제3조의3).

④ [X] 시간선택제 채용 공무원제도는 2013년에 「국가공무원법」, 「지방공무원법」 등에 법적 근거를 마련하여 도입하였으나 **실제 시행은 2014년부터 최초 실시 채용**되었다.

정답 ①

24
2024 국회직 8급

① [X] 예산결정이론은 예산 배분의 경제적 측면을 강조하는 이론과 정치적 측면을 강조하는 이론으로 구분할 수 있는데, **정치적 측면의 이론이 점증적·단편적 접근이며 경제적 측면의 이론이 포괄적·분석**

적 접근이다.

② [X] 총체주의 예산은 목표와 수단에 대한 합리적 분석을 강조한다. 따라서 목표에 대한 사회적 합의가 이루어져야 그에 대한 수단을 분석할 수 있으므로 **목표가 설정되지 않은 경우 적용할 수 없다.**

③ [X] 점증주의 예산은 전년도에 기준을 두고 예산을 소폭 증가시키는 제도로 **예산을 탄력적으로 활용할 수 없어 경기변동에 대응하는 재정정책적 기능을 수행할 수 없다.**

④ [O] 루빈(Rubin)의 실시간 예산운영 모형에서 세입, 세출, 예산균형, 예산집행, 예산과정의 다섯 가지 의사결정 흐름은 서로 느슨하게 연계된 상호의존성을 가지고 있다.

정답 ④

25 _{2022 국가직 7급}

내용정리 예산제도의 특징

	개념	특징
품목별(line-item) 예산제도	정부가 지출하고자 하는 지출 대상 품목별로 예산을 편성	예산지출의 통제 가능, 행정부제출 예산제도
성과주의(Performance) 예산제도	사업별 업무량과 비용을 합리적으로 표시해 사업별 성과를 제고하려는 예산제도	예산 = 단위원가 × 업무량
계획예산(Planning Programming)	장기적 계획수립(planning), 단기적 예산 편성(budgeting), 사업계획 작성(programming)	· 계획 중심 예산제도 · 총체주의적 접근의 예산제도 ⇨ 예산 배분의 합리성 도모
영기준예산(zero-base)	정부의 모든 활동 근본적으로 새로 분석·평가해 우선순위를 정하고, 우선순위에 따라 예산을 편성하는 제도	지출제안서: 사업대안패키지, 대안의 최저, 현행, 최고 수준 나누어 작성 및 검토
신성과주의예산	성과 관리를 투입, 과정, 산출 결과 등의 프로세스로 이해, 결과지향적 제도	· 투입보다는 산출, 산출보다는 결과에 초점 · 관리자에게 대폭적인 재량권 허용하지만 성과평가에 대한 책임 강조

① [O] 영기준예산제도는 전년도 예산의 관행을 인정하지 않는 제도로 미국의 민간기업인 Texas Instruments에서 처음 시작되었고, 1977년 카터대통령에 의해 미국 연방정부에 도입되었다.

② [O] 계획예산제도는 5년 단위의 장기적 계획, 1년 단위의 단기적 사업, 그에 대한 예산을 연결시키는 제도로서 미국에서 베트남 전쟁, 위대한 사회 프로그램 등 정부예산이 팽창하던 1963년 맥나마라 장관에 의해 미국 국방부에 처음 도입, 이후 1965년 존슨행정부에 의해 도입·운영되었다.

③ [X] **1950년대 도입된 성과주의 예산제도는** 직접 눈에 보이는 산출에만 집중해 **산출 이후의 성과에는 관심을 두지 않았다.** 예산집행의 재량과 결과에 대한 책임을 강조하며 산출 이후의 성과에 관심을 가지는 예산제도는 1990년대 이후 도입된 신성과주의 예산의 특징이다.

④ [O] 품목별 예산제도는 예산을 지출대상별로 분류해 편성하는 통제지향적 제도로서 1912년 미국의 태프트위원회(절약과 능률을 위한 대통령위원회)에서 도입을 권고해 1920년대 대부분 미국 연방 부처가 도입하였다.

정답 ③

모의고사 제3회

01	③	02	②	03	①	04	①	05	④
06	②	07	①	08	②	09	③	10	②
11	④	12	④	13	②	14	②	15	④
16	④	17	②	18	③	19	①	20	④
21	④	22	④	23	②	24	④	25	①

01 _{2023 국가직 7급}

ㄱ. [X] 켈리는 팔로워십 유형을 사고의 독립성(독립성과 의존성)과 행동의 적극성(적극성(능동성)과 수동성)을 기준으로 **소외적, 수동적, 순응적, 효과적, 실용적 팔로워의 5가지로 구분하였다.** 기존의 리더십 이론이 리더의 역할에 초점이 있었다면, 켈리(R. Kelly)는 팔로워가 적절한 역할을 하지 않으면 리더십의 성과가 나타나기 어렵다고 보아 팔로워십이 더 중요하다고 주장하였다. 5가지 유형 중에서 조직을 파괴할 수 있는 소외형 팔로워 유형이 가장 위험하다고 보았다.

소외형(aliented followers)	독립적·비판적 사고를 하지만 조직에 적극적으로 참여하지 않음 → 가장 파괴적이고 위험한 유형
순응형(conformist followers)	조직에 적극적으로 참여하나 독립성이 부족해 리더의 권위에 복종하는 유형
수동형(passive followers)	독립성이 결여되어 있고 조직의 업무 수행과정에 자발적으로 참여하지 않음 → 직무수행능력이나 만족도가 가장 낮음
효과형(exemplary follrowers)	조직성과와 관련해 조직의 유익한 자산이 되는 유형으로 조직의 이익을 위해 모험이나 갈등 역시 마다하지 않음 → 조직에서 가장 바람직한 유형
실무형(pragmatist followers)	필요에 따라 유동적으로 팔로워십의 유형을 바꾸며 조직 내 자신의 생존과 안정을 추구

ㄴ. [O] 블레이크와 머튼은 생산에 대한 관심과 사람에 대한 관심이 모두 높은 단합형 리더십 유형을 최선의 관리방식이라고 주장하였다.

ㄷ. [O] 피들러는 상황적응적 리더십에서 리더와 구성원의 관계, 직무구조, 직위권력의 3가지 변수를 중요한 상황요소로 설정하였다.

ㄹ. [X] 오하이오 주립대 리더십 연구자들은 조직의 구조를 설정하는 **구조주도능력(initiating structure)과 배려심(consideration)이 둘 다 뛰어난 리더를 가장 훌륭한 리더**라고 보았다.

정답 ③

02 _{2020 국가직 7급}

내용정리 대표관료제

내용	다양한 사회집단(인종·종교·성별·직업 또는 지역 등)들이 한 나라의 인구 전체 안에서 차지하는 비율에 맞게 공직 임용 필요(by 킹슬리)	
기본 전제	소극적 대표	사회의 인구 구성적 특성과 가치를 반영하는 관료제의 인적 구성(피동적)
	적극적 대표	관료들이 출신집단의 이익을 위해 적극적으로 행동(능동적)
인사정책 수단	양성평등인사관리, 장애인공무원인사관리, 지방·지역인재 인사관리, 이공계공무원 인사관리	
효용	정부관료제의 대표성과 다양성 강화, 내부통제 강화, 기회균등의 적극적·실질적 보장 ⇨ 사회적 형평성 제고, 정부관료의 대응성 향상	
한계	실적제 훼손 ⇨ 행정 능률 저하, 행정의 전문성과 생산성 저하, 역차별 문제 야기, 외부통제 무력화	

제시문의 내용은 킹슬리(Kingsley)가 주장한 대표관료제로 이는 공직 구성을 출신 집단의 비율과 맞게 할당하여 구성하자는 제도이다.
① [O] 관료들은 누구나 자신의 사회적 배경의 가치나 이익을 정책과정에 반영시키려고 노력한다는 점, 즉 소극적 대표가 적극적 대표로 이어진다는 점을 전제로 한다.
② [X] **크랜츠(Kranz)는 대표관료제의 개념을 비례대표(proportional representation)로까지 확대하자고 주장하였다.**
③ [O] 라이퍼(Riper)는 대표관료제의 개념을 확대해 사회적 특성 외에 사회적 가치(형평성 등)까지도 포함시키고 있다.
④ [O] 대표관료제는 능력 중심의 인사가 아니므로 현대 인사행정의 기본원칙인 실적제를 훼손할 뿐만 아니라 역차별로 인한 사회적 갈등을 야기할 수 있다는 비판을 받는다.

정답 ②

03

2013 지방직 7급

내용정리 : 직위분류제 개

직위	한 사람의 직원에게 부여할 수 있는 직무와 책임
직급	직무의 종류·곤란성과 책임도가 상당히 유사한 직위의 군 ⇨ 동일 직급의 직위에 대해서는 임용자격·시험·보수 등 인사행정 상 동일 취급 가능
직류	동일한 직렬 내에서 담당 분야가 동일한 직무의 군
직렬	직무의 종류는 유사하나, 곤란성과 책임성의 정도가 상이한 직급의 군
직군	직무의 종류가 비교적 유사한 직렬의 군
등급	직무의 곤란성과 책임도가 상당히 유사한 직위의 군 ⇨ 동일하거나 유사한 보수를 지급

ㄱ. [O] 직위: 한 사람의 공무원에게 부여할 수 있는 직무와 책임은 직위이다.
ㄴ. [O] 등급: 직무의 종류는 다르지만, 그 곤란성·책임수준 및 자격수준이 상당히 유사하여 동일한 보수를 지급할 수 있는 모든 직위를 포함하는 것은 등급의 개념이다.
ㄷ. [O] 직류: 직렬 내에서 담당분야가 같은 직무의 군은 직류이다.
ㄹ. [O] 직군: 직무의 종류가 유사한 직렬의 군은 직군이다.

정답 ①

04

내용정리 사회적 자본

개념		사회구성원들의 신뢰와 협력을 바탕으로 자발적이고 적극적으로 참여하는 사회의 특성
학자별 개념	푸트남 (Putnam)	이탈리아 사례 연구를 통한 조정과 협력을 촉진시키는 네트워크, 규범 그리고 사회적 신뢰를 강조
	후쿠야마 (Fukuyama)	구성원 간 협력을 가능하게 하는 공유된 비공식적인 가치 또는 규범 내지는 신뢰로 규정 ⇨ 한국을 사회적 자본이 낮은 나라로 분류, 한국사회에 만연한 불신을 사회적 비효율의 원인으로 봄
	부르디외 (Bourdieu)	행위자가 네트워크를 통해 얻을 수 있는 실제적·잠재적 자산의 집합체
특징		자발적·수평적·협력적 네트워크, 호혜주의, 상호신뢰, 포지티브 섬 (Positive-sum) 관계
장점		네트워크 내 능력과 자산, 거래비용 감소, 창의력과 학습의 원천, 협력과 효율
단점		형성의 불투명성, 거래의 불분명성, 측정 곤란, 동조압력과 이로 인한 폐쇄성, 집단결속성

① [X] 사회자본의 구성요소로 신뢰, 규범, 네트워크 등이 있다. **금융, 교육, 소득 등 물질적·경제적 요인은 사회적 자본과 관계가 없다.**
② [O] 퍼트남 등은 이탈리아 남북부지역에서 사회자본(시민공동체의식)이 지방정부의 제도적 성과 차이를 잘 설명한다고 주장했다.
③ [O] 사회자본은 구성원 간의 신뢰와 협력을 통하여 사회문제를 공동으로 해결하려는 현상 또는 네트워크를 지칭하는 것으로 거래비용을 감소시키는 등의 장점이 있지만, 집단이기주의 등과 같은 과도한 폐쇄성과 결속성에 의한 부작용이 나타난다.
④ [O] 사회자본은 단기간에 구축될 수 없으며 한번 구축되고 나면 지속성을 지닌다. 부르디외(Bourdieu)는 사회적 자본을 지속성을 가진 사회적 네트워크라고 정의하였다.

정답 ①

05

증거기반 정책결정이론은 현재의 정치·행정적 판단인 공공정책이 실증적 자료나 증거보다는 직관·경험·가치 등에 바탕을 두고 이루어져 온 점에 대한 비판으로 등장한 이론으로, 정책결정이 엄격한 사실적·과학적 증거에 기반을 두어야 한다고 주장한다.
① [O] 증거기반 정책결정을 주장하는 학자들은 이전에 정책이 주로 이념, 신념, 의견 등에 기반하거나 과학적 사실이 부족한 담론 등에 의해 이루어졌다고 비판하며 이를 지양해야 한다고 본다.
② [O] 증거기반 정책결정이 성공하기 위해서는 상당한 수준의 정보를 활용할 수 있는 정보기반이 갖추어져야 한다.
③ [O] 증거기반 정책결정은 객관적 데이터를 통해 의사결정을 수립하기 유리한 보건정책 분야, 사회복지정책 분야, 교육정책 분야, 형사정책 분야 등에서 상대적으로 용이하게 적용할 수 있다.
④ [X] 증거기반 정책결정을 주장하는 학자들은 **정치적 결정 과정을 보완하기 위해 증거기반 정책결정을 활용할 수 있다고 주장한다.**

정답 ④

06

내용정리 로위의 정책유형

구분		정책유형에 따라 정책과정 및 정치적 관계가 달라진다고 주장 ⇨ 다원주의와 엘리트주의 통합 시도	
유형	개념	특징	예
분배 정책	공공서비스를 공급하는 정책	· 다수에게 이익이 분산되는 개별화된 정책 · 공적재원으로 추진되어 갈등·대립이 적고 무관심 · 포크배럴과 로그롤링	SOC, 보조금 지급 등
재분배 정책	이전정책	· 비용부담자의 저항으로 집행이 어려움 · 계급 간 갈등이 발생하며 엘리트에 의한 집권적 결정 초래	사회보장 정책
규제 정책	개인 및 집단의 행동을 제약하는 정책	· 강제력 행사 · 포획 및 지대추구 ⇨ 다원주의 정치관계 발생	진입 규제, 독과점규제
구성 정책	정부기구 구성·조정하는 정책	· 대외적 가치배분에 직접적 영향 X · 게임의 법칙(총체적·권위적 성격)	정부기관 신설, 공무원의 모집·보수

ㄱ. [O] 재분배정책은 강제력이 행위의 환경에 직접적으로 적용되는 정책이다.
ㄴ. [X] 분배정책은 공공서비스를 공급하는 정책으로 사회간접자본 구축 등이 있다. 코로나로 인한 재난지원금의 지급은 분배정책으로 볼 수 있는 측면이 큰 예시이지만, **사회보장 및 의료보장정책은 재분배정책에 해당한다.**
ㄷ. [O] 재분배정책은 고소득층으로부터 저소득층으로의 이전정책으로 계급 간 갈등이 발생하는 계급대립적 성격을 가진다.
ㄹ. [O] 규제정책은 개별행위에 강제력이 직접적으로 적용되는 정책이다.
ㅁ. [X] **로위의 정책유형론은** 정책 간 서로 중복되는 측면이 있다는 점에서 **상호 배타적이지 못하다는 한계가 있다.**

정답 ②

07

내용정리 정책네트워크 모형

유형	하위정부 (철의 삼각)	이슈네트워크	정책공동체
대두배경	미국 다원론과 엘리트이론의 절충	철의 삼각 비판·대체(Heclo)	뉴거버넌스 : Rhodes 중심 발전
정책 참여자	관료 + 선출직 의원 + 이익집단 (가장 제한적)	광범위한 다수의 참여 ⇨ 이슈에 따라 참여자 수시로 변동	제한된 참여 (전문가, 학자, 행정관료)
참여자 간 연계	안정적·폐쇄적	불안정(유동적, 일시적)	안정적(지속적, 장기적)
참여자 간 이해관계	동맹적	경쟁적, 갈등적 (negative-sum game)	협력적 (positive-sum game)
정책산출	분배정책에 주로 적용	정책 산출 예측 곤란	의도된 정책 산출 예측 용이
교환관계		자원보유가 한정적	모든 참여자가 자원 보유

① [X] **정책네트워크에는 참여자들의 상호작용을 규정하는 공식적·비공식적 규칙이 존재**한다.
② [O] 하위정부모형(sub-government)이란 관료, 의회의 상임위원회, 이익집단이 상호 이해관계를 공유하면서 정책영역별로 결정과 집행에 영향을 미치는 현상으로 1960년대에 논의된 철의 삼각(iron triangle)이 핵심모형이다.
③ [O] 정책공동체는 하위정부 모형의 참여자인 관료집단 외에 전문가, 학자들이 참여해 의견을 교환하며 정책과정에 참여한다.
④ [O] 이슈네트워크는 개방된 네트워크로 정책공동체에 비해 참여자들의 진입 및 퇴장이 비교적 자유롭게 이루어진다.

정답 ①

08

2023 국가직 7급

만족모형은 의사결정자의 제한적 합리성으로 인해 중요한 대안과 중요한 결과만 선택적으로 고려해 현실적으로 만족할 만한 대안을 결정해야 한다고 주장하는 의사결정 모형이다.
ㄱ. [O] 만족모형은 현상유지적 성격이 강한 모형으로, 책임회피의식과 보수적 사고가 지배적인 상황에서 혁신을 이끄는 데에 한계가 있는 모형이다.
ㄴ. [X] 만족모형은 제한된 합리성을 가진 행정인이 적당히 만족할 만한 대안을 선택한다고 보는 것으로, **만족에 대한 기대수준을 명확하게 규정하지 않는다.**
ㄷ. [X] 조직 내 상하 관계 등에서 나타나는 권력적 측면이 의사결정에 미치는 영향을 간과한다는 점은 **상이한 목표를 가진 하위집단으로 구성된 회사조직의 결정을 연구한 회사모형에 대한 비판이다.** 만족모형은 개인차원의 의사결정 모형으로 조직 내 상하관계를 바탕으로 이루어지는 집단적 의사결정에 대해서는 연구하지 않았다.
ㄹ. [O] 만족모형은 현상유지적 결정에 적합하기 때문에 일반적이고 가벼운 의사결정에 적용하기 쉽고, 상황을 크게 바꿀 수 있는 중대한 의사결정에는 적용하기 어려울 수 있다.

정답 ②

09

2019 국가직 7급

내용정리 휴리스틱스 오류의 유형

휴리스틱스의 의의		불확실한 의사결정 상황에서 주관적인 확률이나 수치를 추정할 때 사용하는 일반적인 기법 → 직관적 판단, 상식, 시행착오를 통한 경험적 발견, 주먹구구
오류의 유형	사례의 연상가능성	사건의 빈도를 판단할 때 그 예가 친숙할수록, 현저할수록, 최근의 것일수록 연상 용이
	탐색의 용이성	특정속성을 만족시키는 집단의 예를 찾는 것이 얼마나 용이한가의 정도
	상상의 용이성	적절한 예를 얼마나 쉽게 상상할 수 있는지의 정도
	허위상관의 오류	실제 상관관계가 없음에도 두 변수 간에 상관관계가 높을 것이라고 착각하기 쉬운 경우
	고착화와 조정	초기 값으로부터 추정을 시작하여 조정과정을 거쳐 최종적인 답 도출하므로 초기값에 따라 연산결과가 달라짐

휴리스틱은 제한된 합리성에 근거를 두고 이루어지는 의사결정의 문제해결방식으로 사이버네틱스 모형 등에 사용된다. 최선의 답을 추구하는 분석적 모형과 달리 어느 정도 그럴듯한 답을 통해 문제해결을 추구하는 방식으로 인간의 인지능력의 한계를 인정하며 순차적인 대안분석을 중시한다.
③ [O] 제시문에서 언급한 것처럼 2명으로 위원회를 구성하는 조합이 8명으로 구성하는 경우보다 훨씬 쉬울 것이라고 상상되기 때문에 발생하는 오류로 이는 **상상의 용이성**(imaginability)으로 인한 오류에 해당한다.

정답 ③

10
2021 지방직 7급

내용정리 모건(G. Morgan)의 8가지 조직 이미지

모건은 조직을 바라보는 8가지 은유(메타포)를 통하여 조직의 유형을 8가지로 나누었다.

이미지	특징	예(해당이론)
기계장치로서의 조직	조직을 합리적이고 기술적인 과정으로 이해	군대조직, 테일러의 과학적관리론, 베버의 이념형 관료제
유기체로서의 조직	조직의 욕구와 환경과의 상호관계를 이해하고 관리하는 방식에 초점	개방체제론
두뇌로서의 조직	조직을 인간의 두뇌처럼 간주	학습조직
문화로서의 조직	조직을 문화로 인식하는 관점	조직문화론
정치적 존재로서의 조직	조직의 활동을 상이한 이해관계 갈등 그리고 권력행사로 이해하는 관점	정치체계론
심리적 감옥으로서의 조직	조직을 일종의 심리적 현상으로 보며 조직 스스로 독자적인 존재와 힘을 갖고 구성원에게 영향력을 행사하는 주체로 파악	집단사고
흐름과 변화 과정으로서의 조직	사회생활을 형성하는 변화의 논리로 이해	복잡성이론, 혼돈이론(카오스이론)
지배를 위한 도구로서의 조직	조직을 다른 이해관계를 희생해가면서 특정 이해관계를 추구하는 하나의 지배양식으로 파악	피지배계층 착취를 위한 권력층의 도구

② [X] 적응적 사회구조로서의 조직은 모건(G. Morgan)이 제시한 조직의 8가지 이미지에 해당하지 않는다.

정답 ②

11
2020 국가직 7급

내용정리 거시조직이론의 분류

거시조직이론은 환경이 조직에 영향을 미치는 정도, 조직군이나 개별조직의 입장이라는 두 가지 기준을 통해 다음과 같이 조직 이론을 분류한다.

환경인식 분석수준	결정론 (환경이 조직을 결정)	임의론 (조직은 스스로 변화)
개별조직 (분석단위: 개별조직)	상황적응론 (구조적 상황론)	- 전략적 선택이론 - 자원의존이론
조직군 (분석단위: 유사한 조직들의 집단)	- 조직군 생태학이론 - 조직경제학이론 : 주인-대리인이론, 거래비용경제학	- 공동체 생태학이론

① [O] 전략적 선택론은 조직 설계의 문제를 단순히 상황적응의 차원이 아니라 관리자(설계자)의 자유재량에 의한 전략적·능동적 선택 또는 의사결정 산물로 파악한다.

② [O] 번스(Burns)와 스토커(Stalker)는 민츠버그(Mintzberg) 등과 함께 구조적 상황론(상황적응론)을 주장한 대표적 학자로 조직을 둘러싼 환경의 성격 및 특성이 조직구조와 어떻게 관련되는지를 설명하는 데 초점을 둔다.

③ [X] 거시조직이론 중 조직군 생태학은 조직군을 대상으로 하는 결정론적 입장으로 조직을 외부환경의 선택에 영향을 받는 수동적인 존재로 이해한다.

④ [O] 버나드(Barnard)는 '관리자의 기능'(1937)에서 과학적 관리론에 반기를 들고 조직 내 인간적·사회적 측면을 강조하며 구성원들간의 관계와 협력이 생산성에 중요함을 강조함으로써 행태론의 동기이론에 중요한 영향을 미쳤다.

정답 ③

12
2021 국가직 7급

오츠의 분권화 정리는 지방에서 공급하는 공공재에 중앙정부의 공급으로 인한 비용 절감 및 지역 간 외부효과가 나타나지 않는다면 지방정부가 각 지역별로 파레토 효율이 성립하는 수준에서 공공재를 공급하는 경우가 중앙정부가 모든 지역에 대해 획일적 수준의 공공재를 공급할 때보다 사회적 효율성이 최소한 같거나 더 높다고 보는 이론이다.

ㄱ. [X] 오츠는 분권화 정리가 성립하기 위한 조건으로 **지방 공공재의 중앙공급으로 인한 비용 절감 효과가 없어야 한다**고 본다.

ㄴ. [O] 오츠는 분권화 정리가 성립하기 위한 조건으로 공공재의 지역 간 외부효과가 없어야 한다고 본다.

ㄷ. [O] 오츠는 지방정부가 각 지역별로 파레토 효율적 수준의 공공재를 공급할 경우를 가정한다.

정답 ④

13
2022 국가직 7급

① [O] 'G2B(Government To business)'는 정부와 기업 간의 전자정부 서비스로 대표적 사례는 '나라장터', 전자통관시스템 등이 있다.

② [X] 'G2C(Government To Citizen)'는 정부와 국민 간의 전자정부 서비스를 말한다. **조달 관련은 정부와 기업 간의 전자정부 서비스(G2B)이다.**

③ [O] 'G4C(Government for Citizen)'는 시민을 위한 전자정부서비스로, 단일창구를 통한 민원업무혁신사업으로 데이터베이스공동활용시스템 구축을 내용으로 하는 '정부24'를 예로 들 수 있다.

④ [O] 'G2G(Government To Government)'는 정부와 정부 사이 이루어지는 전자정부 서비스로 정부 내 업무처리의 전자화를 내용으로 하고 있으며 대표적 사례로는 '온-나라시스템'이 있다.

정답 ②

14

내용정리 실정법상 공직 분류

	의미		실적과 자격에 따라 임용되고 신분이 보장되는 공무원(실적제+신분보장)
경력직	유형	일반직	특징: • 기술·연구 또는 행정 일반에 대한 업무 담당 • 일반적으로 계급을 1~9급까지 구분(예외: 연구직과 지도직 공무원은 2계급, 고위공무원단은 계급 없음)
			예: 행정·기술직군으로 분류되는 공무원, 전문경력관, 연구·지도·특수기술 직렬의 공무원, 우정공무원, 임기제 및 전문직 공무원
		특정직	특징: • 특수분야의 업무를 담당하는 공무원으로 개별법이 우선 적용 • 특정직 국가공무원과 특정직 지방공무원으로 구분
			예: 법관, 검사, 외무·경찰(지방:자치경찰)·소방·교육(지방:공립/전문대학 교육공무원 및 교육감 소속 교육전문직)·경호공무원·군인, 군무원, 헌법재판소헌법연구관, 국가정보원직원
특수경력직	의미		경력직 이외의 공무원(실적제+직업공무원제 적용 ×)
	유형	정무직	특징: ① 선거에 의하여 취임하거나 임명할 때 국회 동의가 필요한 공무원 ② 고도의 정책결정 업무를 담당하거나 이러한 업무를 보조하는 공무원으로서 법령 또는 조례가 정무직으로 지정하는 공무원
		별정직	특징: 비서관·비서 등의 보좌 업무 등을 수행하거나, 특정 업무 수행을 위해 법령에서 별정직으로 지정하는 공무원

① [O] 국회사무총장은 특수경력직 정무직 공무원이다.
② [O] 서울특별시 행정부시장과 정무부시장은 특수경력직 정무직 공무원이다.
③ [O] 헌법재판소 사무차장은 특수경력직 정무직 공무원이다.
④ [X] 고위공직자범죄수사처 차장은 **경력직 특정직 공무원**이다.

> 「고위공직자범죄수사처 설치 및 운영에 관한 법률」 제4조(처장·차장 등) ① 수사처에 처장 1명과 차장 1명을 두고, 각각 특정직 공무원으로 보한다.

정답 ④

15

① [X] 퇴직수당은 퇴직급여와 별도로 1년 이상 재직한 공무원이 퇴직하거나 사망한 경우 재직기간과 월 소득액을 기준으로 계산하여 지급하는 돈으로 **퇴직수당은 퇴직연금과 달리 재원을 정부가 단독 부담**한다.
② [X] 호봉 간 승급에 필요한 기간은 1년이고, 공무원 봉급표는 하나의 봉급표가 일률적으로 적용되는 것이 아니라 직종에 따라 일반직, 연구직, 지도직, 우정직, 군인, 경찰직, 헌법연구관 등 총 **11개 봉급표가 다양하게 적용**된다.
③ [X] **군인, 선거에 의해 취임한 공무원은 「공무원연금법」 적용 대상이 아니지만 군무원은 적용된다.** 군인은 별도의 「군인연금법」이 적용된다.
④ [O] 고위공무원단에 속하는 공무원에 대해서는 직무성과급적 연봉제를 적용하지만, 대통령 경호처 직원 중 별정직공무원은 호봉제가 적용된다.

정답 ④

16

① [X] 행정기관 소속 공무원의 소청심사위원회는 인사혁신처에 설치하므로 **법무부에 소청심사위원회를 따로 두지 않는다.** 그리고 검사의 경우 다른 행정기관 소속 공무원과 달리 소청제도를 두고 있지 않다.
② [X] 소청심사의 대상에는 징계뿐만 아니라 강임과 면직은 물론 **휴직과 전보 등 공무원 본인의 의사에 반하는 불리한 처분이나 부작위(不作爲)는 모두 포함**된다. 다만, 승진탈락과 근평결과는 대상이 되지 아니한다.
③ [X] **각급학교 교원의 징계처분과 그 밖에 그 의사에 반하는 불리한 처분에 대한 소청심사(訴請審査)를 하기 위하여 교육부에 교원소청심사위원회를 둔다**(「교원의 지위 향상 및 교육활동 보호를 위한 특별법」 제7조).
④ [O] 지방소청심사위원회 위원은 자치단체의 장이 임명 또는 위촉하며 위원장은 위촉위원 중에서 호선(互選)한다(「지방공무원법」 제14조).

정답 ④

17

2023 지방직 7급

① [O] 공익신고자의 동의 없이 공익신고자의 인적사항 등을 다른 사람에게 알려주거나 공개할 경우, 징역 또는 벌금 등 법적 제재 대상이 된다.

> 「공익신고자보호법」
> 제12조(공익신고자등의 비밀보장 의무) ① 누구든지 공익신고자등이라는 사정을 알면서 그의 인적사항이나 그가 공익신고자등임을 미루어 알 수 있는 사실을 다른 사람에게 알려주거나 공개 또는 보도하여서는 아니 된다. 다만, 공익신고자등이 동의한 때에는 그러하지 아니하다.
> 제30조(벌칙) ① 다음 각 호의 어느 하나에 해당하는 자는 5년 이하의 징역 또는 5천만원 이하의 벌금에 처한다.
> 2. 제12조제1항을 위반하여 공익신고자등의 인적사항이나 공익신고자등임을 미루어 알 수 있는 사실을 다른 사람에게 알려주거나 공개 또는 보도한 자

② [X] 지방공무원이 외국 정부로부터 영예나 증여를 받을 경우에는 **소속 지방자치단체장이 아닌 대통령의 허가를 받아야 한다.**

> 「지방공무원법」제54조(외국정부의 영예 등을 받을 경우) 공무원은 외국 정부로부터 영예 또는 증여를 받을 경우에는 대통령의 허가를 받아야 한다.

③ [O] 「공직자윤리법」을 통해 이해 충돌 방지 의무를 규정하고 주식백지신탁 제도를 도입하였다.
④ [O] 「공직자윤리법」상에 따르면 재산 등록의무자는 4급 이상의 공무원, 공개대상의 공무원은 1급 이상의 공무원이다. 따라서 재산등록의무자가 모두 공개대상자는 아니다.

정답 ②

18

내용정리 국가재정법상 개혁

구분		국가재정법
재정운용의 효율성제고	회계·기금 간 여유재원의 신축적 운용	회계와 기금 간, 회계 상호 간 및 기금 상호 간 여유 재원의 전입·전출 가능
	성과계획서·보고서 작성	법률에 따라 성과계획서·보고서 작성 및 국회 제출
재정의 투명성 제고	재정정보의 공개	중앙정부 외에 지방정부 재정정보도 공개
	재정지출 국민감시제	일반국민 누구나 불법 재정지출에 대해 관계 부처 장관에게 시정 요구 가능
재정의 건전성 유지	추경편성 요건	자연재해, 경기침체·대량 실업 등 불가피한 경우로 제한
	세계잉여금 사용 순서	국가채무 상환에 의무적으로 사용 후 잔액을 추경재원으로 사용
	국가채무관리계획 수립 및 국회 제출	회계연도 개시 120일 전까지 국회 제출해 사전의결 요구
	조세감면 관리제도	국세 감면 한도제 도입 조세지출예산서 작성 및 국회 제출
재정의 형평성 유지	성인지제도	성인지 예·결산서 작성 및 국회 제출

① [O] 재정운용의 투명성을 위해 중앙정부 외에 지방정부 재정정보의 공개가 의무화되었다(「국가재정법」 제9조).
② [O] 재정활동에 대한 성과관리체계의 구축하기 위해 성과계획서와 보고서의 작성이 필요하다.
③ [X] 재정운용의 효율성을 제고하기 위해 **회계와 기금 간, 회계상호 간 및 기금 상호 간 여유재원의 전입과 전출이 가능**하다(「국가재정법」 제13조). 다만 법에서 규정하는 우체국보험특별회계, 국민연금기금 등의 일부 특별회계 및 기금은 제외한다.
④ [O] 재정운용의 건전성을 위해 정부는 국가채무관리계획을 수립해 회계연도 개시 120일 전까지 국회에 제출해 사전의결을 받아야 한다(「국가재정법」 제7조, 제91조).

정답 ③

19
2023 지방직 7급

정부가 독립기관(국회·대법원·헌법재판소 및 중앙선거관리위원회)의 세출예산요구액을 감액하고자 할 때에는 국무회의에서 당해 독립기관 장의 의견을 구해야 하며, 감액한 때에는 그 규모 및 이유, 감액에 대한 독립기관의 장의 의견을 국회에 제출해야 한다. 따라서 (가)에 들어가는 것은 「국가재정법」상의 독립기관이어야 한다.
① [O] 제시된 기관 중 독립기관은 ㄱ. 헌법재판소, ㄴ. 중앙선거관리위원회이다.

「국가재정법」
제6조(독립기관 및 중앙관서) ① 이 법에서 "독립기관"이라 함은 국회·대법원·헌법재판소 및 중앙선거관리위원회를 말한다.
제40조(독립기관의 예산) ① 정부는 독립기관의 예산을 편성할 때 해당 독립기관의 장의 의견을 최대한 존중하여야 하며, 국가재정상황 등에 따라 조정이 필요한 때에는 해당 독립기관의 장과 미리 협의하여야 한다.
② 정부는 제1항의 규정에 따른 협의에도 불구하고 독립기관의 세출예산요구액을 감액하고자 할 때에는 국무회의에서 해당 독립기관의 장의 의견을 들어야 하며, 정부가 독립기관의 세출예산요구액을 감액한 때에는 그 규모 및 이유, 감액에 대한 독립기관의 장의 의견을 국회에 제출하여야 한다.

정답 ①

20
2020 지방직 7급

① [O] 예산결산특별위원회의 예산안 및 결산 심사는 제안설명과 전문위원의 검토보고를 듣고, 종합정책질의, 부별 심사 또는 분과위원회 심사 및 찬반토론을 거쳐 표결한다(「국회법」 제84조 3항).
② [O] 국회의장은 예산안과 결산을 소관 상임위원회에 회부할 때에는 심사기간을 정할 수 있으며, 상임위원회가 이유 없이 그 기간 내에 심사를 마치지 아니한 때에는 이를 바로 예산결산특별위원회에 회부할 수 있다(「국회법」 제84조 6항).
③ [O] 기금운용계획안에 대해서는 예산안 관련 규정을 준용하므로(「국회법」 제84조의2), 예산결산특별위원회는 예산안과 결산뿐 아니라 관계 법령에 따라 제출·회부된 기금운용계획안도 심사한다.
④ [X] 예산결산특별위원회는 소관 상임위원회의 예비심사 내용을 존중하여야 하며, 소관 상임위원회에서 **삭감한 세출예산 각 항의 금액을 증가하게 하거나 새 비목(費目)을 설치할 경우에는 소관 상임위원회의 동의를 받아야 한다**(「국회법」 제84조 5항).

정답 ④

21

예비비는 예측할 수 없는 사태를 대비하기 위해 별도의 금액을 예산에 계상한 것으로 사용용도가 제한되지 않는 일반예비비와 사용용도가 제한된 목적예비비로 구분된다.

「국가재정법」 제22조(예비비)
① 정부는 예측할 수 없는 예산 외의 지출 또는 예산초과지출에 충당하기 위하여 일반회계 예산총액의 100분의 1 이내의 금액을 예비비로 세입세출예산에 계상할 수 있다. 다만, 예산총칙 등에 따라 미리 사용목적을 지정해 놓은 예비비는 본문에도 불구하고 별도로 세입세출예산에 계상할 수 있다.

① [O] 목적예비비는 예산총칙 등에서 미리 사용목적을 지정해야 하며, 따로 세입·세출예산에 계상할 수 있다.
② [O] 예비비는 예측할 수 없는 예산 외의 지출 또는 초과지출에 충당하기 위하여 편성한다.
③ [O] 목적예비비는 보통 재해대책비·공공요금·환율상승에 따른 원화부족액 보정 등을 위해 사용 가능하다.
④ [X] 일반예비비는 그 사용 목적을 특정하지 않고 총액으로 국회의 사전 의결을 거친 경비이지만, 회계연도 독립의 원칙에 따라 한 회계연도 내에 사용해야 하며 원칙적으로 **회계연도를 달리해서는 사용할 수 없다.**

정답 ④

22
2023 국가직 7급

① [O] 부동산교부세는 사용목적을 제한하지 않는 일반재원이다.
② [O] 내국세 및 교육세의 일부는 지방교육재정교부금의 재원이다(「지방교육재정교부금법」 제3조).
③ [O] 노무현 정부에서 신설된 국가균형발전특별회계는 광역지역발전특별회계, 지역발전특별회계, 다시 국가균형발전특별회계를 거쳐

2023년에 지역균형발전특별회계가 되었다.
④ [×] 지역상생발전기금은 지방자치단체 간 재정불균형을 시정하고 장기·저리의 지방채 인수를 전담하기 위해 2010년 설치한 기금으로 수도권의 지방자치단체(서울특별시, 경기도, 인천광역시)가 지방소비세액의 35%를 출연한 자금으로 기금을 조정해 타 지방자치단체에 분배하는 형태이다. 따라서 지역상생발전기금은 광역지자체와 기초지자체 간의 불균형이 아니라, 수도권과 비수도권의 지방자치단체 간에 세수입 배분의 불균형을 해소하기 위한 것이다.

정답 ④

23

① [○] 개정 「지방자치법」 제103조 제2항에 따라 지방의회 소속 사무직원 임용권은 지방의회 의장이 갖는다.
② [×] 지방의회 정책지원 전문인력은 **지방의회 의원 정수의 2분의 1 범위**에서 둘 수 있다.
③ [○] 개정 「지방자치법」 제20조 제1항에 따라 주민은 권리·의무와 직접 관련되는 규칙에 대한 제정·개정 및 폐지 의견을 지방자치단체장에게 제출 가능
④ [○] 개정 「지방자치법」 제186조 제1항에 따라 국가와 지방자치단체 간의 협력을 도모하고 지방자치 발전과 지역간 균형발전에 관련되는 중요 정책을 심의하기 위한 중앙지방협력회의를 도입하였다.

> 「지방자치법」
> **제4조(지방자치단체의 기관구성 형태의 특례)** ① 지방자치단체의 의회(이하 "지방의회"라 한다)와 집행기관에 관한 이 법의 규정에도 불구하고 따로 법률로 정하는 바에 따라 지방자치단체의 장의 선임방법을 포함한 지방자치단체의 기관구성 형태를 달리 할 수 있다.
> **제20조(규칙의 제정과 개정·폐지 의견 제출)** ① 주민은 제29조에 따른 규칙(권리·의무와 직접 관련되는 사항으로 한정한다)의 제정, 개정 또는 폐지와 관련된 의견을 해당 지방자치단체의 장에게 제출할 수 있다.
> **제41조(의원의 정책지원 전문인력)** ① 지방의회의원의 의정활동을 지원하기 위하여 지방의회의원 정수의 2분의 1 범위에서 해당 지방자치단체의 조례로 정하는 바에 따라 지방의회에 정책지원 전문인력을 둘 수 있다.
> **제103조(사무직원의 정원과 임면 등)** ② 지방의회의 의장은 지방의회 사무직원을 지휘·감독하고 법령과 조례·의회규칙으로 정하는 바에 따라 그 임면·교육·훈련·복무·징계 등에 관한 사항을 처리한다.
> **제186조(중앙지방협력회의의 설치)** ① 국가와 지방자치단체 간의 협력을 도모하고 지방자치 발전과 지역 간 균형발전에 관련되는 중요 정책을 심의하기 위하여 중앙지방협력회의를 둔다.

정답 ②

24

① [○] 다운스의 중위투표자 정리는 공공선택이론의 한 유형으로 양당제 하에서 정당은 득표극대화를 위해 중위투표자의 선호에 부합하는 정책을 만들며, 그 외의 투표자들의 선호를 고려하지 않아 사익의 총합을 극대화시킬 수 없다고 본다. 결국 중간선호자(중위투표자)만 만족시킨 정책으로 자원배분이 비효율적으로 나타난다고 주장한다.
② [○] 티부(Tiebout)는 티부가설을 통해 지역주민의 완전한 이동성이라는 전제 조건 하에서는 지방정부 공공서비스의 시장 배분적 과정을 통하여 공공재의 적정규모 공급이 가능하다고 주장한다.
③ [○] 공공선택이론은 정부실패가 정부의 독점적 공공재 생산이 원인이 되었다고 보며, 소비자인 개인의 선호를 존중하며 경쟁을 통하여 공공서비스를 생산하고 공급한다면 행정의 고객 대응성을 높일 수 있다고 주장한다.

④ [×] **던리비에 따르면** 고위직 관료들은 본인이 소속되어 있는 소속조직이 집권화된 대규모의 계서적 관료조직으로 개편되는 것보다 **부수적 기능을 이전할 수 있는 관청을 형성하는 것(관청형성전략, bureau-shaping strategy)을 더욱** 선호한다.

정답 ④

25

2023 국가직 7급

내용정리 신고전학파 경제학과 행동 경제학

넛지 이론	실제 이루어지는 인간행동에 관한 행동경제학의 방법을 정부 정책 설계 및 집행에 적용, 응용하기 위한 이론 → 행동주의적 시장실패를 해결하기 위해 정부 역할에 대한 규범적 근거와 이에 적합한 정책수단을 제시		
구분	구분	신고전학파 경제학	행동경제학
	인간관	완전한 합리성, 경제적 인간	제한적 합리성, 심리적 인간
	의사결정 모델	효용극대화 행동	만족화 행동
	정부역할의 근거	시장실패, 제도실패의 해결	시장실패, 행동적 시장실패
	정부역할의 목적	재화의 효율적인 생산과 공급	바람직한 의사결정 유도
	정책수단	법과 규제, 경제적 유인 수단	넛지(선택설계)
	정부개혁 모델	기업가적 정부	넛지정부

① A [×] 신공공관리론의 학문적 토대는 신고전학파 경제학과 공공선택론이고, **넛지이론의 학문적 토대는 행동경제학**이다.
② B [○] 신공공관리론의 목표는 정부부문의 효율성을 증대하여 고객 대응성을 높이는 기업가정부를 추구하는 것이다. 이에 반해 넛지이론은 넛지적 정책설계를 통해 국민들 삶의 질을 높이는 행동변화를 추구한다.
③ C [○] 신공공관리론에서는 인간의 합리성을 경제적 합리성으로 가정하고, 넛지이론에서는 제한된 합리성으로 가정한다.
④ D [○] 신공공관리론에서는 이상적인 공무원의 역할을 경제적으로 합리적인 사고를 하는 정치적 기업가라고 보지만, 넛지이론에서는 국민의 행동에 긍정적인 변화를 주는 선택설계자라고 본다.

정답 ①

모의고사 제4회

01	③	02	④	03	④	04	③	05	③
06	②	07	④	08	①	09	④	10	②
11	④	12	④	13	②	14	③	15	③
16	④	17	②	18	②	19	④	20	①
21	④	22	①	23	①	24	①	25	④

01

내용정리 기금

개념	특정한 목적을 위하여 특정한 자금을 신축적 운용하기 위해 법률로써 설치, 예산 외 운용
신설	중앙관서의 장은 기금 신설에 관한 계획서를 기획재정부장관에게 제출
확정	국회의 심의·의결 ⇨ 주요 항목 지출 금액의 20% 초과(금융성 기금 30%) 변경 시 국회 의결 필요
종류	사회보험성 기금(고용보험기금, 공무원연금기금, 국민연금기금, 군인연금기금 등), 계정성 기금, 금융성 기금, 사업성 기금

① [×] 주한 미군기지 이전, 행정중심 복합도시 건설 등 기존의 일반회계에서 처리하기 곤란한 대규모 국책사업을 실행하기 위해 운영된다.
② [×] 기금과 특별회계 모두 경우 특정 수입과 지출을 연계한다는 점에서 예산의 통일성 원칙의 예외에 해당한다.
③ [○] 기금은 예산 외로 운영되지만 운용계획의 확정 및 결산까지 모두 국회의 심의·의결을 거친다.
④ [×] 예산과 기금의 운용 일정은 기본적으로 동일하므로 정부는 예산안과 마찬가지로 주요항목 단위로 마련된 기금운용계획안을 **회계연도 개시 120일 전까지 국회에 제출**하여야 하고(「국가재정법」 제68조) 국회는 30일 전까지 의결하여야 한다(「헌법」 제54조).

정답 ③

02

내용정리 지방교부세의 유형

보통교부세	의의	재정력지수가 1 이하인 자치단체(재정이 부족한 자치단체)에 교부하는 일반재원
	재원	내국세 총액의 19.24% 중 97%에 해당하는 금액
특별교부세	의의	재해복구 등 특별한 재정수요를 위해 조건·용도를 정해 교부할 수 있는 특정재원
	재원	내국세 총액의 19.24% 중 3%에 해당하는 금액
소방안전교부세	의의	소방 및 안전시설 확충 등 특별한 재정수요 발생 시 조건·용도를 정해 교부하는 특정 재원
	재원	담배에 부과되는 개별소비세 총액의 45%에 해당하는 금액
부동산교부세	의의	종합부동산세의 전액을 자치단체에 교부하는 일반재원
	재원	내국세인 종합부동산세 총액

① [×] 지방교부세는 지방자치단체의 신청이 아니라 일정한 기준에 따라 자동 교부함이 원칙이다.
② [×] 자치구의 보통 교부세는 해당 특별시나 광역시에 합산하여 교부하므로 **직접 교부대상에서 제외**된다.

> 「지방교부세법」 제6조(보통교부세의 교부) ① 보통교부세는 해마다 기준재정수입액이 기준재정수요액에 못 미치는 지방자치단체에 그 미달액을 기초로 교부한다. 다만, 자치구의 경우에는 기준재정수요액과 기준재정수입액을 각각 해당 특별시 또는 광역시의 기준재정수요액 및 기준재정수입액과 합산하여 산정한 후, 그 특별시 또는 광역시에 교부한다.

③ [×] 지방행정 및 재정운용 실적이 우수한 지방자치단체에 재정지원 등 특별한 재정수요가 있을 경우에는 보통교부세가 아닌 **특별교부세**를 교부할 수 있다(「지방교부세법」 제9조).
④ [○] 소방안전교부세의 재원의 경우 종래에는 담배에 부과되는 개별소비세의 20%였으나 2020년 「지방교부세법」의 개정으로 45%로 인상되었다. 이는 소방직이 국가직화하면서 소방인력 운용에 대한 지방재정을 지원하기 위해서이며 담배에 부과되는 개별소비세 총액의 20%를 초과하는 부분은 소방인력의 인건비로 우선 충당하여야 한다(「지방교부세법」 제9조의4).

정답 ④

03

2015 국가직 7급

① [○] 공기업을 민영화하는 과정에서 특정 기업에 특혜를 주는 등 비리가 발생할 수 있다.
② [○] 공기업의 민영화 과정에서 공공서비스의 생산에 있어서는 능률성, 전문성, 생산성은 높아지지만 서비스 배분의 형평성, 안정성, 책임성 등의 부족하다는 문제가 제기될 수 있다.
③ [○] 민영화 과정에서 정부의 지분이 다수의 국민들에게 분산되면 집단행동의 딜레마로 인한 감시 약화(silent majority)를 초래할 수 있다.
④ [×] 공기업의 **민영화**는 본래 공공 조직이 다루던 서비스의 **시장성이 강해 경쟁체제를 감당할 수 있는 경우 효과가 크게 나타난다.** 따라서 공기업의 민영화는 시장성이 강한 기관을 중심으로 시행하는 것이 바람직하다.

정답 ④

04

① [○] 니스카넨의 예산극대화 모형에 따르면 관료들이 소속집단의 이익을 극대화하기 위해 예산을 과다하게 요구하기 때문에 공공재가 과다공급된다.
② [○] 파킨슨의 법칙에 따르면 관료조직에서는 실제 업무량의 증가와 관련없이 심리적인 이유로 인해 부하의 수와 이에 따른 업무의 수가 증가하기 때문에 공공재가 과다공급된다고 본다.
③ [×] 보몰효과는 노동집약적인 공공부문에서 생산성에 비해 보수가 많이 올라 정부지출이 과다해지는 것을 설명하는 이론으로, 정부 지출 규모를 감소시키는 것이 아닌 증가시키는 **과다공급 과정을 설명**한다.
④ [○] 다운스는 합리적 무지 이론을 통해 공공재에 대해 잘 알지 못하는 국민들이 세금을 지불하는 것에 불만을 느끼고 정부의 공급 확대에 저항하게 되어 공공재의 과소공급이 나타나는 과정을 설명한다.

정답 ③

05 2019 국가직 7급

내용정리 로저스의 혁신 확산 이론

개념	하나의 혁신이 사회체제의 구성원들 사이에서 시간의 흐름에 따라 의사소통을 통해 전달되는 과정
과정	인식 → 관심 → 평가 → 시험사용 → 수용 후 확신
유형	• 계층적 확산(hierarchy diffusion) 선진산업국가인 선발국가(leader) → 저개발지역의 추종자(follower) • 공간적 확산(spatial diffusion) 이웃지역으로부터의 모방
수용자	혁신수용시간에 따라 수용자의 수가 정규분포를 이룸 (누적도수로 나타내면 S자 형태) 2.5% Innovators / 13.5% Early Adopters / 34% Early Majority / 34% Late Majority / 16% Laggards 혁신자 / 초기 수용자 / 조기 다수 / 후기 다수 / 후발 수용자
혁신성에 따른 수용자 범주	**혁신자(선도자)**: 모험적, 새로운 아이디어나 정책 채택에 수반되는 위험을 기꺼이 감수 **조기(초기) 수용자**: 소속 집단의 신망을 받는 자로 사회의 여론선도자(opinion leader)역할 **조기 다수**: 평소 변화에 관심이 많아 초기 수용자의 선도에 따라 혁신 초기부터 이를 수용하는 다수집단 **후기 다수**: 새로운 아이디어나 정책 채택에 의심이 많으며, 초기 다수 등 다수가 새로운 아이디어나 정책을 채택한 이후에 뒤늦게 수용 **후발 수용자(지체자)**: 일반적으로 변화를 거부하며, 전통에 집착하는 성향으로 새로운 아이디어나 정책이 시장에서 완전히 채택되어야만 수용

① [X] 로저스(E. Rogers)는 혁신확산이론에서 혁신을 채택하는 시점에 따라 혁신자(innovators), 초기 수용자(early adopters), 초기 다수(early majority), 후기 다수(late majority), 느림보(laggards) 등으로 혁신 채택자 유형을 구분하였다. 각 채택자 유형이 차지하는 비율은 시간을 x축, 채택자 비율을 y축으로 놓았을 때, 대체로 정규분포에 가까운 종모양의 패턴으로 분포한다. 이러한 분포를 시간의 흐름에 따른 누적방식으로 다시 그리면 S자 커브의 형태가 나타난다. 따라서 ①은 반대로 설명되어 있어 틀리다.

② [X] 공간적 확산(spatial diffusion)은 한 국가의 제도적 혁신은 인근 국가로 확산된다는 것, 즉 사회보장 발전과 국가의 지리적 위치는 밀접한 상관관계가 있다는 것이고 계층적 확산(hierarchical diffusion)은 발생원과 수용지 간의 관계에서 일련의 계층성을 찾을 수 있는 경우의 새로운 제도는 선진국에서 후진국으로 확산된다는 것을 말한다. 따라서 ②는 공간적 확산이 아니라 **계층적 확산이라야 맞다**.

③ [O] 혁신확산과정은 혁신수용시간에 따라 선도자, 초기수용자, 초기 다수, 후기 다수, 지체자의 순으로 나눌 수 있다. 초기 수용자는 소속 집단의 신망을 받는 자들로서 그들은 사회에서 여론선도자(opinion leader) 역할을 한다.

④ [X] 혁신확산이론은 시간이 경과함에 따라 새로운 아이디어와 사물이 확산되는 방식을 거시적 수준에서 제시하였다. **하지만 미시적 연구가 미진하다는 점에서 한계를 보인다**.

정답 ③

06

내용정리 엘리트이론

고전적 엘리트 이론 (19C말 유럽)		① 사회는 권력을 가진 소수의 엘리트와 가지지 못한 일반 대중으로 구분, 소수의 동질적이고 폐쇄적인 소수 엘리트가 다수의 일반대중을 지배 ② 파레토의 2080법칙, 모스카의 지배계급론, 미헬스의 과두제의 철칙
미국 엘리트 이론 (1950년대)	밀스의 지위접근법	사회적 지위가 권력의 기반 (전국적 차원의 연구)
	헌터의 명성접근법	사회적 명성이 권력의 기반 (지역적 차원의 연구)
신엘리트이론 (무의사 결정론) by 바흐라흐&바라츠		① 지배엘리트의 이해관계와 일치하는 사회문제만 정책 의제화 ② 의사결정자의 가치나 기득권에 대한 잠재적 도전을 억압·방해하는 의도적 무결정 → 폭력 및 테러, 매수, 주장 묵살, 요구 봉쇄 ② 다원론자 달(Dahl)의 뉴 헤이븐 시 연구를 비판하며 '권력의 두 얼굴'을 통하여 설명

유럽의 고전적 엘리트이론에 비하면 미국의 엘리트이론(Mills의 지위접근법, Hunter의 명성접근법)은 엘리트들의 구체적 존재와 성분, 정치적 역할에 대한 경험적·실증적 연구가 이루어졌다.

① [X] 무의사결정론은 기득권 세력이 그 권력을 이용해 기존의 이익배분 상태를 유지하고자 하는 것으로 **기존의 이익배분 상태에 대한 변동을 요구하지 않는다**.

② [O] 신엘리트이론은 정책결정에 영향을 미치는 정치 권력은 밝은 면과 어두운 면의 두 가지 얼굴이 있다고 주장하며, 이 가운데 밝은 면만을 고려하는 다원주의를 비판하였다.

③ [X] 헌터(Hunter)는 밀즈(Mills)와 함께 1950년대 미국의 엘리트론자로 밀즈는 미국 전국 차원에서 군산복합체의 엘리트 연구를(1956), 헌터는 애틀랜트 시의 명성엘리트 40여명을 연구하였다(1963). **이들 연구 모두 유럽의 엘리트론자들과 함께 고전적 엘리트이론에 해당한다**. 고전적 엘리트이론과 구분되는 신엘리트 이론은 바흐라흐와 바라츠의 무의사결정론을 칭한다.

④ [X] 신엘리트이론은 **엘리트가 정책문제의 정의와 의제 설정 과정에서 은밀하게 영향력을 행사**하기 때문에 드러난 행태를 중심으로 연구하는 실증적 분석 방법론의 활용이 어렵다고 주장하였다.

정답 ②

07

내용정리 나카무라 & 스몰우드의 정책집행모형

나카무라와 스몰우드는 정책결정자와 집행자의 역할 관계를 5가지로 유형화해 집행모형을 분석하였다.

의미	정책결정자와 정책집행자의 역할관계를 5가지로 유형화하여 유형별 특징과 집행실패요인을 분석	
분류	정책결정자의 역할	정책집행자의 역할
고전적 기술자형	① 구체적 목표설정 ② 정책집행자에게 기술적 권한 위임	기술적 권한 소유
지시적 위임가형	① 목표설정 ② 정책집행자에게 행정적 수단(행정적 재량권) 위임	기술적·행정적 권한 소유
협상자형	목표설정	정책목표와 수단에 대해 결정자와 협상
재량적 실험가형	① 추상적인 목표지지 ② 정책집행자에게 광범위한 재량권 부여	목표 구체화를 위한 능력 보유
관료적 기업가형	집행자가 설정한 목표지지	① 정책목표 설정 ② 목표달성을 위한 다양한 능력 보유

① [O] 고전적 기술자형의 정책실패 이유는 기술적 결함이나 목표의 부재 등으로 정책집행자가 정책을 집행하는 데 필요한 기술(技術)이 부족하거나 정책집행자가 정책목표를 지지하지 않을 때 집행과정에 문제가 생긴다.
② [O] 지시적 위임형의 경우 정책 결정자는 집행자에게 목표를 성취하도록 지시하고 행정적 재량권을 위임하므로 정책집행자는 행정적 권한을 소유한다.
③ [O] 관료적 기업가는 정책집행자가 목표와 수단을 강구한 후 정책결정자를 설득하고, 정책결정자는 정책집행자의 목표와 수단을 인정하고 기술(記述)하는 역할만을 담당한다.
④ [X] 나카무라와 스몰우드의 모형에서 **정책집행자들이 대부분의 권한을 갖고 정책과정 전반에 영향력을 행사하면서 실질적인 정책결정 및 집행 과정을 주도하는 것은 재량적 실험가형이 아니라 관료적 기업가형**이다.

정답 ④

08

2017하 국가직 7급

지역사회의 권력구조를 설명하는 레짐(Regime)이론의 토대가 되었던 로건과 몰로치(Logan & Molotch)의 성장기구론에 따르면 성장연합과 반(反)성장연합이 대립과정을 통해 결국 성장연합이 승리하여 지역개발이 이루어진다는 것인데 성장연합은 토지의 개발가치(교환가치)를 더 중시하는 입장이고 성장과 개발을 반대하는 반성장연합은 개발(교환)가치보다는 보존가치(사용가치)를 중시하는 입장이다.

ㄱ. [O] 주택가격 상승은 토지자산가와 개발관계자들에게 개발의 정당성을 확보하게 하므로 성장연합에게 더 큰 힘을 발휘하게 한다.
ㄴ. [O] 성장기구론은 지역사회의 정치와 경제를 토지의 가치를 높이고자 하는 토지자산가와 개발관계자들, 즉 성장연합이 지역사회를 주도한다는 이론으로 토지문제와 개발문제, 이와 연계된 도시의 공간 확장 문제 등에 초점을 맞춘다.
ㄷ. [O] 성장연합은 토지자산가, 개발업자, 그리고 이들과 함께 토지개발에 따른 이익을 나눌 기업인, 자영업자, 금융기관 등으로 이루어진다. 반면 반성장연합은 일반 지역주민과 환경운동 집단 등으로 이루어진다.
ㄹ. [X] 성장연합은 토지 또는 부동산의 **교환가치**(exchange value) 증대를, 반성장연합은 토지 또는 부동산의 사용가치(use value, 공간활용, 삶의 가치 등) 증대를 **중시**한다.

정답 ①

09

2017상 국가직 7급

내용정리 SWOT 분석

SWOT 분석은 미국 하버드 대학에서 개발한 전략적 관리(하버드 정책모형)의 일종으로 조직 내부 역량은 강점(S)과 약점(W)으로, 조직 외부 환경은 기회(O)와 위협(T)으로 구분하여 이를 바탕으로 조직을 관리하기 위한 모형이다.

		환경	
		위협(T)	기회(O)
역량	약점(W)	① WT전략 (방어적전략)	② WO전략 (방향전환전략)
	강점(S)	③ ST전략 (다양화전략)	④ SO전략 (공격적전략)
특징		① WT: 약점을 보완하면서 동시에 위협을 회피하거나 최소화하는 전략 (방어적 전략) ② WO: 약점을 보완하여 기회를 살리는 전략 (방향전환전략) ③ ST: 강점을 가지고 위협을 회피하거나 최소화하는 전략 (다양화전략) ④ SO: 강점을 가지고 기회를 살리는 전략 (공격적 전략)	

① [O] SWOT분석은 조직 내적 특성과 외부 환경의 조합에 따른 맞춤형 대응전략 수립을 위한 분석방법이다.
② [O] SWOT분석은 조직 외부 환경은 기회와 위협으로, 조직 내부 자원·역량은 강점과 약점으로 구분해 4가지의 전략을 제안한다.
③ [O] 다양화(ST) 전략은 조직의 강점을 활용하여 위협을 회피하거나 최소화하는 전략이다.
④ [X] **기존 프로그램을 축소 또는 폐지하는 방어적(WT) 전략은 약점과 위협을 모두 최소화하는 가장 소극적인 전략으로 약점-기회가 아니라 약점-위협을 고려한 전략**이다.

정답 ④

10

2020 국가직 7급

총액인건비제도는 성과중심의 관리체제를 확립하고 예산, 보수, 조직, 정원관리에 대해 각 부처의 자율성을 인정하고자 신공공관리의 일환으로 도입된 제도로 예산 당국은 각 행정기관별 인건비 예산의 총액만을 관리하고, 각 행정기관이 인건비 한도에서 인력의 규모와 종류를 결정하고, 기구의 설치 및 인건비 배분의 자율성을 보유하며, 그 결과에 책임을 지는 제도이다. 2007년 중앙과 지방정부에 도입된 후 공공기관으로 확대되어 현재는 책임운영기관은 물론, 공공기관에도 총액인건비제도가 시행되고 있으며, 총인건비 인상률을 경영평가 항목에 반영하고 있다.

① [O] 총액인건비제도는 정원관리에 대한 각 부처의 자율성 확대를 목표로 한다.
② [X] **총액인건비제도는 김대중 정부가 아니라 노무현 정부 시절인 2007년 중앙과 지방정부에 도입된 후 공공기관으로 확대되었다.**
③ [O] 총액인건비제도는 보수, 관리에 있어 각 부처의 자율성 확대를 목표로 한다.

④ [O] 시행기관은 성과중심의 조직운영을 위하여 총액인건비제도를 활용할 수 있다.

정답 ②

11
2024 지방직 9급

ㄱ. [X] 공공가치창출론을 주장한 무어는 공공기관에 의해 생산된 순 공공가치를 추정하는 **공공가치 회계**의 개념을 제시하였다. 무어에 따르면 공공가치 회계를 통해 획득된 결과가 투입된 비용만큼 가치가 있다는 것을 보여주어야 하며, 공공가치를 창출하기 위해 공공 관리자는 '철학적, 정치적, 기술적, 관리적'의 네 가지 차원에 모두 관심을 두고 헌신하여야 한다.

ㄴ. [X] **공공가치실패론을 주장한 보우즈만**은 공공가치실패를 진단하는 도구로 '**공공가치 지도 그리기**'를 제안하였다. '공공가치 지도 그리기(Public Value Mapping) 모형'은 PVM 모형이라고도 하며 '정당한 독점, 편익의 배분, 공급자의 존재, 시간 지평(관점의 장기성), 대체가능성과 자원보전, 가치표명 및 종합화 매커니즘'의 7가지 기준에서 공공가치의 달성 여부를 평가한다.

ㄷ. [O] 공공가치의 창출 과정을 분석하기 위해 무어가 제시한 전략적 삼각형 모형은 '정당성과 지지, 운영 역량, 공공가치'의 세 가지 요소로 구성된다.

정당성과 지원의 확보	외부환경으로부터의 정당성 부여→ 시민의지지 및 정당성, 선출직 대표에 대한 책무성 등
공적 가치의 형성	조직차원의 비전과 미션, 전략적 목표, 정부조직에 대한 신뢰
운영 역량의 형성	조직이 운영하는 정책이나 프로그램의 실현에 필요한 역량

ㄹ. [O] 보우즈만이 설명한 공공가치의 실패는 시장과 공공부문이 공공가치 실현에 필수적으로 요구되는 재화와 서비스를 제공하지 못할 때 나타난다.

정답 ④

12

ㄱ. [O] 정책목표와 정책대안은 정책목표를 해결하기 위한 것이므로 먼저 정책문제를 정확하게 인식해야 한다.

ㄴ. [X] 비용편익분석과 달리 **비용효과분석**은 비용은 화폐가치로 측정하지만 효과는 **비화폐적 가치로 측정하므로 대안 간 비교가 어렵다.**

ㄷ. [X] 정책의 대상이 되는 문제 자체에 대한 정의를 잘못 내리는 경우에 발생하는 오류는 **3종 오류**라고 한다.

ㄹ. [X] 문제상황에 대해 가능성 있는 원인, 개연성 있는 원인, 행동가능한 원인 등 원인을 식별해 문제의 근본적 해결방안을 모색하기 위한 기법은 **계층분석**이다.

ㅁ. [O] 효율성, 효과성, 형평성, 실현 가능성 등 다양한 정책대안의 평가 기준이 있다.

정답 ④

13
2022 국가직 7급

① [O] 1948년 제정된 「헌법」과 「정부조직법」에 의해 국무총리 직속으로 총무처, 기획처, 공보처가 설치되었고 이 중 기획처 소속으로 예산국이 설립되었다.

② [X] 1961년 7월 22일 신설된 **경제기획원은 경제 개발에 관한 종합적 계획을 수립하는 중앙예산기관의 역할을 담당**하고, 재무부는 **수입·지출의 총괄기능을 담당**하였다.

③ [O] 1994년 김영삼 정부는 경제기획원과 재무부를 재정경제원으로 통합해 세제, 예산, 국고 기능을 일원화하였다.

④ [O] 2008년 기획예산처와 재정경제부를 통합한 기획재정부가 재무행정기관의 역할을 맡고 있으며, 중앙예산기관은 기획재정부 예산실이, 수입지출총괄기관은 기획재정부 세제실과 국고국이 그 역할을 담당하고 있다.

정답 ②

14
2023 지방직 7급

① [O] 비동질적 집단을 사후적으로 비교집단으로 선정하는 준실험의 경우 사전설정된 실험집단의 선정 효과로 인해 내적 타당성이 훼손될 수 있다.

② [O] 진실험에서 실험집단과 비교집단(통제집단)이 접촉 가능한 경우에는 비교집단이 실험집단을 모방하는 모방효과로 인해 내적 타당성이 훼손될 수 있다.

③ [X] **비동질적 통제집단설계는 실험집단과 비교집단의 동질성을 갖추지 못한 준실험설계**로, 진실험보다 내적 타당성이 떨어진다.

④ [O] 진실험과 준실험을 비교하면 실행가능성 측면에서는 준실험이, 내적 타당성 측면에서는 진실험이 더 우수하다.

정답 ③

15
2024 지방직 9급

① [O] 분류법은 절대평가이자 비계량적인 방식으로 미리 정해진 등급 기준표를 이용하는 비계량적 방식이다.

② [O] 서열법은 상대평가이자 비계량적인 방식으로 직무의 수가 적은 소규모 조직에서 상대적으로 유리한 기법이다.

③ [X] 점수법은 직무와 관련된 평가요소를 선정해 각 요소별 중요도를 부여하는 직무평가기준표를 만들어 이를 통해 비교하는 절대평가이자 계량적인 방식이다. 하지만 직무평가기준표는 **직무의 상대적 가치를 평가하는 기준일 뿐 이를 통해 명확하고 객관적인 이론적 증명을 할 수는 없다.**

④ [O] 요소비교법은 조직 내 기준직무를 선정하여 평가하려는 직무와 기준직무의 평가요소를 상호비교하여 상대적 가치를 평가는 상대평가이자 계량적인 방법이다.

정답 ③

16

① [O] 2개 이상의 지방자치단체가 공동으로 특정한 목적을 위하여 광역적으로 사무를 처리할 필요가 있을 때 설치할 수 있다(「지방자치법」 제199조 1항).

② [O] 특별지방자치단체는 법인으로 한다(「지방자치법」 제199조 3항).

③ [O] 특별지방자치단체를 구성하는 지방자치단체(이하 '구성 지방자

치단체'라고 함)는 상호 협의에 따른 규약을 정하여 구성 지방자치단체의 지방의회 의결을 거쳐 행정안전부장관의 승인을 받아야 한다(「지방자치법」 제199조 1항 단서).

④ [×] 특별지방자치단체의 구역은 구성 지방자치단체의 구역을 합한 것으로 한다. 다만, 특별지방자치단체의 사무가 구성 지방자치단체 구역의 일부에만 관계되는 등 특별한 사정이 있을 때에는 **해당 지방자치단체 구역의 일부만을 구역으로 할 수 있다**(「지방자치법」 제201조).

정답 ④

17

① [×] 지방자치단체장은 **직권으로 주민투표를 실시할 수는 있지만 그 경우 지방의회의 동의를 사전에 얻어야 한다**(「주민투표법」 제9조).

② [○] 19세 이상의 주민은 그 지방자치단체의 장 및 지방의회의원을 소환할 권리를 가지며 비례대표 지방의회의원은 제외한다(「주민소환에 관한 법률」 제3조, 제7조). 「지방자치법」은 개정되었지만 「주민소환에 관한 법률」은 아직 연령 기준이 개정되지 않아서 주민소환에 관한 권리는 2024년 9월 현재 여전히 19세 이상의 주민의 권리이다.

③ [×] 18세 이상의 주민은 지방의회에 직접 조례를 제정하거나 개정하거나 폐지할 것을 청구할 수 있으나, **법령을 위반하는 사항, 지방세·사용료·수수료·부담금의 부과·징수 또는 감면에 관한 사항, 행정기구를 설치하거나 변경하는 것에 관한 사항이나 공공시설의 설치를 반대하는 사항은 청구대상에서 제외한다.**(「지방자치법」 제19조, 「주민조례발안에 관한 법률」 제4조).

④ [×] 지방자치법의 개정으로 18세 이상의 주민은 **시·도에서는 주무부장관에게, 시·군 및 자치구에서는 시·도지사에게** 그 지방자치단체와 그 장의 권한에 속하는 사무에 처리가 법령에 위반되거나 공익을 현저히 해친다고 인정되면 감사를 청구할 수 있다(「지방자치법」 제21조). 감사원에 감사를 청구할 수 있는 제도는 주민감사가 아닌 「부패방지 및 국민권익위원회에 관한 법률」상 국민감사청구권이다.

정답 ②

18

내용정리 호그우드와 피터스의 정책변동 구분

정책혁신		정책목표와 수단을 변동하여 완전히 새로운 정책을 결정
정책유지		정책의 기본적 특성이나 정책목표·수단 등에 큰 폭의 변화없이 유지(부분적 대체, 완만한 변동은 인정)
정책승계		완전히 새로운 정책으로 대체(정책목표는 변동되지 않고 정책이나 정책수단의 수정·대체)
	선형적 승계	정책목표를 변경하지 않고 정책내용을 새로운 것으로 바꾸는 가장 단순하고 전형적인 정책승계(정책대체)
	부분종결	일부 정책을 유지하면서 일부는 완전히 폐지(정책유지+정책종결)
	복합적 정책승계	정책유지, 정책대체, 정책종결 또는 정책추가 등 3개 이상의 정책승계가 복합적으로 나타남
	우발적 정책승계	타 분야의 정책변동에 의하여 우발적인 변화가 나타나는 정책승계
	정책통합	유사한 목표의 2개의 정책이 하나의 정책으로 통합
	정책분할	하나의 정책이 두 개 이상으로 분리
정책종결		정책목표가 달성되어 문제가 소멸되거나 달성 불가능한 정책의 소멸

① [○] 정책유지는 정책환류과정으로 정책목표나 정책의 근본적인 성격은 그대로 유지하면서 정책수단이나 산출(수혜수준이나 범위)이 부분적으로 변화하는 것이다.

② [×] **정책목표는 그대로 유지하면서 정책의 근본적인 성격이나 실질적인 내용이 바뀌거나 정책수단을 새로운 수단으로 대체하는 것은** 정책유지가 아니라 **정책승계**에 해당한다.

③ [○] 수혜 대상 범위의 확대에 대한 설명으로 정책유지에 해당한다.

④ [○] 정책유지는 정책평가로부터 얻은 정보가 정책채택 단계에서 다시 활용되는 전형적인 정책환류과정으로 정책목표나 정책의 근본적인 성격은 그대로 유지하면서 정책수단이나 산출(수혜수준이나 대상 범위)이 부분적으로 변화하는 것이다.

정답 ②

19

① [○] 자원의존이론은 조직을 환경적 결정에 피동적인 존재로 보지 않고 스스로의 이익을 위해 주도적·능동적으로 환경에 대처하며, 환경을 조직에 유리하도록 관리하려는 존재로 본다.

② [○] 조직군생태론은 조직을 외부 환경의 선택에 따라 좌우되는 피동적인 존재로 보고, 조직의 발전이나 소멸의 원인을 환경에 대한 조직 적합도에서 찾는다.

③ [○] 혼돈이론은 조직이라는 복잡한 체제의 총체적 이해를 도울 수 있다는 장점이 있으나, 복잡한 현상에 대한 통합적 연구를 지향한다는 점에서 현실세계에 적용하기 어렵다는 한계를 보인다.

④ [×] 상황론적 조직이론은 기술, 규모, 환경 등의 다양한 상황요인에 대한 조직 적합성을 발견하고자 과학적이고 보편적인 이론을 추구한다. 하지만 **모든 상황에 적합하고 유일한 최선의 조직설계와 관리방법은 없다고 본다**.

정답 ④

20

① [×] 급행료를 당연하게 요구한다는 것은 **이미 급행료가 제도화되었다는 것으로 일탈이 아니라 제도된 부패이다.**

② [○] 정치인이나 고위공무원이 자신의 권력을 남용해 사적 이익을 추구하는 것은 권력형 부패이다.

③ [○] 공금 횡령, 회계 부정 등 거래 당사자 없이 공무원에 의해 일방적으로 발생하는 부패를 사기형 부패 또는 비거래형 부패라고 한다.

④ [○] 사회체제에 파괴적 영향을 미칠 잠재성이 있음에도 불구하고, 일부 집단은 처벌을 원하는 반면, 다른 집단은 처벌을 원하지 않는 경우를 회색부패라고 한다. 모두가 처벌해야 한다고 보는 것은 흑색부패, 선의의 부패로 처벌하지 않아야 한다고 보는 것은 백색부패이다.

정답 ①

21

내용정리 갈등의 과정과 해소전략

개념	조직 내의 의사결정과정에서 대안의 선택기준이 모호하여 개인이나 집단이 대안을 선택하는데 곤란을 겪는 상황				
갈등 과정	1단계 잠재적 갈등	2단계 지각된 갈등	3단계 의도	4단계 행동	5단계 결과
	갈등이 생길 수 있는 기회, 상황	갈등상황을 인지하고 개인화	갈등을 처리하는 의도, 방향	의도를 실행하기 위한 행동	갈등 당사자 간의 행동 및 반응
토마스의 갈등관리	개념	단정과 협조라는 이원적 요소로 5가지 전략 제시 ⇨ 갈등해소 전략			
	유형	• 회피: 갈등상황으로부터 벗어나는 것으로 비단정적·비협조적 전략 • 순응: 자신의 관심사를 포기하고 상대방의 주장을 받아들이는 비단정적·협조적 전략 • 타협: 상호 양보와 획득이 이루어지는 절충적 전략 • 경쟁: 자신의 욕구만 충족시키고 상대방의 주장을 일축하는 단정적·비협조적 전략 • 협동: 당사자 모두의 만족을 극대화하려는 단정적·협조적 전략			

① [O] 고전적 조직이론에서는 갈등에 대한 인식이 존재하지 않았으므로 갈등을 중요하게 고려하지 않았다.
② [O] 하위목표 간 차이로 인해 발생하는 수평적 갈등은 상위목표나 계층제적 권위로 해결한다.
③ [O] 폰디(Pondy)는 갈등을 진행 단계에 따라 '잠재적 갈등 ⇨ 지각된 갈등 ⇨ 의도 ⇨ 행동 ⇨ 갈등의 결과', 이렇게 5단계로 구분하였다. 갈등이 야기될 수 있는 상황 또는 조건을 의미하는 것은 잠재적 갈등에 해당한다.
④ [X] 토마스(Thomas)의 갈등해소 전략 중 **타협형 갈등관리는 양보와 획득을 통하여 자신과 상대방 이익의 중간 정도를 만족시키려는 전략**이며, 당사자 모두의 만족을 극대화하려는 전략(win-win 전략)은 자신의 욕구도 단정적이고 타인의 욕구에 대해서도 협조적인 협동전략에 해당한다.

정답 ④

22

내용정리 중앙인사행정기구

개념	정부 전체의 인사행정을 총괄하는 범정부적 인사행정기관		
설치 목적	• 엽관제 및 정실제의 폐해 방지 ⇨ 인사행정의 공정성과 중립성 확보, 공무원의 신분보장 • 부처 할거주의를 방지하여 인사행정의 통일성 확보 • 인사행정의 전문화를 통한 능률성과 효과성 제고		
유형	구분	합의성(위원회형)	단독성(독임제형)
	독립성	독립합의형 ex) 미국의 연방인사위원회	독립단독형
	비독립성 (행정부 처형)	비독립합의형 ex) 중앙인사위원회	비독립단독형(집행부형) ex) 인사혁신처

① [X] 현재 우리나라 중앙인사기관인 인사혁신처는 **독립합의형이 아니라 국무총리 소속의 비독립단독형 기관**이다.

② [O] 인사혁신처는 국무총리 소속의 차관급 기관으로 인사혁신처장은 차관급의 정무직 공무원이며 대통령이 임명한다.
③ [O] 인사혁신처는 박근혜 정부 시절 세월호 침몰사고를 계기로 인사혁신과 공직 개혁을 목표로 2014년에 출범하여 인사, 보수, 연금, 윤리, 복무 업무를 담당해 온 우리나라의 중앙인사기관이다.
④ [O] 소청심사위원회는 인사혁신처 소속기관으로, 공무원의 불이익 처분에 대한 소청을 심사하고 재결 형식으로 결정하는 합의제 인사기관이다.

정답 ①

23
2023 국가직 7급

① [O] 공무원은 직무상의 관계가 있든 없든 그 소속 상관에게 증여하거나 소속 공무원으로부터 증여를 받아서는 아니 된다(「국가공무원법」 제61조).
② [X] 공무원이 파면된 경우 5년간 공무원으로 재임용될 수 없고, **연금급여도 감액 지급된다**(「공무원연금법」 제65조).
③ [X] 공무원은 자신의 직무권한을 행사하거나 지위·직책 등에서 유래되는 사실상 영향력을 행사하여 직무관련자 또는 직무관련공무원으로부터 사적 노무를 제공받거나 요구 또는 약속해서는 아니 된다. **다만, 다른 법령 또는 사회상규에 따라 허용되는 경우에는 그러하지 아니하다**(「공무원 행동강령」 제13조의2).
④ [X] 감봉은 「국가공무원법」상 6개의 징계 종류 중에서 견책 다음으로 가벼운 징계에 해당하는 것으로 **직무에 종사는 가능하지만**, 1~3개월의 기간 동안 보수의 1/3을 감하는 징계이다.

정답 ①

24

내용정리 공직자 윤리법상의 의무

재산 등록 및 공개의 의무	- 재산 등록: 4급 이상 - 재산 공개: 1급 일반직, 정무직, 공기업의 장과 부기관장·감사
선물수수의 신고 및 공개	공무원 등이 직무와 관련해 외국으로부터 선물받은 경우 소속기관장에게 신고, 국고에 인도
퇴직공직자의 의무	- 취업제한의무: 재산등록의무자는 취업심사대상기관에 3년간 취업불가 - 업무취급제한 및 행위제한의무: 모든 퇴직 공무원은 재직 중 직접 처리한 업무 퇴직 후 취급불가
이해충돌 방지의 의무	공직자의 직무가 자신의 재산상 이해와 관련되어 공정한 직무수행이 어려운 상황 야기되지 않도록 노력의무
주식백지 신탁 의무	재산공개대상자와 기획재정부 및 금융위원회 소속 공무원은 주가의 총액이 3천만 원 초과시 당해 주식 매각하거나 주식백지신탁 계약을 체결해야 함

① [O] 「공직자윤리법」에 따르면 일반직 등의 공무원은 4급 이상, 경찰은 총경 이상, 소방은 소방정 이상일 경우 재산을 등록하도록 되어 있다.

재산등록 의무자	4급 이상 일반직·지방·별정직, 법관 및 검사, 대령 이상 장교, 총경 이상 경찰, 소방정 이상 소방공무원, 교육장, 학장, 공직유관단체의 임원, 한국토지주택공사 등 부동산 관련 업무나 정보를 취급하는 대통령령으로 정하는 공직유관단체의 직원
재산공개 의무자	1급 이상 일반직·지방·별정직, 부장판사, 중장 이상 장교, 치안감 이상 경찰, 소방정감 이상 소방 공무원, 교육감, 지방 국세청장, 공기업의 장

② [×] 지방의회 의원도 「공직자윤리법」을 적용받는 공무원이므로 외국 정부 등으로부터 선물(미화 100불 이상, 한화 10만원 이상)을 받은 경우에는 이를 소속기관·단체의 장에게 신고하고 인도하여야 한다.
③ [×] 공직자 행동강령은 공무원이 준수하여야 할 행동기준으로 「국가공무원법」이 아닌 「**부패방지 및 국민권익위원회 법**」에 규정되어 있다.
④ [×] 취업심사대상자는 퇴직 전 3년이 아닌 **5년** 동안 소속하였던 부서의 업무와 밀접한 관련이 있는 기관에 퇴직일로부터 5년이 아닌 **3년간** 취업할 수 없다. 다만, 관할 공직자윤리위원회로부터 취업심사대상자가 퇴직 전 5년 동안 소속하였던 부서 또는 기관의 업무와 취업 심사대상기관 간에 밀접한 관련성이 없다는 확인을 받거나 취업승인을 받은 때에는 취업할 수 있다(「공직자윤리법」 제17조).

정답 ①

25

2020 국가직 7급

내용정리 센게의 학습조직을 위한 수련의 5원칙

학습조직은 정보화 사회에서 중시되는 조직으로 구성원 전체가 학습 주체라는 인식에 따라 지식을 창출·활용하여 업무에 반영하는 조직으로 센게(Senge)가 주장한 학습조직의 다섯 가지 수련의 방식은 다음과 같다.

자기완성	자아실현적 존재로서 자기역량 강화법을 학습
사고의 틀	문제 해결을 위한 사고의 틀을 성찰하고 발전
공동의 비전	공동목표와 원칙에 관한 공감대 형성
집단적 학습	집단적 사고 과정을 통해 개인적 능력의 합계를 능가하는 능력 구축
시스템 중심 사고	통합적 실천체계로 부분보다 전체 중시

① [○] 학습조직의 조직관은 개방체제이며 인간관은 자아실현인관이다.
② [○] 학습조직은 연결된 하위체계 간의 상호작용과 이를 효과적으로 활용하기 위한 시스템 중심의 사고 즉, 체계적 사고(systems thinking)를 강조한다.
③ [○] 학습조직은 구성원 모두가 조직의 미래 비전을 공유하는 공유된 비전(shared vision), 공동비전을 중시한다.
④ [×] 학습조직이란 새로운 지식의 창출·활용·공유를 중시하는 유기적 구조로 구성원의 개인적 학습이 아닌 **조직적 학습을 강조**한다. 따라서 학습조직은 관리의 초점이 개인보다는 집단, 부분보다는 전체이다.

정답 ④

모의고사 제5회

01	②	02	③	03	①	04	④	05	①
06	②	07	①	08	①	09	②	10	②
11	③	12	②	13	③	14	②	15	④
16	①	17	②	18	①	19	④	20	③

01

탈신공공관리론은 신공공관리론의 역기능적 측면을 교정하고 통치역량을 강화하여 정치·행정체제의 통제와 조정을 개선하기 위한 정부개혁이론이다.
① [○] 탈신공공관리론은 신공공관리론의 역기능을 교정하고 통치역량을 강화하며, 정치·행정의 통제와 조정을 개선하기 위해 재집권화와 재규제, 구조적 통합을 주장한다.
② [×] 탈신공공관리는 **신공공관리론의 주요아이디어를 대체하는 것이 아니라 신공공관리론의 한계를 보완·조정하고자 한다**.
③ [○] 탈신공공관리론은 신공공관리론의 개혁방안이었던 조직의 분절화 방안을 비판하며 구조적 통합을 통해 분절화의 축소를 추구한다.
④ [○] 탈신공공관리론은 신공공관리론과 달리 중앙정부의 정치·행정적 역량 강화를 추구한다.

정답 ②

02

민츠버그는 개방체제의 관점에서 조직이 처해 있는 환경에 따라 조직을 단순구조, 기계적 관료제, 전문적 관료제, 사업부제, 임시조직으로 구분한다. 이 중 전문적 관료제는 대학교, 종합병원처럼 복잡하고 안정된 환경에 적합한 조직으로 기술의 표준화 과정을 통해 고도의 전문성을 지니는 작업계층이 가장 중요한 역할을 하는 조직이다.
① [○] 전문적 관료제의 경우 복잡한 업무의 표준화가 어려워 작업계층에 해당하는 개인들의 전문성에 의존한다.
② [○] 종합병원과 같이 높은 수평적 분화와 낮은 공식화의 특성을 가진다.
③ [×] 전문적 관료제는 **복잡하지만 안정된 환경에 적합한 조직으로 환경변화에 적응하는 속도가 빠르지 않다**.
④ [○] 전문적 관료제는 핵심운영층에 해당하는 작업 계층의 역할이 강조된다.

정답 ③

03

2013 지방직 7급

회계장부를 작성하는 방법은 거래를 인식하는 시점에 따라 현금주의와 발생주의로 나뉜다. 현금주의는 현금의 수입과 지출 시점에 거래를 인식하지만, 발생주의는 현금의 수입·지출과는 관계없이 거래나 사건이 발생하는 시점에 수익과 비용을 인식한다.
① [×] **발생주의회계제도**는 거래나 사건이 발생하는 시점에서 인식하는 것으로 자산·부채·수입·지출이 아닌 자산·부채·**수익·비용을 정확하게 측정**하기 위한 회계기법이다. 따라서 자산과 부채의 증감 등 실질적인 거래를 정확히 인식하려는 것으로 현금의 수입과 지출을 기

록하는 현금주의와 달리 수익과 비용을 기록한다.
② [O] 발생주의회계제도는 부채를 측정하는 데 있어 미지급금·부채성 충당금 등을 포함하여 정확하게 측정할 수 있다.
③ [O] 발생주의회계제도는 산출에 대한 원가 산정을 통해 자산과 부채를 측정하므로 분권화된 조직의 자율과 책임을 구현할 수 있는 중요한 수단이 될 수 있다.
④ [O] 현금흐름표란 일정 기간의 현금의 유입과 유출을 표시해주는 재무제표로, 발생주의회계를 사용하더라도 현금흐름표를 작성할 경우 현금의 흐름을 파악할 수 있다. 현금주의와 달리 자산과 부채를 인식하는 발생주의에서는 부채를 별도로 기록하지 않아 과소평가하게 되는 현금주의의 단점을 극복할 수 있다.

정답 ①

04 [2023 국가직 7급]

① [O] 라이트는 미국의 연방정부, 주정부, 지방정부 간의 관계에 주목하면서 중앙정부(연방정부)와 지방정부(주정부, 지방정부) 간의 관계를 포괄형, 분리형, 중첩형의 3가지 형태로 구분하였다.
② [O] 엘코크가 제시한 대리인모형, 동반자모형, 교환모형 중 대리인모형은 중앙정부의 대리인 역할을 하는 지방정부의 자율성이 제약되는 상황을 특징으로 한다.

동반자 모형 (partnership)	지방정부가 고유한 권능을 가지고 독자적 결정을 내리는 상호동반자적 관계로 지방정부는 중앙정부와 공공서비스 공급에 대등한 권한을 지닌 동일한 파트너임
대리인 모형 (agent)	지방정부는 중앙정부의 대리인으로 중앙정부의 감독하에 국가 정책을 집행함, 라이트의 포괄형과 동일
교환모형 (절충형)	중앙정부과 지방정부 간 상호의존관계를 강조, 지방정부의 자율성을 인정하고 중앙정부와 대등한 입장에서 재원을 상호교환

③ [O] 지방자치단체에서 행정기구의 설치와 지방공무원의 정원은 인건비 등 대통령령으로 정하는 기준에 따라 그 지방자치단체의 조례로 정한다(「지방자치법」 제125조).
④ [X] 단체위임사무는 중앙정부와 지방정부의 이해관계가 공존하는 사무로 중앙정부가 지방자치단체에게 위임한 사무이다. 따라서 **자치사무와 마찬가지로 지방자치단체의 의결기관인 지방의회가 관여할 수 있다.**

정답 ④

05 [2016 국가직 7급]

① [X] 단체위임사무는 국가에 의해 위임된 사무이지만 해당 지방자치단체(지방의회+지방자치단체 장)에 위임된 사무이기 때문에 해당 **지방의회가 그 사무의 처리에 참여할 수 있으며, 따라서 조례제정권을 가진다.**
② [O] 합의제 행정기관의 설치 운영에 관하여 필요한 사항은 대통령령 또는 조례로 정할 수 있다.

> 「지방자치법」제129조 [합의제행정기관] ① 지방자치단체는 소관 사무의 일부를 독립하여 수행할 필요가 있으면 법령이나 그 지방자치단체의 조례로 정하는 바에 따라 합의제행정기관을 설치할 수 있다.
> ② 제1항의 합의제행정기관의 설치 운영에 관하여 필요한 사항은 대통령령이나 그 지방자치단체의 조례로 정한다.

③ [O] 지방자치단체는 공공시설을 부정 사용한 자에 대하여 과태료를 부과하는 규정을 조례로 정할 수 있다.

> 「지방자치법」제156조 [사용료의 징수조례 등] ② 사기나 그 밖의 부정한 방법으로 사용료 수수료 또는 분담금의 징수를 면한 자에게는 그 징수를 면한 금액의 5배 이내의 과태료를, 공공시설을 부정사용한 자에 대하여는 50만원 이하의 과태료를 부과하는 규정을 조례로 정할 수 있다.

④ [O] 지방자치단체는 공공시설을 관계 지방자치단체의 동의를 얻어 그 지방자치단체의 구역 밖에 설치할 수 있다.

> 「지방자치법」제161조 [공공시설] ① 지방자치단체는 주민의 복지를 증진하기 위하여 공공시설을 설치할 수 있다.
> ③ 제1항의 공공시설은 관계 지방자치단체의 동의를 받아 그 지방자치단체의 구역 밖에 설치할 수 있다.

정답 ①

06 [2024 지방직 9급]

① [O] 지방직영기업의 관리자는 해당 지방자치단체의 공무원으로서 지방직영기업의 경영에 관하여 지식과 경험이 풍부한 사람 중에서 지방자치단체의 장이 임명한다.

> 「지방공기업법」제7조(관리자) ① 지방자치단체는 지방직영기업의 업무를 관리·집행하게 하기 위하여 사업마다 관리자를 둔다. 다만, 조례로 정하는 바에 따라 성질이 같거나 유사한 둘 이상의 사업에 대하여는 관리자를 1명만 둘 수 있다.
> ② 관리자는 대통령령으로 정하는 바에 따라 해당 지방자치단체의 공무원으로서 지방직영기업의 경영에 관하여 지식과 경험이 풍부한 사람 중에서 지방자치단체의 장이 임명하며, 임기제로 할 수 있다.

② [X] 지방공사를 설립하고자 하는 시장·군수·구청장은 설립 전 **관할 광역자치단체의 장인 특별시장·광역시장 및 도지사와 협의하여야** 한다.

> 「지방공기업법」제49조(설립) ① 지방자치단체는 제2조에 따른 사업을 효율적으로 수행하기 위하여 필요한 경우에는 지방공사(이하 "공사"라 한다)를 설립할 수 있다. 이 경우 공사를 설립하기 전에 특별시장, 광역시장, 특별자치시장, 도지사 및 특별자치도지사(이하 "시·도지사"라 한다)는 행정안전부장관과, 시장·군수·구청장(자치구의 구청장을 말한다)은 관할 특별시장·광역시장 및 도지사와 협의하여야 한다.

③ [O] 지방자치단체는 상호 규약을 정하여 다른 지방자치단체와 공동으로 지방공사를 설립할 수 있다(「지방공기업법」 제50조).
④ [O] 지방자치단체는 지방직영기업을 설치·경영하려는 경우에는 그 설치·운영의 기본사항을 조례로 정하여야 한다(「지방공기업법」 제5조).

정답 ②

07

내용정리 고위공무원단의 관리

소속	· 고위공무원단 소속 공무원으로 하나의 풀로 관리 · 각 기관의 장은 소속에 관계없이 풀에서 적임자 임용제청, 부처에 배치된 공무원은 소속 장관이 인사·복무관리 담당
구성	**개방형직위** 고위공무원단 총수의 20% 범위, 공직 내부와 외부
	공모직위 직위 총수의 30% 범위, 타부처 공무원 간 경쟁
	자율직위 고위공무원단 직위 총수의 50% 범위, 내부승진과 타 부처 공무원 채용
직무등급	계급이 아닌 직무등급(가~나 등급: 2단계)을 부여해 인사관리

① [O] 고위공무원단제도는 중앙부처 실·국장급(1~3급) 공무원들을 범정부적으로 통합관리하는 제도로 고위공무원단으로 관리되는 직위는 일반직·별정직·특정직(외무직) 등 1,500여 개의 정규직위가 포함된다.

② [X] 적격 심사에서 부적격 결정을 받은 경우에는 직권면직이 가능하므로 제도 도입 전보다 고위공무원의 신분보장이 약화되어 직업공무원을 저해할 우려가 있다는 지적이 제기된다.
③ [X] 「국가공무원법」 제2조의2(고위공무원단)에 따르면 감사원은 고위 감사공무원단을 별도로 운영한다. 또한 **지방직 공무원을 대상으로는 고위 공무원단 제도가 시행되지 않고 있다.**
④ [X] 고위공무원단의 구성은 소속 장관별로 공직 외부 임용이 가능한 **개방형 직위 20%**, 부처 내·외부 임용이 가능한 **공모 직위 30%**, 기관자율 50%로 이루어져 있다.

정답 ①

08

내용정리 공기업 분류

구분	정부부처형	법인형 공기업	
		공사형	주식회사형
설치 근거	정부조직법	특별법	상법 또는 특별법
유형	우편, 우체국예금, 양곡관리, 조달, 책임운영기관	한국석유공사, 한국철도공사	한국전력공사, 한국가스공사
독립 법인 여부	정부기관(소속직원: 공무원)	별도 법인(임원: 준공무원, 소속직원: 회사원)	
재원	정부재원	전액정부투자	민·관 공동투자
근거 법률	기업예산회계법	공공기관 운영에 관한 법률 (정원 300명 이상, 수입액 200억 원 이상, 자산규모 10억 원 이상인 경우 공기업, 준정부기관에 해당)	

① [O] 공공기관은 매년 기획재정부장관이 지정하여 고시한다. 「공공기관 운영에 관한 법률」(제4조, 제6조)에 따르면 기획재정부장관은 국가·지방자치단체가 아닌 법인·단체 또는 기관 중에서 일정한 요건을 갖춘 기관을 매년 회계연도 개시 후 1개월 이내에 공공기관으로 지정하도록 하고 있다.
② [X] 정부기업은 정부부처형 공기업을 말한다. 정부기업은 정부가 소유권을 가지고 직접 운영하는 공기업으로서, **기관의 성격도 정부조직이고 직원들의 신분도 공무원**이다.
③ [X] **주식회사형 공기업**은 특별법 혹은 상법에 의해 설립되지만 임원은 준공무원, 직원은 공무원이 아닌 사기업조직원으로 구성되기 때문에 **일반행정기관에 적용되는 조직·인사 원칙이 적용되기 어렵다.**
④ [X] 과거 공공기관 중 공기업과 준정부기관은 국가나 지방자치단체가 아닌 법인이나 단체, 기관 중에서 정원 50인 이상, 수입액 30억 원 이상, 자산규모 10억 원 이상인 기관 중에서 정했으나 23년 1월부터 **정원 300명 이상, 수입액 200억 원 이상, 자산규모 30억 원 이상인 기관 중에서 정한다.** 그 중 공기업은 시장성이 커서 자체수입액이 총수입액의 2분의 1 이상인 기관 중에서 지정하고, 준정부기관은 공기업이 아닌 공공기관 중에서 지정하도록 되어있다.

정답 ①

09

2017하 국가직 7급

내용정리 브레이브룩과 린드블롬의 모형

사회변동의 정도, 정책목표와 수단에 대한 이해 정도에 따라 4가지의 모형으로 구분될 수 있다.

		사회변동의 정도	
		광범위한 변화	점증적인 변화
정책목표와 수단에 대한 이해의 정도	높은 이해	㉠ 혁명적, 이상적 결정	㉡ 행정적, 기술적 결정 (합리모형)
	낮은 이해	㉢ 전쟁, 혁명, 위기 등 대변혁	㉣ 점증적 정치(점증주의)

① [X] ㉠은 혁명적이고 이상적인 결정이 필요한 상황이다.
② [O] ㉡에 적용되는 **포괄적 합리모형**은 사회변동의 정도는 크지 않은 안정된 사회에서 정책목표와 수단에 대한 이해의 정도가 높은 수준에 적합하다.
③ [X] ㉢은 사회변동의 정도가 크면서 정책목표와 수단에 대한 이해의 정도가 낮은 상황은 대변혁의 시기에 해당한다.
④ [X] ㉣에 적용되는 점증주의는 사회변동의 정도가 낮은 동시에 정책목표·수단에 대한 이해의 정도가 낮은 경우에 잘 적용된다.

정답 ②

10

2016 국가직 7급

① [O] 일반회계예산의 세입은 원칙적으로 조세수입을 재원으로 하고 세출은 국가사업을 위한 기본적 경비지출로 구성된다.
② [X] 예산총계 방식은 일반회계와 특별회계 간 또는 회계 내 계정 간 중복계산 분을 차감하지 않고 이중계산 된 규모를 그대로 파악한 것으로 **실질적인 정부의 총예산 규모 파악에 유리한 방식은 내부 거래나 중복거래를 차감한 예산 순계 방식이다.**
③ [O] 중앙관서의 장은 특별회계를 신설하고자 하는 때에는 해당 법률안을 입법 예고하기 전에 특별회계 신설에 관한 계획서를 기획재정부장관에게 제출하며 그 신설의 타당성에 관한 심사를 요청하여야 한다.
④ [O] 중앙정부의 통합재정 규모는 일반회계·특별회계·기금·세입세출 외 항목을 모두 포함하지만 내부거래와 보전거래는 제외하는 순계 규모로 파악한다.

정답 ②

11

내용정리 통합재정

개념	일반회계, 특별회계, 기금의 지출에서 회계와 기금 간 내부거래 및 보전거래를 제외하고 계산한 순계
특징	· IMF 권고에 따라 매년 통합재정 통계를 작성·제출 시작(1979) · 지방정부의 통합재정 작성 시작(2005) · 중앙재정, 지방재정, 지방교육재정을 포함(2012년: GFSM 2001 도입) · GFSM 01 기준 비금융공공기관 포함 · 우리나라의 경우 「국가재정법 시행령」으로 금융성기금과 외국환평형기금은 통합재정 산정에서 제외
통합재정 수지	경상수입+자본수입-경상지출-자본지출-융자지출+융자회수
통합재정 규모	경상지출+자본지출+융자지출-융자회수
총지출 규모	경상지출+자본지출+융자지출

① [O] 통합재정은 일반회계·특별회계·기금을 모두 포괄하는 정부 전체의 재정활동을 의미한다.
② [O] 일반정부 통합재정의 기관 범위에는 **지방자치단체도 포함**(중앙재정, 지방재정, 지방교육재정)되고 비금융 공공기관도 포함되지만 **금융성 공공기관은 포함되지 않는다.**
③ [X] 2024년 현재 우리나라에서 적용되는 통합재정 수지 작성 방식은 'GFSM 1986' 방식과 'GFSM 2001' 방식 두 종류가 있고, 'GFMS 2001' 방식에 의하면 금융성 기금을 포함한 모든 기금을 통합재정수지에 산정한다. 하지만 **우리나라의 경우「국가재정법 시행령」을 통해 금융성기금으로 분류되는 기술보증기금 등 8개 기금과 외국환평형기금은 통합재정수지에서 제외한다고 규정되어 있다(「국가재정법 시행령」제2조4항).** 따라서 금융성 기금은 우리나라 통합재정수지 산정에서 제외된다.
④ [O] 통합재정은 한 나라의 정부부문에서 1년 동안 지출되는 재원의 총체적인 규모로서 국가는 물론 지방재정까지, 법정예산인 일반회계 및 특별회계는 물론 기금까지 모두 포함하는 정부 예산의 총괄금액으로 1979년부터 중앙정부의 통합재정수지를 기록하였고, 2012년부터는 'GFSM 2001'의 도입과 함께 지방재정까지 포괄하는 통합재정통계로 기록하였으며 **국가예산의 세입, 세출을 총계가 아닌 순계 개념으로 파악한다.**

정답 ③

12

2018 국가직 7급

내용정리 정책평가의 타당도

타당도는 측정이나 절차가 정확히 이루어진 정도(쿡 & 캠벨)로 다음과 같이 분류된다.

구성적 타당도	처리, 결과, 모집단 및 상황들에 대한 이론적(결론적) 구성요소들이 성공적으로 조작화된 정도
통계적 타당도	정책실시와 영향의 관계에서의 정확도 → 정책효과를 찾아낼 강력한 연구설계가 이루어진 정도
내적 타당도	정책과 결과 사이에 존재하는 인과적 추론의 정확도 → 다른 외생변수(경쟁적인 원인)보다 원인변수(조작화된 처리)에 의한 결과인지 확인할 수 있는 정도
외적 타당도	실험결과를 다른 상황에까지 일반화 가능한지의 정도

① [X] **역사요인**(실험기간 중 일어난 사건에 의한 대상집단의 특성변화), **성숙요인**(시간의 경과에 따른 대상집단의 특성변화), **회귀요인**(실험대상이 극단적인 값을 가지기 때문에 재측정 시 평균으로 회귀하는 경향), **선발요인**(실험집단과 통제집단의 차이), **상실요인**(실험기간 중 실험대상의 중도포기 또는 탈락 때문에 나타나는 차이), **검사요인**(사전검사에 대한 친숙도가 사후측정에 미치는 영향), **측정수단요인**(측정기준과 측정수단이 변화함에 따라 나타나는 차이)이 **내적타당성 저해요인**이다. 외적 타당성 저해요인은 크리밍 효과, 호손효과, 사전검사에 대한 반응 등이 있다.
② [O] 정책실험방법 중 준실험은 실험집단과 동질적인 통제(비교)집단을 설계하지 못하는 경우 이루어지는 실험으로 준실험은 진실험이 비해 내적 타당성이 약하며, 외적 타당성이 강하다.
③ [X] 실험대상자들이 실험의 대상으로 자신들이 관찰되고 있다는 사실을 알게 되어 평소와는 다른 행동을 함으로써 발생하는 효과는 **호손효과**(Hawthorne effect)로 외적 타당성의 저해요인이다.
④ [X] 인과관계(원인은 결과에 선행+원인과 결과의 공동 변화+제3변수의 제거)는 내적 타당성과 연관된다. 정책(원인)과 정책효과(결과) 사이의 **인과관계를 정확히 파악할 수 있는 평가는 내적 타당성을 갖춘 평가이다.**

정답 ②

13

내용정리 거시조직이론

환경인식 분석수준	결정론	임의론
개별조직	- 상황적응론 (구조적 상황론)	- 전략적 선택이론 - 자원의존이론
조직군	- 조직군 생태학이론 - 조직경제학이론 : 주인-대리인이론, 거래비용경제학	- 공동체 생태학이론

① [X] 조직군생태론은 환경결정론적 시각으로 **개별 단위 조직(단일조직)이 아닌 조직군을 연구의 대상으로 삼는다.**
② [X] 거래비용이론은 자원의존이론이 아닌 **조직경제학의 접근방법**으로 조직 간 거래비용과 조직 내 거래비용을 비교해 조직설립의 당위성을 설명하고자 한다.
③ [O] 조직군 생태학이론은 환경결정론적 시각에서 여러 조직의 형태가 배태성과 제도적 동형화에 따라 유사한 경로를 채택한다고 본다. 이 경우 조직군의 변화는 환경의 맥락에 따른 계획적 변화 또는 우연적 변이 모두에 의해 일어날 수 있다고 보며 이후에 선택과 보존의 과정을 거친다고 본다.
④ [X] 대리인 이론에 따르면 거래 당사자 사이 **정보의 비대칭성**, 기회주의적 행동, **자산의 특정성** 등이 거래의 효율성을 제약하는 요인이다. 또한 주인-대리인의 관계는 조직 내에서도 발생할 수 있다.

정답 ③

14

2023 국가직 9급

내용정리 롬젝의 행정책임 유형

롬젝은 행정책임을 조직의 자율성과 관료조직 통제의 소재에 따라 4가지 유형으로 구분하였다.

		관료조직 통제의 소재	
		내부	외부
조직의 자율성	낮음	관료적 책임성	법률적 책임성
	높음	전문적 책임성	정치적 책임성

① [O] 계층적 책임은 내부적 통제로 조직의 자율성이 낮은 유형으로 조직 내 상명하복 원칙에 따라 통제된다.
② [X] 법률적 책임, 다시 말해 법적 책임은 **외부적 법률에 의해 이루어지는 책임**으로 조직 내부의 표준운영절차나 내부 규칙이 아닌 외부적 규칙에 의해 나타나는 책임이다.
③ [O] 전문가적 책임은 내부적 통제이자 조직 내 자율성이 높은 경우 나타나는 책임으로 전문직업적 규범이나 전문가 집단의 관행을 중시한다.
④ [O] 정치적 책임은 외부적 통제의 유형으로 민간 고객, 이익집단 등 외부 이해관계자의 기대에 부응하는가를 중시한다.

정답 ②

15

내용정리 톰슨의 기술 분류

유형	내용	상호 의존성	의사 전달 빈도	조정 방법	예
중개적 (mediate) 기술	서로 관련성이 없는 집합적 의존관계의 구성원을 연결하는 기술	집단적	낮음	규칙, 표준화	은행, 부동산 중개소
연계형 (long-linked) 기술	순차적, 연속적 의존관계에 있는 다양한 기술이 연계	순차적 (연속적)	중간	수직적 의사전달, 정기적 회의	대량생산 작업체계
집약형 (intensive) 기술	다양한 기술의 복합체로 다양한 기술이 구성원의 성격 등에 따라 다르게 배합되는 기술	교호적	높음	수평적 의사전달, 부정기적 회의	종합병원, 연구사업

① [X] 톰슨의 기술유형 중 정기적 회의를 조정기제로 삼는 것은 순차적 상호의존성이 나타나는 연계형 기술이다.
② [X] 기예적(craft) 기술은 장인적 기술로 과제의 다양성과 분석가능성이 낮은 작업경험과 같은 기술 때문에 대체로 유기적 구조와 부합한다.
③ [X] 톰슨의 기술 중 **집합적 상호의존성(pooled interdependence)을 가진 기술은 중개적 기술**로 서로 관련성이 없는 고객들을 연결하여 독자적으로 조직목표에 공헌한다. 이 경우 부서 간 상호의존성은 단순한 **집합적(pooled) 의존관계**로 표준화가 가능하고 갈등의 소지가 작다. 순차적 의존관계가 나타나는 기술은 연계형 기술이다.
④ [O] 페로의 기술 유형 중 일상적 기술은 다양성(예외의 수)이 낮고 분석 가능성이 높은 단순한 기술이다.

정답 ④

16

2024 지방직 9급

ㄱ. [O] 정책지지연합모형은 정책지지연합으로 구성된 정책하위체제에 초점을 두고 정책변화를 이해한다.
ㄴ. [O] 정책목표의 달성 또는 수정과 관련된 새로운 정보나 경험으로부터 나오는 지속적인 사고 또는 행태의 변화를 의미하는 정책지향학습은 정책을 진행하는 모든 과정에서 나타날 수 있으며, 옹호연합 내부뿐만 아니라 옹호연합 외부, 즉 옹호연합 사이에서도 발생한다.
ㄷ. [X] 정책지지연합의 신념체계는 변화의 용이성에 따라 '규범적 핵심(normative core)', '정책 핵심(policy core)', 부차적 측면(이차적 측면: secondary aspects)로 나눌 수 있다. 이 중 **행정규칙, 예산배분, 규정의 해석** 등에 대한 결정은 정책핵심을 집행하기 위하여 필요한 도구나 정보탐색과 관련된 규칙으로 **부차적 측면에 해당**하며 정책 신념체계 중 가장 변화가 용이하다.

규범적 핵심 (normative core)	모든 정책에 적용되는 근본가치 : (종교적 신념처럼) 변경가능성 희박
정책 핵심 (policy core)	규범적 핵심을 달성하기 위한 기본전략 : 심각한 상황시 변화 가능
부차적 측면 (이차적 측면: secondary aspects)	행정규칙, 예산배분, 규정해석 등과 같이 정책핵심을 집행하기 위해 필요한 도구나 정보 탐색과 관련된 규칙 : 쉽게 변화가능

ㄹ. [X] 신념체계 구조에서 **규범적 핵심 신념**은 관심 있는 특정 정책규범에만 적용되는 것이 아닌 **모든 정책에 적용되는 근본 가치**를 의미하며, 이는 근본적 신념이라서 다른 신념에 비해 **변화 가능성이 희박**하다.

정답 ①

17

2013 국가직 7급

내용정리 직관적 결과예측기법

브레인스토밍	다수 전문가의 창의적 의견이나 아이디어를 자유분방하게 창출·교환하여 문제해결방안을 개념화하려 는 집단자유토의기법
델파이 기법	독자적으로 형성된 전문가들의 판단을 종합·정리하는 미래예측기법(랜드연구소) → 일반델파이, 정책델파이
변증법적토론 (지명반론자 기법)	특정한 구성원이나 집단을 반론자로 지명하여 토론을 거쳐 반론과 옹호의 과정을 통한 합의 형성
명목집단기법	개인들이 해결방안에 대해 대안을 제시하고 제한된 집단적 토론을 통해 해결방안을 표결하는 기법
교차영향분석	한 사건의 발생 확률이 다른 사건에 종속적이라는 전제 하에 조건 확률을 이용하여 사건 간의 상호 관련성을 식별하여 판단

① [O] 델파이기법(delphi method)은 미국 랜드 연구소에서 만들어진 기법으로 문제해결의 아이디어를 제공하는 사람들이 서로 대면적인 접촉을 하지 않고 각각 독자적으로 형성한 판단들을 종합·정리하는 방법이다.
② [X] **브레인스토밍**(brain storming)은 다수 전문가의 창의적 의견이나 아이디어를 자유분방하게 창출·교환하여 문제해결방안을 개념화하려는 집단자유토의기법으로 참가자들이 될 수 있는 대로 많은 독창적 의견을 내도록 노력해야하며, 이미 제안된 여러 아이디어들을 종합하여 새로운 아이디어를 만들어내는 **편승기법(piggy backing)**의 사용을 적극 권장한다.

③ [O] 변증법적 토론(dialectical inquiry)은 특정한 구성원이나 집단을 반론자로 지명하여 토론을 거쳐 반론과 옹호의 과정을 통한 합의를 형성하는 기법으로 보통 두 집단으로 나누어 토론을 하기 때문에 특정 대안의 장점과 단점이 최대한 노출될 수 있다.
④ [O] 명목집단기법(nominal group method)은 개인들이 개별적인 해결방안을 구상하고 그에 대해 제한된 집단적 토론만 한 다음, 표결로 의사를 결정하는 방법이다.

정답 ②

18
2019 국가직 7급

내용정리 피터스의 거버넌스 모형

피터스(G. Peters)는 전통적 관료제의 대안으로 거버넌스 모형을 시장정부모형, 참여정부모형, 신축적 정부모형, 탈내부규제모형으로 구분하였다.

분류기준/유형	시장적 정부 모형	참여적 정부 모형	신축적 정부 모형	탈내부규제 정부모형
문제의식	정부독점	계층제	영속성	내부규제
구조개혁	분권화	평면조직	가상조직	-
관리개혁	성과급, 민간기법	총체적 품질관리(TQM), 팀제	가변적 인사관리, 임시조직	재량권 확대
정책결정 개혁	내부시장, 시장적 유인	협의, 협상	실험	기업형 정부
공익기준	저비용	참여, 협의	저비용, 조정	창의성, 활동주의

① [O] 참여모형은 전통적인 관료제의 계층제를 문제 삼으며 하급관료와 시민들의 참여를 중시하는 모형이다. 이는 탈계층적·수평적 조직이나 참여중심의 관리(TQM, 팀제 등)를 중시하며 조직의 고위층과 최하위층 간에 계층 수가 많지 않아야 한다고 주장한다.
② [X] 유연정부모형(신축적 정부모형)은 변화하는 정책수요에 맞춰 **탄력적으로 구성원들을 활용**하는 모형으로 조직구조, 인력관리, 예산관리 등에 탈항구성과 유연성, 융통성을 추구하므로 **조직과 업무에 대한 몰입을 높이기가 어렵다**.
③ [X] 정책결정에서 **기업가적 관료의 역할을 강조한 것은 탈규제모형**이다. 시장모형은 공공부문에 시장운영기법을 적용하는 것으로 정부는 경제적 가치와 규범을 중시하고 서비스 공급 역할을 맡으며, 국민은 공공서비스의 소비자 또는 고객으로 간주되며, 사회는 시장기제를 통해 국가를 직접 통제한다.
④ [X] 탈규제모형은 조직 내의 지나친 내부규제(통제)가 많은 문제점을 야기한다고 보면서, 조직 내 중하위 관리자에게 관리적 재량을 확대할 필요가 있다고 본다. 해당 선지는 정부 역할이 큰 경우 공익 구현이 어렵다는 내용으로 **탈규제모형과는 관련이 없는 내용**이다.

정답 ①

19
2013 지방직 7급

① [O] 의무경쟁입찰제도나 최고가치정책은 영국의 신공공관리론적 정부개혁 정책으로, 의무경쟁입찰제도는 2000년부터 최고가치정책으로 전환되었다. 의무경쟁입찰제도는 지방정부가 민간보다 저렴하게 공공재를 생산할 수 있어야 생산할 수 있도록 한 제도였으며, 최고가치정책은 저렴한 비용으로 제공하는 것보다 높은 품질을 유지해야 할 것을 강조하는 제도이다.

② [O] 사바스(E. S. Savas)의 분류에 따르면 계약, 허가, 보조금 등은 지방정부가 공급을 결정(provide)하고 민간부문이 생산(product)을 담당하는 공급유형에 속한다.

		공급·배열(provide, arranger)	
		정부	민간
생산 (product)	정부	직접 공급 정부간 협약	정부판매
	민간	민간계약(위탁) 면허(licence) 보조금	시장 바우처 자조활동(self-help) 자원봉사(voluntary service)

③ [O] 니스카넨(W. Niskanen)은 예산극대화모형을 통해 자신들의 소속부처 이익만을 극대화시키고자 하는 관료들의 행태 때문에 지방정부의 예산규모가 사회적으로 효율적인 수준보다 더 커질 수 있다고 보았다.
④ [X] 시민공동생산은 공공부문과 민간부문이 협력적 분업관계를 형성해 공공서비스를 생산하는 것으로 1970년대 발생한 정부실패를 극복할 수 있는 대안이 시민의 참여라고 보았다. 시민공동생산 논의는 정부에 의한 정규생산에 대한 대안으로 대두된 논의로, **시민과 지역주민을 정규적 생산영역 밖에서 활동하는 주체로 파악**한다.

정답 ④

20
2023 지방직 7급

① [O] 시장재(private goods)는 경합성과 배제성이 모두 나타나는 재화로 시장을 통한 효율적 배분이 가능하다. 하지만 시장재 중 사회적 약자를 위해 최소한의 사회적 보장이 필요한 가치재(merit goods)의 경우 소비자 보호, 서비스 안전 등의 공익을 목적으로 행정이 배분에 개입할 수 있다.
② [O] 공유재(common pool goods)는 경합성은 있지만 배제성은 없는 재화로 사회적 최적보다 과다하게 소비되는 부정적 외부효과와 더불어 비배제성으로 인한 무임승차로 인해 공급하기 위한 비용이 생산자에게 귀착되는 문제가 발생할 수 있다.
③ [X] 요금재(toll goods)는 경합성은 없지만 배제성은 나타나는 재화로 초기 생산에 성공한 기업에 의한 자연독점이 나타날 수 있다. 이 경우 정부는 이러한 문제를 해결하기 위해 직접 공급한다. **X의 비효율성은 정부가 독점적 지위를 갖는 경우 나타나는 비효율성으로 정부의 개입으로 인해 발생하는 부작용이기 때문에 정부가 재화를 공급하게 만드는 원인이 될 수 없다.**
④ [O] 집합재(collective goods)는 비경합성과 비배제성으로 인한 수익성 결여로 시장공급이 이루어지지 않으며 비배제성으로 인한 무임승차의 문제가 발생한다.

정답 ③

모의고사 제6회

01	②	02	③	03	①	04	③	05	②
06	③	07	③	08	②	09	④	10	④
11	④	12	②	13	④	14	④	15	④
16	②	17	②	18	③	19	③	20	③

01
2022 국가직 7급

ㄱ. [O] 단절적 시계열 설계는 동일한 정책대상집단(실험집단)에게 사전, 사후측정을 통해 시계열 자료를 비교, 정책효과를 추정하는 설계로 준실험방법에 해당한다.
ㄴ. [X] 내적 타당성을 위협하는 요인으로 **정책집행대상이 시간의 경과 때문에 발생하는 특성변화는 역사요인이 아닌 성숙효과이다.** 역사요인은 정책집행과정에서 발생하는 외부적 사건으로 인해 발생하는 내적 타당성 저해요인이다.
ㄷ. [O] 정책실험이 불가능한 경우 통계분석 기법 등을 통해 회귀분석이나 경로분석 등을 하는 것은 비실험적 정책평가설계이다.

정답 ②

02

내용정리 쓰레기통 모형의 특징

내용		조직화된 무정부상태(불확실하고 불합리하며 구성원의 응집성이 약하고 복잡한 혼란스러운 상황)에서 조직이 어떤 결정을 하는지 연구한 비합리모형
대표적 학자		코엔, 마치, 올젠
전제조건		불분명한 선호와 목표, 불명확한 인과모형, 일시적 참여자
의사결정의 4가지 요소	문제의 흐름	해결이 필요한 정책문제의 흐름
	해결책의 흐름	정책대안의 흐름
	참여자의 흐름	의사결정을 할 수 있는 지위에 있는 사람
	선택기회의 흐름	개인적으로는 의사결정의 순간, 집단적으로는 의사결정을 위한 회의
의사결정 방식		의사결정에 필요한 4가지 요소들이 상호연관성 없이 독자적으로 흘러 다니다가 우연히 동시에 한 곳에 모여지는 우연한 점화계기(극적·정치적 사건)가 있을 때 의사결정(날치기 통과, 진빼기 결정)

① [O] 시간의 흐름에 따라 환류되는 정보를 분석하여 잘못된 점이 있으면 수정·보완하는 방식은 사이버네틱스모형의 전형적인 특징이다.
② [O] 문제성 있는 선호(problematic preferences), 불명확한 기술(unclear technology), 일시적 참여자(part-time participants)를 전제조건으로 고려한 모형은 조직화된 무질서에서 의사결정이 이루어지는 과정을 설명한 쓰레기통 모형이다.
③ [X] 최적모형은 합리모형의 양적인 방식을 기초로 정책결정자의 직관적 판단에 근거한 질적 기법을 도입한 모형으로 **합리모형의 양적 분석과 더불어 초합리성에 근거한 질적 요소의 조화를 강조하는 모형**이다.
④ [O] 점증모형은 목표가 새롭게 주어지지 않으며, 정치적 합리성을 위해 기존 수단에 약간 변형을 가해 정책을 결정하는 모형으로 목표와 수단을 구분하여 분석하지 않는다.

정답 ③

03
2024 지방직 9급

내용정리 리더와 구성원 간 관계 이론의 발전

리더-구성원 교환 이론(Leader Member Exchange Theory: LMX)은 리더가 조직 내에서 여러 구성원들을 동일하게 다루지 않는다고 보며 구성원들의 업무와 관련된 태도와 행동들은 리더가 그들을 다루는 방식에 달려있다고 본다. 이 이론에 따르면 리더는 조직 내 내집단과 외집단을 구분해 내집단 팀의 구성원들과 강한 신뢰감, 감정, 존중이 전제된 관계를 형성해 조직의 성과를 높인다.

ㄱ. [O] 리더-구성원 교환이론에서는 조직 내 구성원을 리더와의 교환관계 질에 따라 내집단과 외집단으로 구분하며, 리더와의 교환관계가 더 긴밀한 내집단 성원이 조직 충성적인 행동을 한다고 본다. 따라서 조직 내 내집단에 속한 구성원이 많을수록 집단의 성과가 높아진다.
ㄴ. [O] 리더와 구성원이 파트너십으로 발전하는 과정은 '리더십 만들기(Leadership-Making)' 단계이다.

수직적 양자관계 (Vertical Dyad Linkage)	직무수행과정에서 리더와 구성원 사이 만들어지는 수직적 관계에 입각한 단계
리더-부하교환 관계 (Leader-Member Exchange)	조직의 결과물을 위한 차별화 과정이 진행되는 단계
리더십 만들기 (Leadership-Making)	리더와 구성원의 관계가 파트너십 단계로 발전하는 과정이 진행되는 단계
팀을 만드는 역량 네트워크 (Team-Making Competence Network)	리더십을 공유해 팀을 만드는 역량강화단계

ㄷ. [X] 리더는 구성원을 내집단과 외집단으로 구분해 **차별적으로 대우**한다.
ㄹ. [X] 리더와 구성원의 상호관계는 기본적으로 교환관계로 높은 수준의 도덕적 정당성에 기반을 둔 상호관계가 아니다.

정답 ①

04
2015 국가직 7급

① [O] 킹던의 정책창 모형은 정책 결정보다는 주로 정책의제설정 과정 흐름에 초점을 둔 모형이다.
② [O] 킹던 모형의 3가지 흐름 중 정치적 흐름은 국가적 분위기 전환, 선거에 따른 행정부나 의회의 인적 교체, 이익집단들의 로비활동과 압력행사 등과 같은 요소들로 구성된다. 킹던은 정치적 흐름을 가장 중요하고 마지막에 열리는 흐름으로 본다.
③ [X] **정책창 모형**은 문제, 정책, 정치의 **3가지 흐름**이 상호의존적 경로를 따라 진행되는 것이 아니라 **아무 연관성이 없이 독자적으로 흘러다니다가 우연히 만나서 의사결정이 이루어진다**는 이론이다. 이들 3가지의 흐름은 다른 맥락에서 흘러다니다가 어떤 기회로 한꺼번에 만나게 되는 경우 인지된 문제에 대한 정책적 해결이 이루어질 수 있다는 것이 이론의 핵심이다.
④ [O] 킹던 모형의 3가지 흐름 중 정책의 흐름은 문제를 검토하여 해결방안들을 제안하는 전문가들과 분석가들로 구성되며, 여기서 여러 가능성들이 탐색되고 그 범위가 좁혀질 수 있다.

정답 ③

05

고위공무원단은 직무의 곤란도와 책임도가 높은 직위에 임용되어 재직 중이거나 파견·휴직 등으로 인사관리 중인 국가직 공무원의 인력풀이다.

① [O] 「정부조직법」 제2조에 따른 중앙행정기관의 실장·국장 및 이에 상당하는 보좌기관은 「국가공무원법」상 고위공무원에 해당한다.

② [X] 지방자치단체 및 지방교육행정기관의 지방공무원 중 국장급 직위에 상당하는 직위는 고위공무원단이 아니다. 고위공무원단은 지방자치단체에 파견 근무하는 국가공무원 중 국장급 직위이다. **지방공무원에는 고위공무원단 제도가 없다.**

③ [O] 감사원을 제외한 행정부 각급 기관의 직위 중 제1호의 직위(중앙행정기관의 실장·국장 및 이에 상당하는 보좌기관)에 상당하는 직위는 「국가공무원법」상 고위공무원에 해당한다.

④ [O] 감사원 사무차장, 감사교육원장, 감사연구원장은 「감사원법」에 따른 고위감사공무원단이다. 감사원의 경우 고위공무원단과 별도의 감사고위공무원단을 운영한다.

「국가공무원법」 제2조의2(고위공무원단)
② 제1항의 "고위공무원단"이란 직무의 곤란성과 책임도가 높은 다음 각 호의 직위(이하 "고위공무원단 직위"라 한다)에 임용되어 재직 중이거나 파견·휴직 등으로 인사관리되고 있는 일반직공무원, 별정직공무원 및 특정직공무원(특정직공무원은 다른 법률에서 고위공무원단에 속하는 공무원으로 임용할 수 있도록 규정하고 있는 경우만 해당한다)의 군(群)을 말한다.
 1. 「정부조직법」 제2조에 따른 중앙행정기관의 실장·국장 및 이에 상당하는 보좌기관
 2. 행정부 각급 기관(감사원은 제외한다)의 직위 중 제1호의 직위에 상당하는 직위
 3. 「지방자치법」 제123조 제2항·제125조 제5항 및 「지방교육자치에 관한 법률」 제33조 제2항에 따라 국가공무원으로 보하는 지방자치단체 및 지방교육행정기관의 직위 중 제1호의 직위에 상당하는 직위

「감사원법」 제17조의2(고위감사공무원단의 구성·운영)
② "고위감사공무원단"이란 다음 각 호의 군(群)을 말한다.
 1. 직무의 곤란성과 책임도가 높은 감사원 사무차장·감사교육원장·감사연구원장·실장·국장
 2. 제1호에 상당하는 보좌기관
 3. 감사규칙으로 고위감사공무원단에 속하는 공무원으로 임명하도록 정한 직위에 임용되어 재직 중이거나 파견·휴직 등으로 인사관리되고 있는 일반직공무원·별정직공무원

정답 ②

06

내용정리 위원회

개념	복수의 구성원으로 구성되는 합의제 행정기관		
특징	· 수평화된 유기적·탈관료제적 조직 · 다수의 공직 내·외 전문가들에 의한 결정		
유형 (3원설)	자문위원회		· 자문 목적의 막료적 기관, 공식적 행정관청 아님 · 결정의 법적 구속력 X
	행정 위원회	의결 위원회	자문위원회와 행정위원회의 중간조직: 의결권 O, 집행권 X ex) 공직자 윤리위원회
		행정 위원회	행정관청: 의결권 O, 집행권 O

① [X] 합동평가란 지방자치단체에 대한 국가의 위임사무에 대한 평가로서 행정안전부장관과 사무를 위임한 관계 중앙행정기관장이 합동으로 평가하는 것이다. 이때 지방자치단체 합동평가위원회의 위원장은 민간위원 중에서 행정안전부장관이 지명한다(「정부업무평가 기본법 시행령」 제18조).

③ [X] 정부업무평가위원회는 위원장 2인을 포함한 15인 이내의 위원으로 구성한다(「정부업무평가 기본법」 제10조).

② [O] 규제개혁위원회는 정부의 규제정책을 심의·조정하고 규제의 심사·정비 등에 관한 사항을 종합적으로 추진하기 위하여 대통령 소속으로 설치된 위원회로 위원장 2명을 포함한 20명 이상 25명 이하의 위원으로 구성되어 있다(「행정규제기본법」 제25조).

④ [X] 정부의 규제정책을 심의·조정하고 규제의 심사·정비 등에 관한 사항을 종합적으로 추진하기 위한 규제개혁위원회는 국무총리 소속이 아니라 대통령 소속으로 설치되어 있다(「행정규제기본법」 제23조).

정답 ③

07

내용정리 앨리슨 모형

앨리슨모형은 쿠바 미사일 사건을 연구하여 일반화시킨 모형으로 집단의 특성에 따라 의사결정모형이 달라져야 한다고 주장하며 합리적 행위자모형(모형Ⅰ), 조직과정모형(모형Ⅱ), 관료정치모형(모형Ⅲ)을 제시하였다.

		합리적 행위자 모형(모형Ⅰ)	조직과정모형 (모형Ⅱ)	관료정치모형 (모형Ⅲ)
의의		앨리슨이 쿠바 미사일사건을 연구하여 일반화시킨 모형으로 집단의 특성에 따라 의사결정모형이 달라져야 함을 강조하며 상호배타적인 3가지 모형을 제시		
유형		합리적 행위자 모형(모형Ⅰ)	조직과정모형 (모형Ⅱ)	관료정치모형 (모형Ⅲ)
특징	조직관	유기체적 조직	느슨한 연합체	독립적 개인의 집합체
	권력	최고지도자(집권)	하부조직 분산 소유	개인 행위자들의 정치적 자원
	목표	전체 조직의 전략적 목표	전체 목표+하부조직 목표	전체 목표+하부조직 목표+개인 목표
	갈등	갈등 없음	하부조직 간 갈등의 준해결	개인간 갈등의 정치적 해결
	응집성	강함	중간	약함
	일관성	강함	중간	약함
	정책결정	최고 지도자의 명령·지시	SOP	정치적 협상·타협
	적용	전체 계층	하위 계층	상위 계층
	합리성	완전한 합리성	제한적 합리성	정치적 합리성
	전제모형	합리모형	회사모형	쓰레기통 모형

제시문에서 대표자들은 여러 대안에 대하여 갈등과 타협의 과정을 통해 각자가 선호하는 대안을 제시하고 결정을 내리는 상황을 설명하고 있으며 이는 관료정치모형(모형Ⅲ)에 해당한다.

① [X] 조직의 하위계층에 적용가능성이 높은 모형은 앨리슨 모형Ⅱ에 해당하는 조직과정 모형이다.

② [X] 정책산출물은 주로 관행과 표준적 절차에 따라 만들어진다고 보는 것은 모형Ⅱ, 조직과정 모형이다.

③ [O] 여러 다양한 문제에 관심을 갖는 다수의 행위자를 상정하며 이들의 목표는 일관되지 않는다고 보는 모형은 정책은 정치적 경쟁, 협상, 타협의 산물이라고 보는 모형은 앨리슨 모형Ⅲ인 관료정치 모형의 특징이다.

④ [X] 국가전체의 이익과 국가목표 추구를 위해서 개인의 이익을 고려하지 않는다고 보며 국가가 단일적인 결정자임을 강조하는

모형은 의사결정자가 완벽한 정보를 가지고 주어진 목표의 극대화를 추구하는 합리적 존재라고 보는 모형은 **모형1인 합리적 행위자모형**이다.

정답 ③

08

2017상 국가직 7급

내용정리 정책학습

정책학습은 정책과정에서 더 나은 정책 결정을 위한 방법을 축적하기 위한 것으로 학습하기 위한 것으로 학습이 일어나는 수준에 따라 수단적 학습, 사회적 학습 및 정치적 학습으로 구분하기도 하고(Birkland), 학습의 원천과 동기가 현존하는 정책과정 내에 있느냐 밖에 있느냐에 따라 내생적 학습과 외생적 학습으로 나누기도 한다(Howlett & Ramesh).

버크랜드	수단적 학습	① 집행수단이나 관리기법에 대한 학습 ② 정책개입이나 집행설계의 실행가능성
	사회적 학습	① 정책 또는 사회적 구성에 대한 학습 ② 정책문제에 내재하는 인과이론에 대한 이해도 증진 ③ 프로그램 관리의 조정수준부터 정책의 목적들과 정부행동들의 성격과 적합성까지 포함
	정치적 학습	정치적 변화에 대한 찬성 또는 반대하기 위한 전략 학습
하울렛 & 라메쉬	내생적 학습	정책목적과 기법들의 변경
	외생적 학습	외부적인 정책환경 변화에 따라 정부 대응 변경

① [O] 버크랜드가 제안한 '사회적 학습'은 정책이나 프로그램의 사회적 구성에 대한 학습으로 하울렛과 라메쉬의 '외생적 학습'과 비슷한 의미로 이해할 수 있다.
② [X] **정책 문제의 정의 또는 정책목적 자체에 대한 의문제기**는 하울렛과 라메쉬(Howlett & Ramesh)의 구분에 따르면 학습의 원천이 정책과정의 외부에 있는 '**외생적 학습**'에 해당한다.
③ [O] 로즈(Rose)의 '교훈얻기(도출) 학습'은 일종의 '정책이전'으로 다른 지역의 효과적인 프로그램을 조사·연구하여 창도자의 관할지역에 모방·도입할 경우 어떠한 결과가 나올지 미리 평가하는 것이다.
④ [O] 정책학습의 주체는 정책집행의 대상이 되는 개인이나 조직일 수도 있고 정책을 결정하거나 집행하는 개인, 조직 또는 정책창도연합체(=정책지지연합체)(advocacy coalition)일 수도 있다.

정답 ②

09

내용정리 전통적 델파이와 정책 델파이의 비교

	전통적 델파이	정책델파이
적용	일반문제에 대한 예측	정책문제에 대한 예측
응답자	동일 영역의 일반전문가	전문가 및 이해관계자
익명성	철저한 익명성 보장	선택적 익명성 보장
토론	공개토론 없음, 서면으로 의견 교환	공개토론 가능
응답처리	의견의 대푯값이나 평균값 중시	의견 대립을 통한 갈등 조성
합의	합의(근접된 의견) 도출	구조화된 갈등 유도

① [O] 정책델파이는 다양한 이해관계자나 창도자(주창자)가 참여하므로 주관적인 가치나 이해관계가 개입될 수 있다.
② [O] 정책델파이는 창의적 문제해결을 위해 정반대의 입장에 있는 관계자들의 대립되는 의견을 표출해 의견 대립을 통한 구조화된 갈등을 유도한다.
③ [O] 전통적 델파이에 비해 정책델파이는 전문가뿐만 아니라 다양한 이해관계자들의 참여를 유도해 이해관계와 식견을 중심으로 선발된 사람들의 의견을 수합한다.
④ [X] 정책 델파이는 정책대안들에 대한 주장이 표면화된 이후에는 **참가자들로 하여금 공개적으로 토론**을 유도한다.

정답 ④

10

내용정리 신공공관리론

신공공관리론과 뉴거버넌스는 다음과 같은 공통점과 차이점을 지닌다.

	신공공관리론	뉴거버넌스론
공통점	정부역할 축소, 방향잡기 강조, 결과물(산출)에 대한 통제, 행정과 민간 구분의 상대성(민관협력), 정부실패 대응 강조	
인식론적 기초	신자유주의	공동체주의·참여주의
공급주체	시장주의	공동생산
관리가치	결과(효율성, 생산성)	과정(민주성, 대응성, 정치성, 신뢰)
관료역할	공공기업가	조정자
작동원리	갈등과 경쟁(시장메커니즘)	신뢰와 협력(참여메커니즘)
분석수준	조직내부	조직 간
정치성	탈정치화	재정치화

① [X] 신공공관리의 인식론적 기초는 **신자유주의**이다. 공동체주의는 뉴거버넌스의 인식론적 기초이다.
② [X] **신공공관리론에서는 부문 간 경쟁**에, 뉴거버넌스론에서는 부문 간 협력에 역점을 둔다.
③ [X] 신공공관리론은 수익자부담원칙 강화, 경쟁원리 강화, 민영화 확대 등을 강조하지만 **규제정책에 있어서는 정부의 개입을 줄이기 위해 규제 약화 등을 강조**한다.
④ [O] 신공공관리론은 변화하는 사회에 대한 능동적 대처를 강조하며 정책과 집행의 분리, 책임운영기관의 운영 등으로 대표되는 조직의 구조적 분화를 강조하며 분권화된 조직을 강조한다.

정답 ④

11

내용정리 지방자치 제도별 연령

	개정 전	개정 후
지방선거 투표권	만 19세	만 18세로 개정
조례개폐 청구권	만 19세	
주민감사청구권	만 19세	
주민소송	만 19세	
주민투표	만 19세	
주민소환	만 19세	아직 개정 안 됨.

① [O] 주민투표는 주민에게 과도한 부담을 주거나 중대한 영향을 미치는 지방자치단체의 주요 결정사항으로서, 그 지방자치단체의 조례로 정하는 사항을 주민이 직접 결정하는 제도이다. 주민투표가 가능한 주민의 연령은 18세 이상이다(「주민투표법」 제5조).

② [O] 선거법의 개정으로 외국인을 포함해 18세 이상의 주민은 법령으로 정하는 바에 따라 그 지방자치단체에서 실시하는 지방의회의원과 지방자치단체의 장의 선거에 참여할 권리를 가진다(「공직선거법」 제15조).

③ [O] 주민발의제도의 일종인 주민조례개폐청구제도는 19세 이상의 주민이 지방의회에 직접 청구하는 것이 아니라 자치단체장에게 청구를 요청해야 하는 제도였다. 하지만 2021년 지방자치법 전면 개정으로 22년부터는 18세 이상의 주민이 직접 지방의회에 청구할 수 있게 되었다(「주민조례발안에 관한 법률」 제2조).

④ [X] 주민은 주민소환제도를 통해 그 지방자치단체의 장 및 지방의회의원을 소환할 수 있다. 단, 비례대표의원은 제외되며 선출직 교육감 역시 소환의 대상이 된다. 24년 8월 현재 주민소환이 가능한 주민의 연령은 19세 이상 (「주민소환에 관한 법률」 제3조)이지만 개정될 가능성이 있다.

정답 ④

12
2024 국가직 9급

① [O] 공직자 자신 또는 그 가족은 사적이해관계자에 해당한다.

② [X] 공직자의 직무수행과 관련하여 이익 또는 불이익을 직접적으로 받는 다른 공직자는 '공직자 자신'에 포함되기 때문에 따로 규정할 필요가 없다. 선지의 내용은 「이해충돌방지법」상 '사적이해관계자'가 아니라 '직무관련자'의 개념 중 하나에 대한 설명이다.

③ [O] 공직자로 채용·임용되기 전 2년 이내에 공직자 자신이 재직하였던 법인 또는 단체는 사적이해관계자에 해당한다.

④ [O] 공직자 자신 또는 그 가족이 임원·대표자·관리자 또는 사외 이사로 재직하고 있는 법인 또는 단체는 사적이해관계자에 해당한다.

> 「공직자의 이해충돌 방지법」 제2조(정의)
> 5. "직무관련자"란 공직자가 법령(조례·규칙을 포함한다. 이하 같다)·기준(제1호라목부터 바목까지의 공공기관의 규정·사규 및 기준 등을 포함한다. 이하 같다)에 따라 수행하는 직무와 관련되는 자로서 다음 각 목의 어느 하나에 해당하는 개인·법인·단체 및 공직자를 말한다.
>   가. 공직자의 직무수행과 관련하여 일정한 행위나 조치를 요구하는 개인이나 법인 또는 단체
>   나. 공직자의 직무수행과 관련하여 이익 또는 불이익을 직접적으로 받는 개인이나 법인 또는 단체
>   다. 공직자가 소속된 공공기관과 계약을 체결하거나 체결하려는 것이 명백한 개인이나 법인 또는 단체
>   라. 공직자의 직무수행과 관련하여 이익 또는 불이익을 직접적으로 받는 다른 공직자. 다만, 공공기관이 이익 또는 불이익을 직접적으로 받는 경우에는 그 공공기관에 소속되어 해당 이익 또는 불이익과 관련된 업무를 담당하는 공직자를 말한다.
> 6. "사적이해관계자"란 다음 각 목의 어느 하나에 해당하는 자를 말한다.
>   가. 공직자 자신 또는 그 가족(「민법」 제779조에 따른 가족을 말한다. 이하 같다)
>   나. 공직자 자신 또는 그 가족이 임원·대표자·관리자 또는 사외이사로 재직하고 있는 법인 또는 단체
>   다. 공직자 자신이나 그 가족이 대리하거나 고문·자문 등을 제공하는 개인이나 법인 또는 단체
>   라. 공직자로 채용·임용되기 전 2년 이내에 공직자 자신이 재직하였던 법인 또는 단체
>   마. 공직자로 채용·임용되기 전 2년 이내에 공직자 자신이 대리하거나 고문·자문 등을 제공하였던 개인이나 법인 또는 단체
>   바. 공직자 자신 또는 그 가족이 대통령령으로 정하는 일정 비율 이상의 주식·지분 또는 자본금 등을 소유하고 있는 법인 또는 단체
>   사. 최근 2년 이내에 퇴직한 공직자로서 퇴직일 전 2년 이내에 제5조제1항 각 호의 어느 하나에 해당하는 직무를 수행하는 공직자와 국회규칙, 대법원규칙, 헌법재판소규칙, 중앙선거관리위원회규칙 또는 대통령령으로 정하는 범위의 부서에서 같이 근무하였던 사람
>   아. 그 밖에 공직자의 사적 이해관계와 관련되는 자로서 국회규칙, 대법원규칙, 헌법재판소규칙, 중앙선거관리위원회규칙 또는 대통령령으로 정하는 자

정답 ②

13

내용정리 결산절차

개념	당해 회계연도의 정부 세입과 세출 결과를 확정적 수치로 표현		
주체	· 감사원: 결산안 작성 및 심사 · 국회: 결산안 최종 승인		
특징	정보제공과 재정민주주의의 구현, 견제와 균형, 과정, 결과, 환류의 의미, 정치적 책임		
절차	2월 10일	출납 기한	세입세출의 출납사무 완결
	2월 말	중앙관서결산보고서 제출	중앙관서의 장 → 기획재정부장관
	4월 10일	국가결산보고서 제출	기획재정부장관 → 감사원
	5월 20일	결산검사 및 송부	감사원 결산검사 → 기획재정부 송부
	5월 말	국가결산보고서 제출	정부 → 국회
	정기회 전까지 (8월 말)	예비심사	소관 상임위원회 예비심사
		전문심사	예산결산특별위원회 전문심사
		본회의 의결	본회의에서 최종 결산 승인(국회 심의·의결로 확정)
		시정요구	최종 결산 후 시정 요구

① [O] 결산보고서에는 세입세출결산보고서, 성인지 결산서, 계속비결산 보고서, 통합재정수지보고서 등이 포함된다(「국가회계법」 제14조, 제15조의2).

② [O] 각 중앙관서의 장은 매 회계연도마다 소관 결산보고서를 작성하여 다음 연도 2월 말일까지 기획재정부장관에게 제출하여야 한다(「국가재정법」 제58조).

③ [O] 기획재정부장관은 회계연도마다 작성하여 대통령의 승인을 받은 국가결산보고서를 다음 연도 4월 10일까지 감사원에 제출하여야 한다(「국가재정법」 제59조).

④ [X] 감사원은 제출된 국가결산보고서를 검사하여 다음 연도 5월 20일까지 기획재정부장관에게 송부하여야 한다(「국가재정법」 제60조).

정답 ④

14
2018 국가직 7급

① [O] 민원이란 민원인이 행정기관에 대하여 처분 등 특정행위를 요구하는 등의 경계를 넘나드는 교호작용으로 주로 인·허가 등의 규제, 보조금 지원 등의 급부에서 많이 제기된다.

② [O] 사생활 관련 민원은 처리하지 않으며, 처리하지 않는 사유를 민원인에게 통지한다.

「민원처리법」제21조(민원처리의 예외) 행정기관의 장은 접수된 민원(법정민원은 제외한다. 이하 이 조에서 같다)이 다음 각 호의 어느 하나에 해당하는 경우에는 그 민원을 처리하지 아니할 수 있다. 이 경우 그 사유를 해당 민원인에게 통지하여야 한다.
1. 고도의 정치적 판단을 요하거나 국가기밀 또는 공무상 비밀에 관한 사항
2. 수사, 재판 및 형집행에 관한 사항 또는 감사원의 감사가 착수된 사항
3. 행정심판, 행정소송, 헌법재판소의 심판, 감사원의 심사청구, 그 밖에 다른 법률에 따라 불복구제절차가 진행 중인 사항
4. 법령에 따라 화해·알선·조정·중재 등 당사자 간의 이해 조정을 목적으로 행하는 절차가 진행 중인 사항
5. 판결·결정·재결·화해·조정·중재 등에 따라 확정된 권리관계에 관한 사항
6. 감사원이 감사위원회의의 결정을 거쳐 행하는 사항
7. 각급 선거관리위원회의 의결을 거쳐 행하는 사항
8. 사인 간의 권리관계 또는 개인의 사생활에 관한 사항
9. 행정기관의 소속 직원에 대한 인사행정상의 행위에 관한 사항

③ [O] 고충민원의 처리를 통해 행정구제수단의 역할을 할 수 있다.
④ [X] 행정기관은 원칙적으로 민원인에서 제외되지만, **행정기관이 사경제의 주체로서 민원을 제기하는 경우는 가능**하다.

「민원처리법」제2조(정의)
2. "민원인"이란 행정기관에 민원을 제기하는 개인·법인 또는 단체를 말한다. 다만, 행정기관(사경제의 주체로서 제기하는 경우는 제외한다), 행정기관과 사법(私法)상 계약관계(민원과 직접 관련된 계약관계만 해당한다)에 있는 자, 성명·주소 등이 불명확한 자 등 대통령령으로 정하는 자는 제외한다.

정답 ④

15

내용정리 주민감사청구

개념	지방자치단체와 장의 권한에 속하는 사무처리가 법령에 위반되거나 공익을 현저하게 해친다고 인정될 경우 상급자치단체장이나 중앙행정기관장에게 감사 청구
절차	18세 이상 주민은 지방자치단체의 조례로 정하는 18세 이상의 주민 수 이상의 연서로 시·도(광역단체)는 주무부장관에게, 시·군 및 자치구는 시·도지사에게 청구, 사무처리가 있었던 날로부터 3년 이내 ⇒ 수리한 날부터 60일 이내 감사 종료

범위	시·도	300명
	인구 50만 이상 대도시	200명
	시·군 및 자치구	150명

제외	· 수사 또는 재판에 관여하게 되는 사항 · 개인의 사생활을 침해할 우려가 있는 사항 · 다른 기관에서 감사하였거나 감사 중인 사항

① [X] 주민의 감사청구는 사무처리가 있었던 날이나 끝난 날부터 2년이 지나면 제기할 수 없었지만 2022년 「지방자치법」 개정 이후 사무처리가 있었던 날이나 끝난 날부터 **3년**이 지나면 제기할 수 없도록 개정되었다(「지방자치법」제21조 3항).
② [X] 원칙적으로 다른 기관에서 감사하였거나 감사 중인 사항은 감사청구의 대상에서 제외된다. 하지만 다른 기관에서 감사한 사항이라도 새로운 사항이 발견되거나 중요 사항이 감사에서 누락된 경우와 주민소송의 대상이 되는 경우에는 감사 청구의 대상이 될 수 있다(「지방자치법」제21조 2항).
③ [X] 주무부장관이나 시·도지사는 감사청구를 수리한 날부터 **60일** 이내에 감사 청구된 사항에 대하여 감사를 끝내야 한다(「지방자치법」제21조 9항).
④ [O] 2022년 1월 13일부터 「지방자치법」의 개정으로 지방자치단체의 18세 이상의 주민은 시·도는 300명, 제198조에 따른 인구 50만 이상 대도시는 200명, 그 밖의 시·군 및 자치구는 150명을 넘지 아니하는 범위에서 그 지방자치단체의 조례로 정하는 수 이상의 18세 이상의 주민이 연대 서명하여 감사를 청구할 수 있다(「지방자치법」제21조 1항).

정답 ④

16

2017상 국가직 7급

잉그람과 슈나이더(Ingram & Schneider)의 '정책대상집단의 사회적 구성(Social Construction of Target Population)'모형은 정책대상집단의 유형을 사회적 형상과 정치적 권력의 정도로 구분하고 있다.

① [X] 사회문제를 설명할 때 이미지, 고정관념, 사람·사건에 대한 인식이나 가치부여 등에 관한 해석을 토대로 모형을 전개하였다.
② [O] 잉그람과 슈나이더는 사회적 현상과 정치적 권력이라는 변수를 결합하여 제시한 '정책대상집단의 사회적 구성(Social Construction of Target Population)'모형에서 특정 정책대상집단은 둘 이상의 유형으로 구성될 수 있으며, 그 사회적 구성이 시간에 따라 변화할 수 있다고 전제하였다.
③ [X] 잉그람과 슈나이더는 정책설계 및 집행의 맥락을 이해하기 위해 **사회적·정치적 상황을 객관적 분석으로 단순화하는 방법론을 지양**하고 맥락을 이해하기 위한 연구를 진행하셨다.
④ [X] **정책설계는 기술적인 과정이 아닌 정치적인(political) 과정**이므로 어느 집단의 이익을 더 많이 반영할 것인가에 대한 논쟁이 자주 발생할 수 있다.

정답 ②

17

2023 지방직 7급

ㄱ. [O] 퀸(Quinn)은 경쟁가치모형을 활용해 '내부지향 – 외부지향'과 '유연성 – 통제(안정성)'라는 두 가지 차원에서 합리적 목표모형의 합리문화, 내부과정모형의 위계문화, 개방체제모형의 혁신문화, 인간관계모형의 집단문화, 이렇게 4가지 조직문화 유형을 도출하였다.
ㄴ. [X] 권력거리는 조직 내 권력 배분도를 보여주는 지표로 홉스테드(Hofstede)는 '권력거리'의 크기가 큰 문화에서는 권력자의 권위적 권력배분을 쉽게 수용한다고 봤으며, 권력거리 크기가 작은 문화에서는 평등한 관계를 중시하기 때문에 조직 내 의사소통이 활발하고 분권된 경우가 많다고 본다.
ㄷ. [O] 레빈(Lewin)은 조직 변화의 모형을 첫째, 현재 상태에 대한 해빙(unfreezing), 둘째, 원하는 상태로의 변화(moving), 셋째, 새로운 변화가 지속될 수 있도록 재동결(refreezing), 이렇게 세 가지 단계로 제시하였다.

현재 상황의 해동 (unfreezing)	조직변화의 필요성을 인식하고 변화 대상이 되는 조직인의 태도와 감정을 완화시키는 단계
새로운 상황으로의 이동(movement)	변화를 위한 순종과 동일화·내면화 등의 진행
변화된 상황의 재동결 (refreezing)	조직변화를 통해 새롭게 획득한 지식이나 태도, 행동이 조직에 체화되는 단계

정답 ②

18

내용정리		소청심사제도와 고충심사제도
소청 심사	개념	공무원이 징계처분, 그 밖에 그 의사에 반하는 불리한 처분이나 부작위에 대하여 이의를 제기하는 경우 이를 심사·결정하는 특별행정심판제도
	운영	인사혁신처에 소청심사위원회를 설치·운영
	효력	원징계보다 무거운 징계 결정 불가, 처분행정청을 기속
고충 심사	개념	소청제도와 함께 공무원의 권리와 신분 보장을 높이는 제도
	운영	• 6급 이하: 각 부처의 보통고충심사위, 5급 이상: 중앙고충심사위(소청심사위관장) • 고충심사위원회의 결정은 법적 구속력 없음

① [X] 고충처리제도와 소청심사제도 모두 공무원의 권리와 신분보장을 높이기 위한 제도로 「국가공무원법」에 그 근거를 두고 있다. 「부패방지 및 국민권익위원회의 설치 및 운영에 관한 법률」에서 시민의 고충민원을 처리하기 위한 시민고충처리위원회와 구분하여야 한다.

② [X] 소청심사위원회의 결정은 처분청에 대한 법적 기속력이 있지만, 고충심사위원회의 결정은 처분청에 대한 법적 기속력이 없다. 따라서 **소청심사위원회의 결정은 권고가 아닌 강제적 효력을 지닌다.**

「국가공무원법」
제15조(결정의 효력) 제14조에 따른 소청심사위원회의 결정은 처분 행정청을 기속(羈束)한다.
제76조의2(고충 처리)
⑦ 중앙인사관장기관의 장, 임용권자 또는 임용제청권자는 심사 결과 필요하다고 인정되면 처분청이나 관계 기관의 장에게 그 시정을 요청할 수 있으며, 요청받은 처분청이나 관계기관의 장은 특별한 사유가 없으면 이를 이행하고, 그 처리 결과를 알려야 한다. 다만, 부득이한 사유로 이행하지 못하면 그 사유를 알려야 한다.

③ [O] 5급 이상 공무원 및 고위공무원단에 속하는 일반직공무원의 고충을 처리하는 기관은 **중앙고충심사위원회로 그 기능을 인사혁신처의 소청심사위원회가 관장**한다.

「국가공무원법」
제76조의2(고충 처리)
④ 공무원의 고충을 심사하기 위하여 중앙인사관장기관(행정부는 인사혁신처장)에 중앙고충심사위원회를, 임용권자 또는 임용제청권자 단위로 보통고충심사위원회를 두되, 중앙고충심사위원회의 기능은 소청심사위원회에서 관장한다.
⑤ 중앙고충심사위원회는 보통고충심사위원회의 심사를 거친 재심청구와 5급 이상 공무원 및 고위공무원단에 속하는 일반직공무원의 고충을, 보통고충심사위원회는 소속 6급 이하의 공무원의 고충을 각각 심사한다.

④ [X] 소청심사제도는 공무원이 징계처분, 그 밖에 그 의사에 반하는 불리한 처분이나 부작위에 대하여 이의를 제기하는 경우 이를 심사·결정하는 특별행정심판제도이지만, **승진임용탈락, 근무성적평정에 대한 이의제기는 대상으로 하지 않는다.**

정답 ③

19
2022 국가직 7급

우리나라는 2013년 예산안부터 재정지출 사업을 의무지출과 재량지출로 구분하여 국회에 제출하고 있다. 의무지출은 법령이나 국제법규에 따라 지출되는 법정 지출과 이자지출로 구분되며, 재량지출은 재정지출에서 의무지출을 제외한 지출을 말한다.

ㄱ. [O] 지방교부세는 의무지출에 해당한다.
ㄴ. [O] 유엔 평화유지활동 예산 분담금은 의무지출에 해당한다.
ㄷ. [X] **정부부처 운영비**는 재량지출에 해당한다.
ㄹ. [O] 지방교육재정교부금은 지방교부세와 마찬가지로 지방교부금에 해당하는 의무지출에 포함된다.
ㅁ. [O] 국채에 대한 이자지출은 의무지출에 해당한다.

「국가재정법 시행령」제2조(국가재정운용계획의 수립 등)
③ 법 제7조제2항제4호의2에 따른 의무지출의 범위는 다음 각 호와 같다.
1. 「지방교부세법」에 따른 지방교부세, 「지방교육재정교부금법」에 따른 지방교육재정교부금 등 법률에 따라 지출의무가 정하여지고 법령에 따라 지출규모가 결정되는 지출
2. 외국 또는 국제기구와 체결한 국제조약 또는 일반적으로 승인된 국제법규에 따라 발생되는 지출
3. 국채 및 차입금 등에 대한 이자지출

정답 ③

20
2018 국가직 7급

① [X] 지방채는 지방자치단체장 뿐만 아니라 **지방자치단체조합의 장도 발행할 수 있다**(「지방재정법」 제11조4항).

② [X] **지방채의 차환을 위한 지방채의 발행은 가능하다**(「지방재정법」 제11조1항).

「지방재정법」 제11조(지방채의 발행) ① 지방자치단체의 장은 다음 각 호를 위한 자금 조달에 필요할 때에는 지방채를 발행할 수 있다. 다만, 제5호 및 제6호는 교육감이 발행하는 경우에 한한다.
1. 공유재산의 조성 등 소관 재정투자사업과 그에 직접적으로 수반되는 경비의 충당
2. 재해예방 및 복구사업
3. 천재지변으로 발생한 예측할 수 없었던 세입결함의 보전
4. 지방채의 차환
5. 「지방교육재정교부금법」 제9조제3항에 따른 교부금 차액의 보전
6. 명예퇴직(「교육공무원법」 제36조 및 「사립학교법」 제60조의3에 따른 명예퇴직을 말한다. 이하 같다) 신청자가 직전 3개 연도 평균 명예퇴직자의 100분의 120을 초과하는 경우 추가로 발생하는 명예퇴직 비용의 충당
② 지방자치단체의 장은 제1항에 따라 지방채를 발행하려면 재정 상황 및 채무 규모 등을 고려하여 대통령령으로 정하는 지방채 발행 한도액의 범위에서 지방의회의 의결을 얻어야 한다. 다만, 지방채 발행 한도액 범위더라도 외채를 발행하는 경우에는 지방의회의 의결을 거치기 전에 행정안전부장관의 승인을 받아야 한다.
③ 지방자치단체의 장은 제2항에도 불구하고 대통령령으로 정하는 바에 따라 행정안전부장관과 협의한 경우에는 그 협의의 범위에서 지방의회의 의결을 얻어 제2항에 따른 지방채 발행 한도액의 범위를 초과하여 지방채를 발행할 수 있다. 다만, 재정책임성 강화를 위하여 재정위험수준, 재정 상황 및 채무 규모 등을 고려하여 대통령령으로 정하는 범위를 초과하는 지방채를 발행하는 경우에는 행정안전부장관의 승인을 받은 후 지방의회의 의결을 받아야 한다.

③ [O] 제주특별자치도의 경우 지방채 발행 사유를 한정하고 있는 「지방재정법」의 예외규정이 「제주특별자치도 설치 및 국제자유도시 조성을 위한 특별법」에 있다.

「제주특별법」 제126조(지방채 등의 발행 특례) 도지사는 제주자치도의 발전과 관계가 있는 사업을 위하여 필요하면 「지방재정법」 제11조에도 불구하고 도의회의 의결을 마친 후 외채 발행과 지방채 발행 한도액의 범위를 초과한 지방채 발행을 할 수 있다. 이 경우 「지방재정법」 제11조제2항에서 대통령령으로 정하는 지방채 발행 한도액을 초과하여 지방채를 발행하려면 도의회 재적의원 과반수가 출석하고 출석의원 3분의 2 이상의 찬성을 받아야 한다.

④ [X] 외채를 발행할 경우 지방채 발행 한도액의 범위라고 해도 **기획재정부 장관이 아닌 행정안전부 장관의 승인**을 받아야 한다(「지방재정법」 제11조2항).

정답 ③

모의고사 제7회

01	①	02	②	03	③	04	④	05	④
06	④	07	②	08	②	09	④	10	①
11	①	12	①	13	③	14	④	15	①
16	①	17	④	18	③	19	①	20	③

01

내용정리 직무전문화의 구분

구분		수평적 전문화	
		높음	낮음
수직적 전문화	높음	비숙련직무	일선관리직무
	낮음	전문가적 직무	고위관리직무

① [O] 직무확장(job enlargement)은 직무의 종류(양)가 다양해지는 것으로 수평적 전문화의 수준이 낮아지는 직무 재설계의 방법이다.
② [X] 직무풍요화(job enrichment)는 권한과 책임의 정도가 많아지는 것으로 수직적 전문화의 수준을 완화하는 직무 재설계의 방법이다.
③ [X] 전문가적 직무는 수평적 전문화의 수준은 높고 수직적 전문화의 수준은 낮은 경우에 효과적이다.
④ [X] 고위관리직무는 수평적 전문화와 수직적 전문화의 수준이 모두 낮은 경우에 효과적이다.

정답 ①

02

① [O] 과거 인구 50만 이상에게 부여했던 특례조항 이외에 100만 이상의 도시를 특례시로 하고, 행정수요 등을 고려하여 대통령령에 따라 행안부장관이 정하는 시·군·구에 특례를 부여하는 것이 가능하다.(「지방자치법」 제198조)
② [X] **지방의회의원은 지방자치단체가 출자·출연(재출자·재출연을 포함한다)한 기관·단체, 해당 지방자치단체의 사무를 위탁받아 수행하고 있는 기관·단체, 해당 지방자치단체로부터 운영비, 사업비 등을 지원받고 있는 기관·단체 등에 겸직이 불가**하다(「지방자치법」 제43조).
③ [O] 과거 시·군 및 자치구의회의 의결이 법령에 위반된다고 판단됨에도 불구하고 시·도지사가 재의를 요구하게 하지 아니한 경우 주무부장관은 직접 기초자치단체에 재의를 요구할 수 없었다. 하지만 지방자치법의 개정으로 주무부장관이 직접 시장·군수 및 자치구의 구청장에게 재의를 요구하게 할 수 있게 되었다(「지방자치법」 제192조).
④ [O] 과거 주무부장관은 기초자치단체의 사무에 직접 개입할 수 없었다. 하지만 지방자치법의 개정에 따라 지방자치단체의 사무에 관한 시장·군수 및 자치구의 구청장의 명령이나 처분이 법령에 위반되거나 현저히 부당하여 공익을 해침에도 불구하고 시·도지사가 시정명령을 하지 아니하면 시·도지사에게 기간을 정하여 시정명령을 하도록 명할 수 있다.(「지방자치법」 제188조)

정답 ②

03

① [O] 우리나라의 유일한 특별자치도인 제주특별자치도는 중층제가 아닌 단층제의 자치계층구조를 갖고 있다. 따라서 제주특별자치도에 두는 시는 행정시로서 지방자치단체가 아니다.
② [O] 2022년 개정 「지방자치법」 시행으로 종래 자치단체장이 갖고 있던 지방의회 소속 사무직원에 대한 임용권을 지방의회 의장에게 부여한다(「지방자치법」 제103조).
③ [X] **자치경찰사무를 관장하게 하기 위하여 기초자치단체가 아닌 광역자치단체(특별시, 광역시, 도, 특별자치시, 특별자치도)에 시·도자치경찰위원회를 둔다.**

> 「국가경찰과 자치경찰의 조직 및 운영에 관한 법률」 제18조(시·도자치경찰위원회의 설치) ① 자치경찰사무를 관장하게 하기 위하여 특별시장·광역시장·특별자치시장·도지사·특별자치도지사(이하 "시·도지사"라 한다) 소속으로 시·도자치경찰위원회를 둔다.

④ [O] 조례안이 지방의회에서 의결되면 의장은 의결된 날부터 5일 이내에 그 지방자치단체의 장에게 이를 이송하여야 하며, 단체장은 이송된 날로부터 20일 이내에 조례안을 공포 또는 재의를 요구해야 한다(「지방자치법」 제32조).

정답 ③

04

① [X] 전문성이 요구되거나 효율적인 정책수립을 위하여 필요하다고 판단되면 **개방형 직위로 지정하여 공직 내부나 외부에서 적격자를 임용할 수 있다**(「국가공무원법」 제28조의4). 외부적격자만 임용할 수 있는 직위는 개방형 직위 중에서도 특히 공직 외부의 경험과 전문성을 적극 활용할 필요가 있는 직위인 경력개방형 직위이다(「개방형 공모직위규정」 제3조).
② [X] **전문경력관이란 계급 구분과 직군 및 직렬의 분류를 적용하지 아니하는 직무 분야가 특수한 직위에 임용되는 일반직 공무원을 말한다**(「전문경력관 규정」 제1조).
③ [X] **별정직 공무원의 근무상한연령은 다른 공무원들과 마찬가지로 60세이며, 별정직 공무원은 본래 특수경력직의 별정직이지만 공무원의 구분 변경에 따른 임용 시 일반임기제 공무원으로 채용이 가능하다**(「공무원의 구분 변경에 따른 전직임용 등에 관한 특례규정」 제8조). 임용권자는 별정직 공무원이 원하는 경우 시간선택제 전환공무원으로 지정할 수 있다(「별정직공무원 인사규정」 제7조의4).
④ [O] 국가공무원은 경력직과 특수경력직공무원으로 구분하며 경력직 공무원은 일반직공무원과 특정직공무원으로, 특수경력직공무원은 정무직과 별정직으로 다시 구분된다.

정답 ④

05

2014 국가직 7급

① [O] 공익의 과정설은 공익을 사익의 합으로 파악하며, 현실주의적이고 개인주의적인 공익 개념을 도출한다.
② [O] 공익 실체설은 개인의 사익을 모두 합한 것보다 더 크고 다른 무언가가 공익이라고 본다. 따라서 공익은 개인의 합으로 설명될 수 없다.
③ [O] 행정 이념으로서 사회적 형평성은 1970년대 신행정론의 등장과 함께 강조되었다.
④ [X] 롤스가 제시한 기본적 자유의 평등원리는 개개인은 다른 사람

의 유사한 자유와 상충되지 않는 한도 내에서 최대한의 기본적 자유에 대한 평등한(동등한)권리가 인정되어야 한다는 것이다.

정답 ④

06

2024 국가직 9급

제시문에 따르면 A회사는 본래 기능구조의 조직에서 임시적인 사업부제를 구성하는 방식으로 매트릭스 조직을 구성했다.
① [O] 매트릭스구조는 기능 중심의 수직적 구조와 사업부 중심의 수평적 구조를 결합한 혼합형 구조이다.
② [O] 매트릭스 조직은 탈관료제 조직의 한 유형으로 동태적 환경 및 부서 간 기능의 상호 의존성이 높은 상황에서 효과적이다.
③ [O] 매트릭스 조직 구성 시 상이한 기능을 가진 조직 구성원들 사이 갈등 가능성이 커질 우려가 있다.
④ [X] **매트릭스 조직은 명령 계통의 다원화되어 빠른 의사결정이 어렵지만, 조직 내부 인적자원의 유연한 활용에는 효과적이다.**

정답 ④

07

내용정리 비용-편익 분석의 평가기준

구분	개념	타당성 기준	특징
순현재가치 (NPV)	편익의 현재가치-비용의 현재가치(B-C)	B-C(NPV)>0	① 가장 일반적이고 정확한 기준 ② 동일사업 간 이용
편익비용 비율(B/C ratio)	편익의 현재가치 / 비용의 현재가치(B/C)	B/C>1	예산의 제약, 사업의 규모가 다를 경우 순현재가치 보완
내부수익률 (IRR)	편익과 비용의 현재가치를 같게 만드는 할인율(NPV=0, B/C=1이 되도록 하는 할인율)	IRR>기준할인율(시중금리)	복수가 될 수 있어 선택의 문제 발생
자본회수 기간	투자비용을 회수하는데 소요되는 시간	짧을수록 타당성이 높음	재정력 부족 시 적용

① [O] 내부수익률은 편익과 비용의 현재가치를 같게 만들어 주는 할인율로 순현재가치(B-C)를 0으로, 편익비율비(B/C)를 1로 만들어주는 할인율을 말한다.
② [X] 공공사업을 비용편익 분석에 의해 측정하고자 할 때에는 **직접적이고 유형적인 비용과 편익뿐만 아니라 간접적이고 무형적인 비용과 편익도 포함하여 측정**한다.
③ [O] 잠재가격이란 시장가격이 경제적 비용이나 편익을 반영하지 못할 때, 경제적 관점에서 이를 평가하는 가격을 말한다. 비용편익분석은 경제적 비용(기회비용)으로 비용과 편익을 계산해야 하는데 시장가격이 기회비용을 반영한다면 시장가격을 그대로 쓰면 되지만, 그렇지 못한 경우 분석자의 전문적 판단에 따라 비용을 측정할 수밖에 없으며 이때 실제 가치가 왜곡될 수 있다.
④ [O] 할인율이 높으면 기간이 길어질수록 미래금액의 현재가치가 더욱 낮아지므로 현재 투입되는 비용에 비해 미래에 발생하는 효과를 상대적으로 낮게 평가하게 되기 때문에 장기투자사업보다 단기투자사업이 유리하다.

정답 ②

08

내용정리 사회실험의 구분

실험의 의미		실험집단과 통제집단 구성해 정책을 평가	
유형	진실험	의미	통제집단 구성이 가능할 때: 동질적인 실험집단과 통제집단 구성
		통제방안	무작위 배정
		방법	통제집단 사전사후측정설계, 통제집단 사후측정설계
		장점	내적 타당도가 높음
		단점	외적 타당도, 실행가능성이 낮음 ⇨ 현실 이용 어려움
	준실험	의미	통제집단 구성이 어려울 때: 비동질적인 실험집단과 통제집단 구성
		통제방안	축조(짝짓기)방식, 시계열방식
		장점	외적 타당도, 실행가능성이 높음 ⇨ 현실적으로 널리 이용
		단점	내적 타당도가 낮음

사회실험(=정책실험)은 실험실이 아닌 사회라는 상황 속에서 행하여지는 실험으로 실험집단과 통제집단의 동질성을 확보해 이루어지는 진실험과 실험집단과 통제집단의 동질성을 확보하지 못한 상태에서 이루어지는 준실험으로 구분된다.
① [X] 사회실험도 자연과학 실험과 마찬가지로 실험집단과 통제집단을 확보해야 진행할 수 있다. 실험적 방법은 이 점에서 실험집단과 통제집단이 필요 없는 비실험적 방법과 다르다.
② [O] 진실험 설계에서는 연구자가 사전에 계획하여 미리 실험집단과 통제집단을 무작위적으로 배정할 수 있으므로 미래지향적인 성격이 강하다. 반면, 준실험 설계는 연구자가 사전에 두 집단 간 동질성을 확보하지 못하여 주로 과거에 발생한 실험처리의 효과를 추정하는 경우가 많기 때문에 과거지향적인 경우가 많다. 정책이 집행된 이후에 이루어지는 평가는 보통 준실험이 적합한 반면, 정책이 집행되기 전부터 준비된 평가는 미래지향적인 진실험으로 무작위배정과 사전측정을 통해 실험집단과 통제집단을 통제한다.
③ [O] 실험집단과 통제집단의 동질성을 확보할 수 없는 경우 이루어지는 실험은 준실험이다. 따라서 무작위 배정(random assignment)에 의하여 실험집단과 비교집단을 동질적으로 구성할 수 없을 때에는 진실험보다 준실험으로 정책평가를 진행할 수 있다.
④ [O] 준실험설계는 짝짓기(축조)방식이나 시계열방식을 통하여 변수를 통제하여 정책영향을 평가한다.

정답 ①

09

① [O] 지역 단위 주민자치를 활성화하기 위해 과거 읍·면·동의 자문기구로서의 주민자치위원회를 주민자치 협의 및 실행기구인 주민자치회로 전환하여, 2021년 12월 기준으로 1013개 읍·면·동에서 조례제정을 통해 주민자치회를 시범실시하고 있으며 계속 늘어나는 추세이다.

	주민자치위원회	주민자치회
법적 근거	조례	지방자치분권 및 지역균형발전에 관한 특별법
위상	읍·면·동 자문기구	주민자치 협의·실행기구
위촉권자	읍·면·동장	시·군·구청장
지방자치단체와의 관계	읍·면·동 주도로 운영	대등한 협력적 관계

② [O] 인구 50만 명 이상의 시와 인구 100만 명 이상의 시(특례시)에 대해서는 각각 국가의 지도·감독에 대해서 특례가 인정되며 도가 처리하는 사무 일부를 직접 처리하게 할 수 있다(「지방자치법」 제14조, 제198조).
③ [O] 광역자치단체는 2개 이상의 기초자치단체와 관련되는 광역적 사무의 처리, 기초자치단체 간의 연락 및 조정업무, 규모나 성격상 기초자치단체가 처리하는 것이 곤란한 사무의 관리 등을 담당할 수 있다(「지방자치법」 제14조).
④ [X] **농산물·임산물·축산물·수산물 및 양곡의 수급 조절과 수출입에 관한 사무는 광역자치단체가 아닌 국가의 사무이다.** 국가가 담당해야 하는 사무는 전국적인 통일성 확보, 대규모의 시설투자를 요구하는 것으로 이 중에는 농림, 축·수산물 및 양곡의 수급 조절과 수출입 등 전국적으로 통일적 처리를 요구하는 사무가 포함된다.

> 「지방자치법」 제15조(국가사무의 처리 제한) 지방자치단체는 다음 각 호의 국가사무를 처리할 수 없다. 다만, 법률에 이와 다른 규정이 있는 경우에는 국가사무를 처리할 수 있다.
> 1. 외교, 국방, 사법(司法), 국세 등 국가의 존립에 필요한 사무
> 2. 물가정책, 금융정책, 수출입정책 등 전국적으로 통일적 처리를 할 필요가 있는 사무
> 3. 농산물·임산물·축산물·수산물 및 양곡의 수급조절과 수출입 등 전국적 규모의 사무
> 4. 국가종합경제개발계획, 국가하천, 국유림, 국토종합개발계획, 지정항만, 고속국도·일반국도, 국립공원 등 전국적 규모나 이와 비슷한 규모의 사무
> 5. 근로기준, 측량단위 등 전국적으로 기준을 통일하고 조정하여야 할 필요가 있는 사무
> 6. 우편, 철도 등 전국적 규모나 이와 비슷한 규모의 사무
> 7. 고도의 기술이 필요한 검사·시험·연구, 항공관리, 기상행정, 원자력개발 등 지방자치단체의 기술과 재정능력으로 감당하기 어려운 사무

정답 ④

10
2014 국가직 7급

① [O] 우리나라에서 지방세는 재산보유에 대한 과세보다 재산거래에 대한 과세의 비중이 상대적으로 높다.
② [X] 재정력지수는 지방자치단체가 기초적인 재정수요를 어느 정도 자체적으로 해결할 능력을 가지고 있는가를 추정하는 지표로 '기준재정수입액/기준재정수요액'을 의미한다. **전체재원 중 자주재원의 비율은 재정자립도**이다.
③ [X] 일반회계 세입에서 자주재원과 지방교부세를 합한 일반재원의 비중으로 생계급여 등 사회복지 분야에서 **차등보조율을 설계할 때 사용되는 것은 재정자주도**이다.
④ [X] 지방재정조정제도는 크게 지방자치단체에 재원사용의 자율성을 전적으로 부여하는 지방교부세와 특정한 사업에 사용할 것을 조건으로 선택적으로 지원하는 국고보조금으로 구분한다.

정답 ①

11

내용정리 책임운영기관의 운영

중앙	의의	정부조직법에 규정된 중앙행정기관 형태의 책임운영기관 ⇨ 특허청
	기관장	정무직, 임기 2년, 한 차례 연임 가능
	조직 및 인사	정부조직법과 관계법령에 의함
소속	의의	중앙행정기관에 소속된 소속기관 형태의 책임운영기관
	기관장	소속 중앙행정기관장이 공직내외 전문가 중 전임 임기제(2~5년) 공무원으로 채용
	조직 및 인사	정원: · 총정원: 대통령령 · 종류별·계급별 및 고위공무원단 소속 공무원의 정원: 총리령 또는 부령
		임용권: 중앙행정기관장(중앙행정기관장의 임용권한을 책임운영기관장에게 일부 위임 가능)
		임용시험: 소속책임운영기관장이 실시 (위탁 가능)
	예산 및 회계	특별회계기관: 사업의 효율적 수행을 위해 책임운영기관 특별회계를 둠
		일반회계기관: 일반회계: 특별회계기관에 준하는 예산운영 상 자율성 보장

① [X] 중앙행정기관의 소속 책임운영기관은 「정부조직법」이 아니라 「책임운영기관의 설치·운영에 관한 법률」 및 동법 시행령에 근거하여 설치·운영된다.
② [O] 소속책임운영기관의 장은 공직내외에서 공개모집절차에 따라 5년 범위 내에서 최소한 2년 이상의 임기제공무원으로 임용된다(「책임운영기관법」 제7조).
③ [O] 소속책임운영기관 소속 공무원의 임용시험은 기관장이 실시한다. 다만, 기관장이 단독으로 실시하기 곤란한 경우에는 중앙행정기관의 장이 실시할 수 있으며, 다른 시험실시기관의 장과 공동으로 실시하거나 대통령령으로 정하는 다른 기관의 장에게 위탁하여 실시할 수 있다(「책임운영기관법」 제19조).
④ [O] 소속책임운영기관 공무원의 총 정원 한도는 대통령령으로 정하지만 종류별·계급별 정원은 총리령 또는 부령으로 정한다(「책임운영기관법」 제16조).

정답 ①

12

내용정리 균형성과표의 4대 관점

재무적 관점	기업중심의 성과지표의 최종 목표 · 공공부문: 제약조건	순익이나 매출액 (후행지표)
고객 관점	고객층과 시장을 파악하여 요구 반영 · 공공부문: 가장 중요	고객만족도, 정책 순응도
프로세스 관점	기업 내부의 일처리 방식과 과정 · 공공부문: 고객 및 이해당사자 간 소통도구	적법절차와 소통
학습과 성장 관점	인적 자원에 대한 투자와 성과 · 공공부문: 선행지표이자 미래적 관점	구성원의 능력개발, 직무만족도

① [O] 균형성과표는 재무적 관점과 비재무적 관점(고객, 프로세스, 학습과 성장)의 조화(균형)를 중시한다.
② [X] 균형성과표는 단기목표(재무)와 장기목표(학습과 성장), 대외적 관점(재무, 고객)과 대내적 관점(프로세스, 학습과 성장)의 균형, 과

정적 관점(프로세스)과 결과적 관점(재무, 고객)의 통합과 균형을 추구하는 성과관리지표이다.
③ [X] 고객 관점에서의 성과지표는 정책 순응도가 포함되나 **시민참여, 적법절차, 정보공개는 프로세스 관점, 내부 직원의 만족도는 학습과 성장관점에 해당**한다.
④ [X] 균형성과표(BSC)의 내부프로세스 관점에서는 개별 부서별로 따로따로 이루어지는 일처리 방식보다 **적법절차와 소통과 같은 통합적인 일처리 절차에 초점**을 맞춘다.

정답 ①

13
2021 국가직 7급

내용정리 적극적 인사행정

조직인사의 다양성 관리는 적극적 인사행정의 관리 전략을 의미하며 이는 다음과 같이 정리할 수 있다.

내용	실적주의를 보완하기 위하여 엽관주의적 요소나 인간관계론적 요소를 신축성 있게 받아들이는 발전적 인사관리
방안	적극적 모집, 공무원의 능력발전, 인간관리의 민주화, 공무원단체의 허용, 정치적 임용 허용 및 엽관주의 가미, 지나친 과학적 인사행정 지양(인본주의적 인사행정)

① [O] 오늘날 인적자원관리는 개인의 성격이나 가치관의 차이 등과 같은 내적 자질과 역량이 중요해지고 있다.
② [O] 다양성 관리란 내적·외적 차이를 가진 다양한 조직구성원을 공평하고 효율적으로 활용하기 위한 체계적이고 적극적인 인적자원관리 과정이다.
③ [X] 공직 임용에 있어 다양한 방법을 도입하는 **균형인사정책**, 인본주의적 행정에 입각한 다양한 근무 형태를 도입하며 강조하는 **일과 삶 균형 정책 등은 모두 다양성 관리의 방안**이다.
④ [O] 대표관료제는 인구 구성 비율에 따라 관료를 뽑는 제도로, 공정한 경쟁 시험에 의한 임용을 강조하고 소극적 인사행정을 하는 실적주의와 충돌할 가능성이 있다.

정답 ③

14

내용정리 규제의 유형

의의		특정행위나 활동을 제한·금지·지시하거나 지도하는 정부의 활동	
유형	영역별	경제적 규제	기업의 본원적 활동 규제, 포획과 지대추구 발생
		사회적 규제	기업의 사회적 책임 강제하는 규제, 효과가 광범위
	수단별	직접 규제	명령지시적 규제
		간접 규제	시장유인적 규제
	규제 대상	수단규제	투입규제
		관리규제	관리규제
		성과규제	산출규제
	규제 방식별	포지티브	원칙 금지, 예외적 허용
		네거티브	원칙 허용, 예외적 금지
	규제 주체	직접규제	정부의 직접 규제
		공동규제	정부로부터 위임받은 집단 규제
		자율규제	스스로의 합의된 규범

① [O] 환경보호를 위한 오염규제, 안전을 위한 산업재해규제 등은 사회적 규제에 해당한다.
② [O] 네거티브 규제는 원칙적으로 허용, 예외적 규제를 통한 금지이고, 포지티브규제는 원칙적으로 규제를 통한 금지, 예외적으로 허용하는 방식으로 포지티브 규제의 강제성이 더 높다.
③ [O] 개인과 기업 등 피규제자가 스스로 합의된 규범을 만들고 이를 구성원들에게 적용하는 형태의 규제는 자율규제이다.
④ [X] 정부가 제시한 **성과 기준만 충족하면 투입이나 과정에 대한 규제를 받지 않는 규제는 관리규제가 아니라 성과규제**이다. 관리규제는 과정에 대해 이루어지는 규제이다.

정답 ④

15
2019 국가직 7급

내용정리 교육훈련의 방법

현장훈련 (on the job training)		실무지도, 실무수습(인턴십), 임시배정, 시보, 직무순환
교육원 훈련 (off the job training)	강의	12명 내지 25명의 참가자들이 한데 모여 사회자의 사회로 토의
	회의	복수의 참가자가 사회자의 사회로 토의
	패널	여러 명의 연사가 하나의 주제에 대해 공동 토론 (여러 개의 주제: 심포지엄)
	분임연구 (신디케이트)	10명 내외 분반 후 동일한 문제에 대해 토론 후 발표
	역할연기	실제 행동 연기→대인관계 훈련
	사례연구	특수한 사례 집단적 분석 및 토론
	모의연습	실제와 유사한 가상상황에 대한 대처방법 훈련
	사건처리연습	어떤 사건의 대략적 윤곽 알려주고 해결책 찾도록 함
	감수성훈련 (T-그룹 훈련)	차단된 환경에서 구성원 간의 특수체험을 통해 자기 이해 및 상호이해 증진
역량기반 훈련	액션러닝	실제 현안문제 해결하며 문제해결과정에 대한 성찰을 통해 학습을 지원하는 행동학습 (learning by doing)
	학습조직	조직구성원 모두가 집단적 학습과 지식관리
	멘토링	멘토와 멘티가 일대일 방식으로 조직 내 업무역량을 조기에 배양

① [O] 직장내 훈련(OJT: on-the-job training)은 직장 내에서 감독자로부터 지도·훈련을 받는 것으로 감독자의 능력과 기법에 따라 훈련 성과가 달라지며 주로 1:1 멘토링 형식을 취하므로 일시에 다수를 훈련하기는 어렵다.
② [X] 감수성 훈련(sensitivity training)은 외부환경과 차단된 상황 속에서 10명 내외의 비친근자로 구성된 소집단 내에서 자유로운 성찰과 교류를 통해 자신과 대인관계에 대한 이해와 감수성을 높이고, 태도나 행동의 변화를 유도하는 방법이다. 따라서 **감수성 훈련은 과제의 해결책을 도출하는 방법은 아니다**.
③ [X] 모의연습(simulation)은 업무처리 시 직면하게 될 가상적인 상황을 설정하고 거기에 대처하도록 하는 훈련방법이다. 여기에는 관리연습, 정보정리연습, 사건처리연습 등이 있다. **T-집단훈련은 실험집단 훈련(Training Group Training)으로 감수성 훈련을 말하는 것**이고, 주어진 사례나 문제에서 어떠한 역할을 실제로 연기해 봄으로써 당면한 문제를 체험해 보는 방법은 역할연기기법(Role Playing)이다.

④ [X] 액션러닝(action learning)은 실제 현장에서 어떠한 일이 어떠한 상황에 일어나는지를 체험하면서 배우게 하는 실천학습방법이다. 전략적 인적자원관리 측면에서 **태도와 행동의 변화를 통해 인간관계 기술을 향상하려는 방법은 감수성 훈련(sensitivity training)**이다.

정답 ①

16
2023 국가직 7급

① [O] 공무원은 직무상의 관계가 있든 없든 그 소속 상관에게 증여하거나 소속 공무원으로부터 증여를 받아서는 아니 된다(「국가공무원법」 제61조).
② [X] 공무원이 **파면된 경우** 5년간 공무원으로 재임용될 수 없고, **연금급여도 감액 지급된다**(「공무원연금법」 제65조).
③ [X] 공무원은 자신의 직무권한을 행사하거나 지위·직책 등에서 유래되는 사실상 영향력을 행사하여 직무관련자 또는 직무관련공무원으로부터 **사적 노무를 제공받거나 요구 또는 약속해서는 아니 된다. 다만, 다른 법령 또는 사회상규에 따라 허용되는 경우에는 그러하지 아니하다**(「공무원 행동강령」 제13조의2).
④ [X] **감봉**은 「국가공무원법」상 6개의 징계 종류 중에서 견책 다음으로 가벼운 징계에 해당하는 것으로 직무에 종사할 수 있지만, 1~3개월의 기간 동안 보수의 1/3을 감하는 징계이다.

정답 ①

17
2023 지방직 7급

내용정리 공공기관 기업지배구조 모델
공공기관 기업지배구조의 모델은 소유권과 지배권의 집중도와 다양한 이해관계자 중에서 누가 기업지배의 주체로서 핵심적인 역할을 수행하느냐를 기준으로 주주 자본주의 모델과 이해관계자 자본주의 모델로 구분된다.

구분	주주 자본주의 모델	이해관계자 자본주의 모델
기업의 본질	주주 주권주의 (주주가 기업의 주인)	기업공동체주의 (기업은 하나의 공동체)
경영목표	주주이익 극대화	이해관계자들의 이익 극대화
경영상의 문제점과 원인	대리인 문제, 주주의 통제력 부족	이해관계자의 참여 부재, 이해관계자들의 이해관계 반영 실패
기업규율 방식	이사회의 경영감시, 시장에 의한 규율	조직에 의한 통제, 주거래은행의 경영감시 및 통제, 이해관계자 경영 참여
기업성과 측정 방법	기업의 시장가치(주식가격)	기업의 시장가치, 고용 관계, 공급자와 구매자와의 거래관계 등
근로자 경영 참여	종업원지주제. 연금펀드를 통한 지분 참여	이사회를 통한 근로자 경영 참여, 공동결정제도
기업의 사회적 책임	주주이익 우선주의, 경제적 가치 추구, 단기업적주의	기업의 사회적 책임과 이해관계자 전체 이익 추구, 장기적 성장 추구

① [O] 주주 자본주의 모델은 주주가 기업의 주인이라고 보며, 주주의 이익 극대화가 경영목표로 기업의 시장가치인 주식가격을 통해 기업성과를 측정한다.
② [O] 주주 자본주의 모델의 기업규율방식에는 이사회의 경영감시, 시장에 의한 규율 등이 있다.
③ [O] 이해관계자 자본주의 모델은 기업을 하나의 공동체로 보며, 이해관계자의 이익 극대화가 경영목표로 기업의 시장가치 이외에도 고용관계, 공급자와 구매자와의 거래관계 등을 통해 기업성과를 측정한다.
④ [X] 근로자의 경영 참여가 종업원 지주제도 등을 통해서 이루어지며 단기 업적주의를 추구하는 것은 주주 자본주의 모델이며, **이해관계자 자본주의 모델은 이사회를 통해 근로자가 경영에 참여하며, 장기적 성장을 추구한다**.

정답 ④

18
2019 국가직 7급

내용정리 윌다브스키의 예산 유형
윌다브스키(A. Wildavsky)는 정부재정의 경제력과 재정상황에 대한 예측 가능성의 정도에 따라 예산의 문화적 유형을 4가지로 구분하였다.

		경제력	
		크다	작다
재정의 예측 가능성	높다	점증적 예산 (선진국 도시 정부)	양입제출적(세입) 예산 (미국의 도시정부)
	낮다	보충적 예산 (행정력이 낮은 경우)	반복적 예산 (저개발국)

① [X] 점증적 예산(incremental budgeting)은 국가의 경제력과 재정 예측력이 모두 높은 경우에 나타나는 행태이다.
② [X] 반복적 예산(repetitive budgeting)은 국가의 경제력과 재정 예측력이 모두 낮은 경우에 나타나는 행태이다.
③ [O] **세입 예산(revenue budgeting)은 국가의 경제력은 낮지만 재정 예측력이 높은 경우에 나타나는 행태**이다.
④ [X] 보충적 예산(supplemental budgeting)은 국가의 경제력은 높고 재정 예측력이 낮은 경우에 나타나는 행태이다.

정답 ③

19

① [O] 조세지출예산제도는 사회·경제적 목적 달성을 위하여 세제 지원을 통해 제공된 혜택을 예산지출로 인정하고 구체적인 내역과 규모를 밝혀 국회 차원에서 통제하고자 한다.
② [X] 디지털예산회계시스템은 성과 중심의 재정관리체계를 확충하기 위하여 2007년 도입된 범정부적인 예산회계 정보 시스템으로 **발생주의·복식부기에 기반**을 둔다.
③ [X] 예산성과금은 예산절약 또는 수입증대에 기여한 자에게 성과금을 지급하거나 **절약된 예산을 다른 사업에 사용할 수 있도록 한 제도이다**(「국가재정법」 제49조).
④ [X] 총사업비관리제도는 **소요기간이 2년 이상인 사업으로서** 고속도로, 국도 등 일정 규모 이상의 대규모 사업의 경우, 사업 규모·총사업비 및 사업기간 등을 정하여 미리 기획재정부장관과 사전협의하도록 한 제도이다(「국가재정법」 제50조).

정답 ①

20

내용정리 예산집행

개념	국회에서 의결된 범위 내 세금 및 각종 재원 징수 및 경비 지출의 모든 재정행위
목표	재정통제	입법부의 의도 구현, 재정민주주의
	신축성 유지	사태 변동에 적응하기 위한 신축성 유지
절차	예산승인→ 예산 배정 → 예산 재배정 → 지출원인행위 → 지출

① [×] 각 중앙관서의 장은 월별로 기획재정부장관에게 사업집행보고서를 제출해야 한다(「국가재정법 시행령」 제48조).

② [×] 기획재정부장관은 예산집행의 효율성을 높이기 위하여 매년 예산집행에 관한 지침을 작성하여 매년 1월 말까지 각 중앙관서의 장에게 통보하여야 한다(「국가재정법 시행령」 제18조).

③ [O] 각 중앙관서의 장은 예산 확정 후 예산배정요구서를 기획재정부장관에게 제출하며 기획재정부장관은 각 중앙관서의 장에게 예산을 배정한 때에는 감사원에 통지하여야 한다(「국가재정법」 제43조 2항).

④ [×] 기획재정부장관은 월별이 아닌 분기별(연 4회) 예산배정계획을 작성하여 국무회의의 심의를 거친 후 대통령의 승인을 얻어 예산을 배정한다(「국가재정법」 제43조 1항).

정답 ③

모의고사 제8회

01	①	02	③	03	②	04	④	05	②
06	③	07	④	08	①	09	①	10	④
11	①	12	③	13	③	14	②	15	④
16	③	17	④	18	③	19	④	20	②

01

내용정리 공무원 노동조합

가입대상 (21년 1월 개정)	1. 일반직 공무원 2. 특정직공무원 중 외무영사직렬, 외교정보기술직렬 외무공무원, 소방공무원 및 교육공무원(다만, 교원은 제외한다.) 3. 별정직공무원
가입금지 대상	· 다른 공무원에 대하여 지휘·감독권을 행사, 다른 공무원의 업무 총괄 · 인사·보수에 관한 업무를 수행하는 공무원 · 교정·수사 또는 그 밖에 이와 유사한 업무에 종사하는 공무원
노조전임자	임용권자의 동의를 받아 노동조합의 업무에만 종사 ⇨ 전임기간 중 무급휴직
교섭대상	노동조합에 관한 사항 또는 조합의 보수·복지 및 근무조건

① [O] 「공무원의 노동조합 설립 및 운영 등에 관한 법률」에 따르면 특정직 공무원 중 일반직에 상당하는 외무영사직렬·외교정보기술직렬 공무원, 교원을 제외한 교육공무원, 소방공무원은 공무원노조의 가입대상에 포함된다.

② [×] 원칙적으로 일반직 공무원은 노동조합에 가입할 수 있으나 인사·보수에 관한 업무를 수행하는 공무원은 노동조합에 가입할 수 없다.

③ [×] 퇴직 급여에서 가장 큰 비중을 차지하는 퇴직연금은 재직기간 연수에 평균기준소득월액의 1.7%(지급률)을 곱한 금액으로 한다. 평균기준소득월액은 재직기간 중 매년 산정한 기준소득월액(전년도 과세소득을 12로 나눈 값에 공무원보수인상률을 곱한 금액)을 퇴직 사유가 발생한 날의 현재가치로 환산한 후 합쳐서 재직기간으로 나눈 금액이다. 선지의 내용은 2009년 이전에 적용되던 퇴직연금 금액기준으로 2009년 이전에는 퇴직 전 3년간의 평균보수월액을 기준으로 퇴직연금을 계산했다.

④ [×] 퇴직수당은 퇴직급여와 별도로 1년 이상 재직한 공무원이 퇴직하거나 사망한 경우 재직기간과 월소득액을 기준으로 계산하여 지급하는 돈으로 퇴직수당은 퇴직연금과 달리 재원을 정부가 단독 부담한다.

정답 ①

02

2013 지방직 7급 지방자치론

내용정리 국세와 지방세 항목 구분

		광역자치단체		기초자치단체	
		특별시·광역시세	도세	자치구세	시·군세
지방세	보통세	취득세, 주민세, 자동차세, 담배소비세, 레저세, 지방소비세, 지방소득세	취득세, 등록면허세, 레저세, 지방소비세	등록면허세, 재산세	주민세, 재산세, 자동차세, 담배소비세, 지방소득세
	목적세	지방교육세, 지역자원시설세			
국세 (내국세)	보통세	직접세	소득세, 법인세, 상속증여세, 종합부동산세		
		간접세	부가가치세, 개별소비세, 주세, 인지세, 증권거래세		
	목적세	교통·에너지·환경세, 농어촌특별세			

① [O] 지역자원시설세와 지방교육세는 광역자치단체에서 징수하는 목적세이다.
② [O] 특별시 관할구역의 경우 재산세(선박 및 항공기에 대한 재산세 등 제외)는 특별시세 및 구세로 공동과세한다.

> 「지방세기본법」 제9조(특별시의 관할구역 재산세의 공동과세) ① 특별시 관할구역에 있는 구의 경우에 재산세(「지방세법」 제9장에 따른 선박 및 항공기에 대한 재산세와 같은 법 제112조제1항제2호 및 같은 조 제2항에 따라 산출한 재산세는 제외한다)는 제8조에도 불구하고 특별시세 및 구세인 재산세로 한다.

③ [X] 광역시의 구는 자치구로서 자치구 세목에는 등록면허세와 재산세가 있고, 군(郡)세의 세목에는 주민세, 재산세, 자동차세, 담배소비세, 지방소득세가 규정되어 있다. **따라서 각 세목이 동일하지 않다.**
④ [O] 보통세의 세목은 취득세, 등록면허세, 레저세, 담배소비세, 지방소비세, 주민세, 지방소득세, 재산세, 자동차세가 있다.

정답 ③

03

ㄱ. [O] 「지방자치법」의 개정에 따라 지방의회 소속 사무직원 임용권을 지방자치단체의 장이 아닌 지방의회의 의장이 갖는다(「지방자치법」 제103조).
ㄴ. [X] 지방자치단체는 **조례를 위반한 행위에 대하여 조례로써 1천만 원 이하의 과태료**를 정할 수 있다(「지방자치법」 제34조).
ㄷ. [O] 지역주민생활과 밀접한 관련이 있는 사무는 원칙적으로 시·군 및 자치구의 사무로, 시·군 및 자치구가 처리하기 어려운 사무는 시·도의 사무로, 시·도가 처리하기 어려운 사무는 국가의 사무로 각각 배분하여야 한다(「지방자치법」 제11조).
ㄹ. [X] 특별시·광역시 또는 특별자치시가 아닌 인구 50만 이상의 시에는 **자치구가 아닌 구를 둘 수 있다**(「지방자치법」 제3조). 여기서 '자치구가 아닌 구'는 행정구를 의미한다.

정답 ②

04

① [X] 국회 예산안 심의는 **예산안 제출 → 시정연설 → 국회 소관 상임위원회 예비심사 → 국회 예산결산특별위원회의 종합심사 → 본회의 의결** 순으로 진행된다.
② [X] 각 중앙관서의 장은 그 소관에 속하는 **다음 연도의 세입세출예산·계속비·명시이월비·국고채무부담행위 요구서**를 작성해 5월 31일까지 기획재정부 장관에게 제출해야 한다.

> 「국가재정법」 제31조(예산요구서의 제출) ① 각 중앙관서의 장은 제29조의 규정에 따른 예산안편성지침에 따라 그 소관에 속하는 다음 연도의 세입세출예산·계속비·명시이월비 및 국고채무부담행위 요구서(이하 "예산요구서"라 한다)를 작성하여 매년 5월 31일까지 기획재정부장관에게 제출하여야 한다.

③ [X] 국회사무총장 등 중앙관서의 장은 **다음 연도 2월 말일**까지 중앙관서 결산보고서를 기획재정부 장관에게 제출해야 한다. 국회의 행정사무를 담당하는 사무처장, 법원의 행정사무를 담당하는 법원행정처장은 모두 「국가재정법」에서 명시한 중앙관서의 장이다.

> 「국가재정법」 제6조(독립기관 및 중앙관서) ① 이 법에서 "독립기관"이라 함은 국회·대법원·헌법재판소 및 중앙선거관리위원회를 말한다.
> ② 이 법에서 "중앙관서"라 함은 「헌법」 또는 「정부조직법」 그 밖의 법률에 따라 설치된 중앙행정기관을 말한다.
> ③ 국회의 사무총장, 법원행정처장, 헌법재판소의 사무처장 및 중앙선거관리위원회의 사무총장은 이 법을 적용할 때 중앙관서의 장으로 본다.

④ [O] 한 회계연도에 속하는 세입세출의 출납에 관한 사무는 다음 연도 2월 10일까지 완결하여야 한다(「국고금 관리법」 제4조의 2).

정답 ④

05

2023 국가직 9급

전자정부에 관한 「전자정부법」과 「지능정보화 기본법」의 내용을 묻는 문제이다.
① [O] 정부는 지능정보사회 정책의 효율적·체계적 추진을 위하여 지능정보사회 종합계획(이하 "종합계획"이라 한다)을 3년 단위로 수립하여야 한다(「지능정보화 기본법」 제6조).
② [X] **과학기술정보통신부가 아니라 행정안전부 장관이 전자정부기본계획을 수립한다.** 중앙사무관장기관의 장은 전자정부의 구현·운영 및 발전을 위하여 5년마다 제5조의2제1항에 따른 행정기관등의 기관별 계획을 종합하여 전자정부기본계획을 수립하여야 한다(「전자정부법」 제5조). "중앙사무관장기관"이란 국회 소속 기관에 대하여는 국회사무처, 법원 소속 기관에 대하여는 법원행정처, 헌법재판소 소속 기관에 대하여는 헌법재판소사무처, 중앙선거관리위원회 소속 기관에 대하여는 중앙선거관리위원회사무처, 중앙행정기관 및 그 소속 기관과 지방자치단체에 대하여는 행정안전부를 말한다(「전자정부법」 제2조4호).
③ [O] "전자화문서"란 종이문서와 그 밖에 전자적 형태로 작성되지 아니한 문서를 정보시스템이 처리할 수 있는 형태로 변환한 문서를 말한다(「전자정부법」 제2조8호).
④ [O] 중앙행정기관의 장과 지방자치단체의 장은 해당 기관의 지능정보사회 시책의 효율적인 수립·시행과 지능정보화 사업의 조정 등 대통령령으로 정하는 업무를 총괄하는 책임관(이하 "지능정보화책임관"이라 한다)을 임명하여야 한다(「지능정보화 기본법」 제8조).

정답 ②

06

내용정리 윤리적 행정

개념	공무원이 국민에 대한 봉사자로서 공공 목적 달성을 위해 공무 수행 과정이나 신분상 준수해야 할 가치규범이나 행동기준	
측면	결과주의	목적론 ⇨ 동기와 상관없이 결과만(절대기준×)
	절대주의	의무론 ⇨ 동기 중심으로 파악 (절대기준○)

① [O] 공리주의는 공익의 과정설 시각으로 결과를 기준으로 두고 최선의 결과를 가져오는 행위는 옳고 그렇지 못한 행위는 그르다는 목적론적 윤리론(상대론, 가치상대주의)에 근거를 두고 있다.
② [O] **실체설은 국가를 공익을 주도하는 적극적인 목민관의 역할로 보는 반면, 과정설은 구성원들의 사적 이익을 조정해 나가는 과정에서 국가가 소극적이고 중립적인 조정자 역할**을 한다고 본다.
③ [×] 공익이 구성원들의 합의와 조정을 통해 도출되는 것이라고 보므로 이에 대한 토론과 타협이 필요하다고 보며 이러한 과정에서 **절차적 합리성과 적법절차의 준수가 강조하는 것은 공익에 대한 실체설이 아닌 과정설의 특징**이다.
④ [O] 결과에 관계없이 행위의 동기나 의도를 기준으로 도덕적 의무나 규범에 일치하는 행위는 옳고 어긋난 행위는 그르다는 합법성 기준으로 판단하는 것은 실체설 입장으로, 의무론적 윤리론(절대론, 가치절대주의)을 근거로 한다.

정답 ③

07 2022 국가직 7급

① [O] 경쟁적 규제정책은 국가가 지정된 소수에게만 서비스나 재화를 공급하도록 규제해 특정기업에게 혜택이 생길 수 있다.
② [O] 경쟁적 규제정책은 선정된 일부기업에게만 공급권을 부여하지만 이들에게도 공익을 위한 규제적 조치를 적용할 수 있다.
③ [O] 경쟁적 규제정책의 예시로는 주파수의 할당, 항공노선의 허가 등을 들 수 있다.
④ [×] 규제받는 자들이 규제기관에 강하게 반발하거나 저항하는 것은 **경쟁적 규제정책이 아닌 보호적 규제정책에서 나타나는 특징**이다.

정답 ④

08

① [O] **포자모형**은 적당한 환경이 조성되어야 포자가 균사체로 성장할 수 있듯이, **적당한 환경이 조성되면 이해집단의 권력과 무관하게 이슈가 정책의제가 된다는 것**이다. 촉발장치가 마련되고 이슈창도자가 적극적으로 활동하여 환경이 조성되면 영향력이 적은 집단의 이슈도 정책 의제가 될 수 있다.
② [×] **혁신확산이론**은 조직이나 개인이 신제품이나 신기술 등의 혁신적 요소를 얼마나 빠르게 수용하느냐를 분석하는 과정에서 등장한 이론으로, 정책의제설정에 있어서 이슈의 확산 역시 **시간의 흐름과 수용자의 혁신성향에 따라 바뀌게 될 것**이라고 보았다.
③ [×] **이슈관심주기모형**(Issue Attention Cycle)은 다운스(Downs)가 창안한 것으로, 어떤 **이슈가 하나의 사회문제로 갑자기 등장해 잠시 동안 국민의 관심을 끌다가 사라지는 경향**을 연구한 것이다. 그에 따르면 한 이슈가 탄생하여 소멸하기까지 다음의 5단계 관심주기를 거친다. 이슈가 대중의 관심과 별개로 자체적인 생명주기가 있는 것은 아니다.
1) 이슈의 잠복(Pre Problem)
2) 이슈의 발견과 표면화(Alarmed discovery)
3) 관심의 현저한 증가와 비용인식(realizing the cost of significant progress)
4) 대중관심의 점진적 감소(gradual decline of intensive public interest)
5) 관심의 쇠퇴(post-problem)

이슈관심주기 모형을 연구한 힐가터너(Hilgaterner)와 보스크(Bosk)는 사회적 이슈에 대한 공공의 관심을 희소자원으로 보고, 어떤 이슈가 공공의 관심을 끌기 위해서는 공공의 장(여론을 조성할 수 있는 장소)에서 다른 이슈들과 치열하게 경쟁해야 한다고 보았다. 그래서 더 이상 관심을 받지 못하면 이슈는 공공의 관심 밖으로 사라지면서 소멸하게 된다.
④ [×] **킹던(Kingdon)의 정책흐름 모형**은 서로 독립된 세 가지의 흐름들, 즉 문제의 흐름, 정책의 흐름 및 정치의 흐름이 '정책의 창'이 열릴 때 상호결합하여 정책의제설정이 이루어진다고 본다. '정책의 창'은 주로 정치적 흐름에 의해 열리는 경우가 많으며, 극적인 사건이나 위기 역시 '정책의 창'을 열리게 한다. 하지만 **의제설정이 이루어지기 전에 여러 가지 계기로 '정책의 창'은 닫힐 수 있다**.

정답 ①

09 2023 국가직 9급

「지방공무원법」상 인사위원회의 위원 구성에 대한 제7조의 내용을 묻는 문제이다.
① [×] 지방의회의원, 정당법에 따른 정당의 당원, 「지방공무원법」상의 공무원 결격사유에 해당하는 사람은 위원으로 위촉될 수 없다.
② [O] 법관·검사 또는 변호사의 자격이 있는 사람은 위원으로 임명하거나 위촉할 수 있다.
③ [O] 공무원(국가공무원을 포함)으로서 20년 이상 근속하고 퇴직한 사람은 위원으로 임명하거나 위촉할 수 있다.
④ [O] 대학에서 조교수 이상으로 재직하거나 초등학교·중학교·고등학교 교장 또는 교감으로 재직하는 사람은 위원으로 임명하거나 위촉할 수 있다.

정답 ①

10 2015 지방직 7급

내용정리 매틀랜드의 정책집행모형

구분		갈등	
		낮음	높음
정책목표의 모호성	낮음	관리적 집행	정치적 집행
	높음	실험적 집행	상징적 집행

모호성이 낮고 갈등이 높은 집행상황은 정치적 집행에 해당한다. 정치적 집행의 상황은 목표의 모호성은 낮지만, 행위자들이 상이한 목표나 이해관계를 갖고 있어 갈등이 높은 경우이다.
① [O] 정치적 집행이란 정책목표가 명확한 상태에서 갈등이 높기 때문에 매수나 담합, 날치기 통과 등이 나타날 수 있다.
② [O] 정치적 집행상황에서는 순응을 확보하기 위해서는 강압적 또는 보상적 수단이 동원되기도 한다.

③ [O] 정치적 집행상황에서 정책집행과정은 대립되는 이해관계를 가진 집행조직 외부의 행위자에 의하여 영향을 많이 받는다.
④ [X] **정책목표의 모호성도 높고 이로 인한 갈등도 높은 집행상태**는 상징적 집행에서 나타나는 현상으로 이 경우 정책목표가 명확하지 않기 때문에 집행과정은 목표의 해석 과정으로 이해될 수 있다.

정답 ④

④ [O] 부성화의 원리는 서로 연관된 업무를 묶어 조직단위로 구성하는 것으로 기능부서화, 사업부서화, 지역부서화, 혼합부서화 등의 편성 방식이 있다. 기능중심의 조직편제를 임시적 사업부제로 구성한 매트릭스 조직은 혼합부서화의 예시가 된다.

정답 ③

11

내용정리 제3변수

선행변수	인과관계에서 독립변수에 앞서 독립변수에 유효한 영향력을 행사하는 변수
매개변수	독립변수와 종속변수 사이에서 독립변수의 결과이자 종속변수의 원인이 되는 변수
허위변수	독립변수와 종속변수 간에 실제로 전혀 상관관계가 없는데도 있는 것처럼 왜곡되어 나타나게 하는 변수
억제변수	서로 상관관계가 있는데도 없는 것처럼 나타나게 하는 변수
혼란변수	독립변수와 종속변수 간에 상관관계가 일부 있는 상태에서 두 변수 모두에 영향을 미쳐 인과관계가 과대 또는 과소평가하게 하는 변수
왜곡변수	독립변수와 종속변수 간 사실관계를 정반대로 나타나게 하는 변수
조절변수	독립변수가 종속변수에 미치는 효과정도를 조절하는 변수
구성변수	포괄적 개념에 대한 하위개념의 조작적 정의가 미흡하게 설정된 경우의 변수

① [X] 서로 상관관계가 있는데도 없는 것처럼 나타나게 하는 변수는 억제변수이다. 왜곡변수는 독립변수와 종속변수 간 사실관계를 정반대로 나타나게 하는 변수이다.
② [O] 조절변수란 독립변수와 종속변수 사이에서 두 변수 간 관계(상호작용효과)를 강화시키거나 약화시키는 제3의 변수를 말한다. 예컨대 강의수강(독립변수)으로 인하여 성적이 향상(종속변수)되었는지 인과관계를 평가할 때 중간에 공부방법(조절변수)이 두 변수 간 관계에 영향을 미칠 수 있다.
③ [O] 허위변수는 독립변수와 종속변수 간에 상관관계가 없는데도 있는 것처럼 독립변수와 종속변수 모두에게 영향을 미치며 이들 사이에 공동변화를 야기하는 제3의 변수를 말한다. 허위의 상관관계에서 제3의 변수는 결과변수(종속변수)뿐 아니라 원인변수(독립변수)에도 영향을 미쳐 두 변수 간 공동 변화를 야기한다.
④ [O] 혼란변수는 독립변수와 종속변수 간 상관관계가 일부 있는 상태에서 두 변수 모두에 영향을 미쳐 인과관계를 과대 또는 과소평가하게 하는 변수이다.

정답 ①

12

① [O] 전문화(분업)의 원리는 업무를 종류와 성질별로 구분하여 구성원에게 가급적 한 가지의 주된 업무를 분담시켜 능률을 향상시키려는 것이나 흥미상실과 비인간화라는 역기능을 가지고 있다.
② [O] 조정의 원리는 공동목적을 달성하기 위하여 구성원의 행동 통일을 기하도록 집단적 노력을 질서 있게 배열하는 과정이며 전문화에 의한 할거주의나 비협조 등을 해소하는 순기능을 가지고 있다.
③ [X] 계층제는 상명하달의 원칙에 따라 **하급자의 의사결정 참여를 배제하므로** 귀속감이나 참여감을 저해할 수 있다.

13

2023 국가직 9급

「국가재정법」 제85조의2 이하에서 규정하고 있는 재정사업의 성과관리의 내용 대해 묻는 문제이다.
① [O] 정부는 성과중심의 재정운용을 위하여 성과목표관리 및 성과평가를 내용으로 하는 재정사업의 성과관리(이하 "재정사업 성과관리"라 한다)를 시행한다(「국가재정법」 제85조의2).
② [O] 기획재정부장관은 재정사업의 성과평가 결과를 재정운용에 반영할 수 있다(「국가재정법」 제85조의10).
③ [X] 기획재정부장관은 법 제85조의8제1항에 따라 각 중앙관서의 장과 기금관리주체에게 기획재정부장관이 정하는 바에 따라 주요 재정사업을 스스로 평가(이하 "재정사업자율평가"라 한다)하도록 요구할 수 있으며, **재정사업자율평가 결과 추가적인 평가가 필요하다고 판단되는 사업에 대해서는 심층평가를 실시할 수 있다**(「국가재정법 시행령」 제39조의3).
④ [O] 재정사업 자율평가는 미국 관리예산처(OMB)에서 각 부처가 5년 주기로 자체평가하고 평가 결과를 점검하고 예산편성에 활용하던 PART(Program Assessment Rating Tool)를 우리나라 실정에 맞게 도입한 제도이다.

정답 ③

14

① [O] 제도의 협착모형은 다양한 제도가 복잡하게 얽혀 이해관계로 정체된 상황을 설명하는 정책변동모형이다.
② [X] 역사학적 신제도주의 변화 이론 중 단절적 균형(결절적 균형)모형은 균형 상태에 있던 기존 제도가 우연한 사건을 계기로 근본적으로 변화한 후 다시 균형상태가 된다는 모형으로, **제도가 어떤 계기가 있을 때 급격하게 변화하는 상황을 설명**한다.
③ [O] 시차이론은 사회현상을 발생시키는 주체들(개인, 집단, 조직, 사회 또는 국가)의 속성이나 행태가, 주체에 따라 시간적 차이를 두고 변화된다는 사실을 사회현상에 적용하는 연구방법으로 한국의 정책집행 과정, 특히 정부개혁이 효과를 거두지 못한 이유를 파악하려는 데서 시작된 접근방법이다. 시차이론에 의하면 정책이나 제도의 개혁은 제도의 도입과정에서 발생하는 시차적 요소에 의해 결과가 달라진다. 시차적 요소란 제도 도입의 순서 혹은 선후관계의 변화, 원인 변수의 수나 작동순서의 변화, 변화 주체의 개입 등을 의미한다.
④ [O] 정책패러다임변동모형은 정책목표, 정책수단, 정책환경 중 정책목표와 정책수단에만 급격한 변화가 일어나는 과정을 설명하는 정책변동모형이다.

정답 ②

15

① [O] 세종특별자치시 등과 같은 지방자치단체나 도로교통공단과 같은 공공기관은 정부업무 평가대상에 포함된다(「정부업무평가 기본법」 제2조2호).
② [O] 검찰청장은 정부조직법상 중앙행정기관의 장이므로 자체평가를 실시하여야 하고 이를 위한 자체평가위원회를 구성·운영하여야 한다(「정부업무평가 기본법」 제14조).
③ [O] 정부업무평가위원회는 위원장 2인을 포함한 15인 이내의 위원으로 구성하되, 위원장은 국무총리와 민간위원 중에서 대통령이 지명하는 2인이 되고, 위원 중 기획재정부장관, 행정안전부장관, 국무조정실장은 당연직 위원이 된다(「정부업무평가 기본법」 제10조).
④ [X] 지방자치단체 또는 그 장이 위임받아 처리하는 국가사무, 국고보조사업 그밖에 대통령령이 정하는 국가의 주요시책 등에 대하여 국정의 효율적인 수행을 위하여 평가가 필요한 경우에는 **행정안전부장관이 관계 중앙행정기관의 장과 합동평가를 실시할 수 있다**(「정부업무평가 기본법」 제21조). 특정평가는 국무총리가 중앙행정기관을 대상으로 다수부처 관련 정책, 즉 국정을 통합적으로 관리할 필요가 있는 정책에 대해서 실시하는 평가이다(「정부업무평가 기본법」 제2조4호).

정답 ④

16

ㄱ. [X] 「공직자의 이해충돌방지법」의 위반행위가 발생하였거나 발생하고 있다는 사실을 알게 된 경우에는 **위반행위가 발생한 공공기관 또는 그 감독기관, 감사원 또는 수사기관, 국민권익위원회로 신고할 수 있다**(「공직자의 이해충돌방지법」 제18조).
ㄴ. [O] 「공익신고자보호법」에 따라 공익신고자의 동의 없이 공익신고자의 인적사항 등을 다른 사람에게 알려주거나 공개할 경우, 징역 또는 벌금 등 법적제재 대상이 된다(「공직자의 이해충돌방지법」 제30조).
ㄷ. [O] 「국가공무원법」에 따라 공무원은 직무상의 관계가 있든 없든 그 소속 상관에게 증여하거나 소속 공무원으로부터 증여를 받아서는 아니 된다.

「국가공무원법」 제61조(청렴의 의무) ① 공무원은 직무와 관련하여 직접적이든 간접적이든 사례·증여 또는 향응을 주거나 받을 수 없다.
② 공무원은 직무상의 관계가 있든 없든 그 소속 상관에게 증여하거나 소속 공무원으로부터 증여를 받아서는 아니 된다.

ㄹ. [X] 비위면직자는 비위행위로 면직된 공직자로 「부패방지권익위법」에 따라 퇴직일 또는 판결 확정일 등으로부터 5년 동안 취업제한기관에 취업이 불가능하다. 선지의 내용은 비위면직자가 아닌 「공직자윤리법」상 취업제한 의무로, 「공직자윤리법」상 취업심사대상자는 퇴직일로부터 3년간 취업심사대상기관에 취업할 수 없으며, 퇴직 전 5년 동안 소속된 부서 또는 기관의 업무와 밀접한 관련성이 없다는 확인을 받아 취업승인이 있는 경우에만 취업할 수 있다.

「부패방지 및 국민권익위원회의 설치와 운영에 관한 법률」 제82조(비위면직자 등의 취업제한) ② 제1항에 따른 비위면직자 등(이하 "비위면직자 등"이라 한다)은 제3항 각 호의 구분에 따른 날부터 5년 동안 다음 각 호의 취업제한기관에 취업할 수 없다.
「공직자윤리법」 제17조(퇴직공직자의 취업제한) ① 제3조제1항제1호부터 제12호까지의 어느 하나에 해당하는 공직자와 부당한 영향력 행사 가능성 및 공정한 직무수행을 저해할 가능성 등을 고려하여 국회규칙, 대법원규칙, 헌법재판소규칙, 중앙선거관리위원회규칙 또는 대통령령으로 정하는 공무원과 공직유관단체의 직원(이하 이 장에서 "취업심사대상자"라 한다)은 퇴직일부터 3년간 다음 각 호의 어느 하나에 해당하는 기관(이하 "취업심사 대상기관"이라 한다)에 취업할 수 없다. 다만, 관할 공직자윤리위원회로부터 취업심사대상자가 퇴직 전 5년 동안 소속하였던 부서 또는 기관의 업무와 취업심사대상기관 간에 밀접한 관련성이 없다는 확인을 받거나 취업승인을 받은 때에는 취업할 수 있다.

정답 ③

17

2018 지방직 7급

내용정리 공공기관의 분류

구분			설명

공기업	내용		· 자체수입액이 총 수입액의 1/2 초과 + 정원이 50인 이상 + 기재부 매년 지정
			· 기관장 및 감사: 대통령이 임명(규모 기준 이하이면 주무기관장이 임명)
			  ⇒ 기관장: 주무기관장 제청으로 대통령이 임명
			  ⇒ 감사: 기재부장관 제청으로 대통령이 임명
			· 이사: 비상임이사는 기재부 장관, 상임이사는 기관장이 임명

	유형	시장형	· 자산규모가 2조 이상 + 자체수입액이 대통령령 기준(85%) 이상 · 이사회 의장: 기재부 장관이 임명한 선임 비상임이사 · 감사위원회 설치 의무
		준시장형	· 시장형 공기업이 아닌 공기업
준정부기관	내용		· 기관장은 주무기관장이 임명, 감사는 기재부 장관이 임명 · 이사: 비상임이사는 주무기관장, 상임이사는 기관장이 임명 · 이사회 의장은 기관장이 겸임, 감사위원회는 설치 재량이 있음
	유형	기금관리형	· 「국가재정법」에 따라 기금을 관리하거나 관리를 위탁
		위탁집행형	· 기금관리형 준정부기관이 아닌 준정부기관
기타공공기관			· 공기업과 준정부기관을 제외한 공공기관

① [O] 공기업과 준정부기관은 2023년 1월 개정된 조항에 따라 공기업·준정부기관: 직원 정원, 수입액 및 자산규모가 대통령령으로 정하는 기준에 해당하는 공공기관 중에서 지정하도록 바뀌었으며 대통령령에 따라 직원 정원 300인 이상, 수입액 200억원 이상, 자산규모 30억 이상에 해당하는 공공기관을 공기업이나 준정부기관으로 지정한다.
② [O] 기관장은 임기 중 경영성과에 대한 책임을 진다. 이사의 경우 충실의무, 비밀유지의무 및 회사에 대한 책임을 지닌다. 기관장 및 이사가 책임을 이행하지 못한 경우 해임될 수 있다.
③ [O] 지방공기업에는 지방직영기업(수도사업, 공업용수도사업, 궤도사업, 자동차운송사업, 지방도로사업, 하수도사업, 주택사업 등), 지방공사(지자체가 자본금을 전액 출자하는 것이 원칙) 및 지방공단(지방직영기업 사업을 운영하기 위한 필요가 있는 경우)을 포함한다.
④ [X] 지방공기업 경영을 평가하고, 매년 경영평가 결과를 토대로 **경영진단 대상 지방공기업을 선정하는 주체는 행정안전부장관이다**(「지방공기업법」 제78조, 제78조의2).

정답 ④

18

① [X] 페리는 신공공서비스론을 지지한 학자로 관료들의 동기유발은

기업가정신이 아니라 시민정신에의 부응을 통하여 이루어져야 한다고 주장함으로써 신공공관리론에 반기를 들었다. 그는 공공봉사동기의 차원을 공공정책에 대한 호감도로 구성된 합리적 차원, 공공에 대한 봉사로 구성된 규범적 차원, 동정이나 자기희생으로 구성된 감성적 차원 등의 3가지로 구분하였다. 하지만 **공공부문 종사자와 민간부문 종사자의 가치체계는 차이가 있으며**, 공공부문 종사자에게는 동기부여의 방식이 달라야 한다고 본다.

② [×] 로크의 목표설정 이론에 따르면 개인의 강력한 동기유발을 위해서는 **목표의 난이도가 높고**, **구체적**이며, **환류가 명확**해야 한다.

③ [○] 포터(Porter)와 롤러(Lawler)의 업적·만족 이론은 보상이 적절한 경우 직무성취 수준인 업적이 직무 만족의 요인이 될 수 있다고 본다.

④ [×] 스키너는 강화이론을 주장한 학자로 인간의 행동의 결과를 조건화해 반응을 유도할 수 있다고 본다. 따라서 인간의 외면적 과정에 초점을 맞추며 **행동의 결과를 원인보다 강조**한다.

정답 ③

19

① [○] 개인정보보호제도, 다시 말해 프라이버시란 보호되어야 하는 개인의 사생활 일체로, 전통적·소극적으로 혼자 있을 권리를 의미하며, 인간의 존엄성과 관련된 천부적 인권과 관련된다. 현대적·적극적 의미는 자신에 관한 정보를 관리·통제할 수 있는 자기정보통제권 개념으로, 기록된 개인정보가 부정확함으로 인해 발생할 수 있는 각종 부작용을 예방하기 위해 자신의 정보를 확인하고 정정할 수 있는 청구권적 성격을 지닌다.

② [○] 「개인정보보호법」은 정부 주체의 사생활을 현저히 침해할 우려가 있는 개인정보 처리 금지를 명문화하고 있다. 이와 관련해 사상·신념, 노동조합·정당의 가입·탈퇴, 정치적 견해, 건강, 성생활 등의 정보, 그밖에 정보주체의 사생활을 현저히 침해할 우려가 있는 개인정보인 민감정보는 원칙적으로 처리 금지, 예외적으로만 허용한다.

③ [○] 맞춤형 전자정부 서비스를 지속적으로 고도화하기 위해서는 개인정보의 행정기관 간 공동활용이 필요하다.

④ [×] 개인정보보호와 정보공동 활용의 조화를 위해서 **개인정보에 대한 식별화가 아닌 '비식별화(de-identifier)'가 필요**하다. '비식별화'는 특정 개인을 식별할 수 없도록 개인정보의 일부 또는 전부를 변환하는 일련의 과정 또는 방법을 의미한다.

정답 ④

20

① [○] 21년 6월 15일 국가재정법에서 온실가스감축인지 예산서의 작성을 법제화하였다. 정부는 예산이 온실가스 감축에 미칠 영향을 미리 분석한 보고서(온실가스감축인지 예산서)를 작성해야 하며 이 보고서에는 온실가스 감축에 대한 기대효과, 성과목표, 효과분석 등 포함되어야 한다(「국가재정법」 제27조).

② [×] 기획재정부장관은 재정사업 성과관리를 효율적으로 실시하기 위하여 **5년마다 재정사업 성과관리 기본계획을 수립**하여야 한다(「국가재정법」 제85조의4).

③ [○] 각 중앙관서의 장은 제31조제1항에 따라 예산요구서를 제출할 때 다음 연도 예산의 성과계획서 및 전년도 예산의 성과보고서를 함께 제출하여야 하며, 기금관리주체는 제66조제5항에 따라 기금운용계획안을 제출할 때 다음 연도 기금의 성과계획서 및 전년도 기금의 성과보고서를 함께 제출하여야 한다(「국가재정법」 제85조의7).

④ [○] 기획재정부장관은 매년 재정사업의 성과목표관리 결과를 종합하여 국무회의에 보고하여야 한다(「국가재정법」 제85조의10).

정답 ②

모의고사 제9회

01	④	02	④	03	④	04	④	05	④
06	④	07	③	08	③	09	③	10	③
11	②	12	④	13	③	14	③	15	②
16	③	17	③	18	①	19	③	20	③

01

내용정리 넛지이론

의의		행동경제학의 통찰을 정부의 정책 설계에 활용: 새로운 정책수단인 넛지를 활용하여 정부가 선택설계자로서의 역할을 수행하여야 함을 강조
특징	부드러운 개입주의	정부가 사람들의 선택 자유를 존중하며 보다 나은 의사결정을 할 수 있도록 조력
	촉매적 정책 수단	간접적이고 유도적인 방식의 정부개입으로 촉매적 정책 수단
	엄격한 증거에 기초	엄격하게 검증된 증거에 기반하여 정책을 선택하거나 결정하는 것을 강조
	급진적 점증주의	사회변화를 도모하는 국가의 정책개입이 급진적 점증주의 방식으로 진행

① [X] 공공선택이론은 국가의 역할을 경시하고 정부의 역할을 시장에 맡겨야 한다는 것으로 개인의 기득권을 유지하려는 **보수적 접근**이라는 비판을 받는다.
② [X] 신공공서비스론에서 정부는 정치적으로 정의된 단일 목표가 아닌 **담론을 통해 만들어진 공익**에 목표를 두고 정책을 추진한다.
③ [X] 신공공관리론에서는 사회적 요구에 대한 **능동적 대처를 위해 분권화된 정부를 지향**한다. 구조적 통합을 통한 분절화의 축소를 지향한다는 것은 권력 집중을 의미한다.
④ [O] 넛지는 행동경제학에 기반한 인간의 행동 매커니즘을 정책에 응용한 것으로 정책을 넛지방식으로 설계해 정책대상집단의 행동에 개입하지만 개인의 자유로운 선택을 허용한다.

정답 ④

02

2017하 국가직 7급

내용정리 우리나라의 재무제표

우리나라 정부의 재무제표는 다음과 같이 구성된다.

재정상태표	- 재정상태표 작성일 현재의 자산과 부채의 명세 및 상호관계 등 재정상태를 나타내는 재무제표로서 자산, 부채 및 순자산(자산-부채)으로 구성 (기업의 대차대조표에 해당)
재정운영표	- 회계연도 동안 수행한 정책 또는 사업의 원가와 재정운영에 따른 원가의 회수명세 등을 포함한 재정운영결과(수익-비용)를 나타내는 재무제표 (기업의 손익계산서에 해당)
순자산변동표	- 회계연도 동안 순자산(자산-부채)의 변동명세를 표시하는 재무제표

① [O] 국가결산보고서에는 세입세출결산, 재무제표, 성과보고서 등이 포함된다.
② [O] 재무제표는 재정상태표, 재정운영표, 순자산변동표로 구성된다.

「국가회계법」 제14조 (결산보고서의 구성) 결산보고서는 다음 각 호의 서류로 구성된다.
1. 결산 개요
2. 세입세출결산(중앙관서결산보고서 및 국가결산보고서의 경우에는 기금의 수입지출결산을 포함하고, 기금결산보고서의 경우에는 기금의 수입지출결산을 말한다)
3. 재무제표
  가. 재정상태표
  나. 재정운영표
  다. 순자산변동표
4. 성과보고서

③ [O] 재정상태표는 일정 시점에서의 재무상태를 나타내는 표로 특정 시점(현재)의 상태를 알려준다.
④ [X] 재정상태표와 재정운영표 등의 재무제표는 **발생주의-복식부기**에 의해 작성된 장부이다. 현재 결산보고서에서 현금주의-단식부기 방식이 적용되는 영역은 세입세출결산의 예산회계장부이다.

정답 ④

03

① [O] 지방자치단체에 고충민원을 처리하기 위해 시민고충처리위원회를 둘 수 있다(「부패방지 및 국민권익위원회의 설치와 운영에 관한 법률」 제32조).
② [O] 국민권익위원회는 접수된 부패행위 신고사항을 그 접수일부터 60일 이내에 처리하여야 한다. 단, 신고내용의 특정에 필요한 사항을 확인하기 위한 보완 등이 필요하다고 인정되는 경우에는 그 기간을 30일 이내에서 연장할 수 있다(「부패방지 및 국민권익위원회의 설치와 운영에 관한 법률」 제59조).
③ [O] 세무·감사·건축·토목·환경·식품위생분야 등 일정 직무에 종사하는 공무원은 7급 이상도 재산을 등록해야 한다(「공직자 윤리법 시행령」 제3조).
④ [X] 공개적으로 공직자 등에게 특정한 행위를 요구하는 행위는 **부정청탁이 아니다**(「청탁금지법」 제5조).

정답 ④

04

내용정리 우리나라의 예산과목 구분방법

예산 과목	입법과목	장·관·항 - 국회의 심의 및 의결대상
	행정과목	세항·목 - 일정 요건 하에 행정부 재량에 의해 관리
세입세출 예산의 구분 (국가재정법)		· 독립기관 및 중앙관서의 소관별로 구분한 후 소관 내에서 일반회계와 특별회계로 구분 · 세입예산: 관·항·목, 세출예산: 장·관·항·세항·목 · 구체적인 분류기준 및 세항과 각 경비의 성질에 따른 목의 구분은 기획재정부장관이 정함

① [X] 세출예산은 소관·장·관·항·세항·목으로 구분하지만, **세입예산은 소관·관·항·목으로만 구분한다.**
② [X] 세입세출예산은 「**국가재정법**」에 따라 독립기관 및 중앙관서의 **소관별로 구분한 후 소관 내에서 일반회계·특별회계로 구분한다.**
③ [X] 우리나라 프로그램 예산제도는 **중앙정부는 2007년, 지방정부는 2008년부터 공식적으로 채택**하였다.
④ [O] 장·관·항은 입법과목이며, 세항·목은 행정과목이다. 세입예산의 관·항·목의 구분과 설정, 세출예산 및 계속비의 장·관·항·세항·목의 구분과 설정, 국고채무부담행위의 사항 구분은 기획재정부장관이 정하는 바에 따른다(「국가재정법 시행령」 제7조).

정답 ④

05

내용정리 경쟁가치모형

퀸과 로보그(Quinn & Rohrbaugh)는 조직의 효과성을 평가하기 위해 조직의 지향점과 조직의 구조에 따라 효과성을 평가하는 기준이 다르다는 점을 전제로 경쟁가치모형을 제시하였다. 모형의 내용은 다음과 같다.

구조 \ 지향	조직(외부)	인간(내부)
통제 (안정성)	합리적 목표모형: 과업지향 모형 ① 목표: 생산성, 능률성, 수익성 ② 수단: 계획과 목표 설정	내부과정모형: 위계문화 ① 목표: 안정성, 통제와 감독, 균형 ② 수단: 정보관리, 의사소통
유연성 (융통성)	개방체제모형: 혁신지향문화 ① 목표: 성장, 자원획득 ② 수단: 유연성	인간관계모형: 관계지향문화 ① 목표: 인적자원 발달, 구성원 만족 ② 수단: 응집력, 사기

① [O] 경쟁가치모형은 각 조직의 지향에 따라 조직과 인간, 구조에 따라 유연성과 통제로 기준을 설정하여 4개 모형을 제시하고, 각 모형마다 목표와 수단이 다르다는 것을 설명하려 한 통합적 분석틀이다.
② [O] 개방체제모형은 외부지향적 유연모형으로 성장, 자원획득, 환경적응을 목적으로 하며 발전(혁신)문화와 부합한다.
③ [O] 합리적 목표모형은 외부지향적 통제모형으로 생산성, 능률성, 수익성을 목적으로 하며 합리문화와 부합한다.
④ [X] 내부과정모형은 내부지향적 통제모형으로서 안정성, 통제와 감독, 균형을 목적으로 한다. 응집력과 사기를 수단으로 해 구성원의 만족, **인적자원의 발달을 목표로 하는 모형은 인간관계 모형이다.**

정답 ④

06

내용정리 정책설정 모형

	의의	정책의제 설정에 있어 의제 진입기회가 우연히 열린다고 설명
정책흐름 모형 (킹던)	3가지 흐름	문제의 흐름 (problem stream)	극적 사건이나 위기 등으로 특정 문제가 관심대상이 되는 과정
		정책의 흐름 (policy stream)	특정대안이 전문가·분석가들의 논의과정을 통해 유력 대안으로 부각되는 과정
		정치적 흐름 (politics stream)	정치적 영향력의 변화에서 이루어지는 협상과정으로 정치인들이 주도하며 정책창이 변화하는 가장 큰 계기
기타 모형	동형화 모형		의제설정과정도 동형화의 압력받음
	사이먼 의 의사 결정		정부의 제한적 합리성, 인지능력의 한계로 일부의 사회문제만 정책의제로 채택
	체제론		문지기(최고정책결정자)가 선호하는 문제가 의제채택

① [O] 모든 조직이 생성될 때에는 다양한 형태를 보이지만 안정화 단계에 들어서면 비슷한 형태를 띠는 것처럼, 의제설정과정에서도 정부 간의 강압·모방·규범 등을 통해 정부 간 정책전이가 일어나는 방식으로 의제가 설정된다고 하는 이론이 동형화 모형 이론이다.
② [O] 사이먼은 만족모형을 주장한 학자로 인지능력 상의 한계로 제한된 합리성에 근거하여 일부 사회문제만이 정책의제로 선택된다고 본다.
③ [O] 이스턴의 체제론은 체제가 지닌 능력의 한계로 일부 문제만 거론되며 체제의 문지기가 허용하는 문제만 채택된다고 본다.
④ [X] 정책창 모형은 문제, 정책, 정치의 3가지 흐름이 **상호의존적 경로를 따라 진행되는 것이 아니라 아무 연관성이 없이 독자적으로 흘러 다니다가 우연히 만나서** 의사결정이 이루어진다고 주장한다.

정답 ④

07

2021 국가직 7급

내용정리 행정개혁에 대한 저항의 원인 및 극복전략

행정개혁에 대한 저항의 원인, 그리고 이러한 저항을 극복하는 전략은 다음과 같다.

원인	기득권의 침해, 보수성, 이해관련자들의 참여 부족, 내용의 불확실성, 고객집단의 저항,
극복 전략	· 강제적 전략: 개혁추진자가 강압적 권력에 의해 제재·위협 · 규범적·사회적 전략: 상징조작과 사회적·심리적 지지를 통해 자발적 협력과 개혁 수용 유도 ⇨ 근본적 전략 · 공리적·기술적 전략: 관련자들의 이익침해를 방지·보상하여 과정의 기술적 요인을 조정하여 저항을 극복하거나 회피

행정개혁에 대한 저항을 극복하기 위한 전략에는 강제적 전략, 규범적·사회적 전략, 공리적·기술적 전략이 있다.
① [X] 경제적 손실 보상, 임용상 불이익 방지는 관련자들의 이익침해를 방지·보상하여 **저항을 회피하고자 하는 공리적·기술적 전략**이다.
② [X] 개혁지도자의 신망 개선, 의사전달과 참여의 원활화, 사명감 고취는 **구성원들의 자발적 협력과 개혁의 수용을 유도하는 규범적·사회적 전략**으로 행정개혁에 대한 저항을 근본적으로 해결하기 위한 방법이다.
③ [O] 교육훈련과 자기계발 기회 제공은 자발적 협력을 독려하는 규범적·사회적 전략이다.
④ [X] 개혁의 시기를 조정하는 것은 과정의 기술적 요인을 조정해 저항을 극복하거나 회피하기 위한 방법으로 **공리적·기술적 전략**이다.

정답 ③

08

2014 국가직 7급

① [X] 애드호크라시는 **공식화 정도가 낮고, 분권화되어 있으며, 수직적 분화가 낮은 수평적 조직의 특징을 보여준다.**
② [X] 집권화는 자원배분을 포함한 **의사결정 권한이 조직의 상하 직위 간에 어떻게 분배되어 있는가를 의미**한다.
③ [O] 복잡성은 보통 조직이 얼마나 나누어지고 흩어져 있는가의 분화 정도를 말하며 분업을 의미하는 수평적 분화, 계층화를 의미하는 수직적 분화, 지리적 흩어짐을 의미하는 공간적 분화 등으로 세분화할 수 있다.
④ [X] **공식화는 업무수행 방식이나 절차가 표준화되어 있는 정도를 의미**하며 직무기술서, 내부규칙, 보고체계 등의 명문화 정도로 측정할 수 있다.

정답 ③

09

내용정리 특별지방자치단체와 지방자치단체조합

	지방자치단체조합	특별지방자치단체
의의	2개 이상의 지방자치단체가 구성원이 되어 공동사무를 처리	2개 이상의 지방자치단체가 공동으로 광역적 사무를 처리
법인격	있음	있음
조례제정권	없음	있음
의결기관	조합회의	특별지방자치단체의 의회
주민발안	없음	조례 제·개정 시 주민참여가능
설치	기초단위의 설치 시 시·도지사의 승인, 광역 단위의 설치 시 행정안전부장관의 승인	설치 시 행정안전부 장관의 승인 필요

① [X] 지방자치단체조합과 특별지방자치단체는 모두 법인격을 가진다.
② [X] 특별지방자치단체 설치 시 **기초 단위, 광역 단위 모두 행정안전부 장관의 승인**을 필요로 한다.
③ [O] 지방자치단체조합의 의결기관은 조합회의, 특별지방자치단체의 의결기관은 특별지방자치단체의회의 형태이다.
④ [X] 특별지방자치단체는 **조례의 제·개정 시 주민참여가 가능하지만 지방자치단체조합은 주민참여제도가 없다.**

정답 ③

10

ㄱ. [X] 지방자치단체의 장은 주민 또는 지방의회의 청구, 중앙행정기관의 장의 요청에 의하거나 직권에 의하여 주민투표를 실시할 수 있다(「주민투표법」 제9조).
ㄴ. [X] 주민투표에 부쳐진 사항은 주민투표권자 총수의 **4분의 1이상의 투표**와 유효투표수 과반수의 득표로 확정된다. 다만 전체 투표 수가 1/4에 미달하거나 유효득표수가 찬반 동수인 경우에는 양자택일의 대상이 되는 사항 모두를 선택하지 않는 것이 확정된다고 본다(「주민투표법」 제24조). 2022년 10월부터 투표유효요건이 1/3에서 1/4로 낮아졌고, **이보다 적게 투표할 시 개표를 하지 않는다는 조항은 삭제되었다.**
ㄷ. [O] 시·도지사에 대한 주민소환투표의 청구를 위해서는 당해 지방자치단체의 주민투표청구권자 총수의 10/100 이상에 해당하는 주민의 서명이 있어야 한다. 시·군·구청장의 경우는 15/100 이상, 지방의원의 경우에는 20/100 이상이다(「주민소환법」 제7조).
ㄹ. [O] 주민소환제도는 소환 대상 공직자의 임기만료 1년 미만, 이전 소환투표를 실시한 날로부터 1년 이내, 임기 개시일로부터 1년 이내에는 소환투표 실시를 청구할 수 없도록 규정하고 있다(「주민소환법」 제8조).

정답 ③

11

2022 지방직 7급

내용정리 지방세 탄력세율의 적용 대상

대통령령으로 정하는 탄력세율 세목	담배소비세, 자동차 주행에 대한 자동차세
조례로 정하는 탄력세율 세목	취득세, 등록면허세, 주민세, 지방소득세 일부, 재산세, 자동차 소유에 따른 자동차세, 지역자원시설세, 지방교육세
탄력세율 적용 제외	지방소비세, 레저세

ㄱ. [O] 지방세 탄력세율 제도는 법률의 위임을 받아 행정부(대통령령) 또는 지방정부(조례)가 지방세액 산정 시에 적용하는 세율을 일정 범위 내에서 자율적으로 결정할 수 있는 제도이다.
ㄴ. [O] 지방세 탄력세율이 적용될 수 있는 세목은 「지방세법」에서 규정하고 있는 취득세(제14조), 등록면허세(제28조), 주민세(제81조), 지방소득세 일부(제92조), 재산세(제111조) 등이며, 지방소비세와 레저세는 탄력세율 적용에서 제외된다.
ㄷ. [X] 담배소비세, 주행분 자동차세에 대해 표준세율의 30%를 가감하는 방식과 같이 일정 비율을 가감하는 방식으로 탄력세율이 적용될 수 있으나 이는 **조례가 아닌 대통령령으로 정하는 세목**이다(「지방세법」 제52조, 제136조).

정답 ②

12

2014 국가직 7급

① [O] 계층제는 공식사회에 수직적 전문화를 통해 내부적 공식적 통제 기능을 담당한다.
② [X] **공금횡령은 내부부패이면서 비거래형 부패에 해당한다.** 거래형 부패는 상대방을 두고 이루어지는 부패로 뇌물을 매개로 이권이나 특혜를 불법적으로 제공하는 가장 전형적인 부패이다.
③ [O] 우리나라 「부패방지 및 국민권익위원회의 설치와 운영에 관한 법률」에 따라 공공기관의 사무처리가 법령위반 또는 부패행위로 인하여 공익을 현저히 해하는 경우 감사원 등에 감사를 청구할 수 있도록 하는 국민감사청구제도를 시행하고 있다.
④ [O] 우리나라 「부패방지 및 국민권익위원회의 설치와 운영에 관한 법률」에는 부패방지를 위한 공공기관의 책무, 정당의 책무, 기업의 의무, 국민의 의무 등을 규정하고 있다. 모든 국민은 공공기관의 부패방지시책에 적극 협력하여야 한다(「부패방지권익위법」 제6조).

정답 ②

13

「공직자의 이해충돌 방지법」(약칭: 이해충돌방지법)은 공직자의 직무수행과 관련한 사적 이익추구를 금지함으로써 공직자의 직무수행 중 발생할 수 있는 이해충돌을 방지하여 공정한 직무수행을 보장하고 공공기관에 대한 국민의 신뢰를 확보하는 것을 목적으로 제정되었다.
① [X] **「이해충돌방지법」상 업무를 관장하는 기관은 국민권익위원회이다.**
② [X] 「이해충돌방지법」상 고위공직자는 대통령, 국무총리, 국무위원, 국회의원, 국가정보원의 원장 및 차장 등 국가의 정무직공무원과 지방자치단체의 장, 지방의회의원 등 지방자치단체의 정무직공무원, 일반직 1급 국가공무원(「국가공무원법」 제23조에 따라 배정된 직무등급이 가장 높은 등급의 직위에 임용된 고위공무원단에 속하는 일반직공무원을 포함한다) 및 **지방공무원과 이에 상응하는 보수를 받는 별정직공무원**(고위공무원단에 속하는 별정직공무원을 포함한다)이 포함된다(동법 제2조 3호).
③ [O] 누구든지 이 법의 위반행위가 발생하였거나 발생하고 있다는 사실을 알게 된 경우에는 이 법의 위반행위가 발생한 공공기관 또는 그 감독기관, 감사원 또는 수사기관, 국민권익위원회에 신고할 수 있다(「이해충돌방지법」 제18조).
④ [X] 공직자는 직무관련자가 사적이해관계자임을 안 경우 안 날부터 14일 이내에 소속기관장에게 그 사실을 서면으로 신고하고 회피를 신청하여야 한다(「이해충돌방지법」 제5조).

정답 ③

14

① [O] 지방자치단체의 장은 지방의회의 예산안 심의 결과 폐지되거나 감액된 지출항목에 대해서는 예비비를 사용할 수 없다.

> 「지방재정법」 제43조(예비비) ① 지방자치단체는 예측할 수 없는 예산 외의 지출 또는 예산 초과 지출에 충당하기 위하여 일반회계와 교육비특별회계의 경우에는 각 예산 총액의 100분의 1 이내의 금액을 예비비로 예산에 계상하여야 하고, 그 밖의 특별회계의 경우에는 각 예산 총액의 100분의 1 이내의 금액을 예비비로 예산에 계상할 수 있다.
> ② 제1항에도 불구하고 재해·재난 관련 목적 예비비는 별도로 예산에 계상할 수 있다.
> ③ 지방자치단체의 장은 지방의회의 예산안 심의 결과 폐지되거나 감액된 지출항목에 대해서는 예비비를 사용할 수 없다.
> ④ 지방자치단체의 장은 예비비로 사용한 금액의 명세서를 「지방자치법」 제150조제1항에 따라 지방의회의 승인을 받아야 한다.

② [O] 지방자치단체의 장이나 지방자치단체조합의 장은 따로 법률이 정하는 바에 따라 지방채를 발행할 수 있다(「지방재정법」 제11조).

③ [X] 「지방공기업법」에 따른 지방직영기업이나 그 밖의 특정사업을 운영할 때 또는 특정자금이나 특정세입·세출로서 일반세입·세출과 구분하여 회계처리할 필요가 있을 때에만 **법률이나 조례로 설치**할 수 있다.

④ [O] 지방자치단체의 장은 지방재정을 계획성 있게 운용하기 위해 매년 다음 회계연도부터 5회계연도 이상의 기간에 대한 중기지방재정계획을 수립하여 예산안과 함께 지방의회에 제출하고, 회계연도 개시 30일 전까지 행정안전부장관에게 제출하여야 한다(「지방재정법」 제33조).

정답 ③

15

내용정리 공기업의 분류

구분	정부부처형	법인형 공기업	
		공사형	주식회사형
설치 근거	정부조직법	특별법	상법 또는 특별법
유형	우편, 우체국예금, 양곡관리, 조달, 책임운영기관	한국석유공사, 한국철도공사	한국전력공사, 한국가스공사
독립 법인 여부	정부기관 (소속직원: 공무원)	별도 법인 (임원: 준공무원, 소속직원: 회사원)	
재원	정부재원	전액정부투자	민·관 공동투자
근거 법률	정부기관예산법	공공기관 운영에 관한 법률	

① [O] 공사는 법인형 공기업으로 정부조직법에 의해 설립되는 정부기업이나 상법에 의해 설립되는 주식회사형 공기업과 달리 특정한 목적을 위하여 특별법에 의해서 설립된다.

② [X] 주식회사형 공기업은 법인형 공기업으로 **「공공기관 운영에 관한 법률」에 근거를 둔다.**

③ [O] 지방공기업의 유형 중 지방공사와 지방공단은 독립된 법인격을 갖춰 설립하는 형태로 지방공사의 경우 자치단체가 전액출자하는 것이 원칙이지만 50% 미만의 범위 내에서 민간출자가 가능하다. 하지만 지방공단은 지방자치단체 전액출연이 원칙이며, 민간출자를 허용하지 않는다.

④ [O] 중앙정부나 지방정부가 운영하는 정부기업은 원칙적으로 정부조직의 형식을 취하면서 정부의 책임으로 운영되는 공기업으로' 중앙정부의 정부기업의 경우 「정부조직법」, 지방자치단체의 지방직영기업의 경우 「지방자치법」, 「지방공기업법」에 의해 설립되며 직원은 공무원 신분으로, 일반행정기관과 동일한 임용 방법이나 근무조건의 적용을 받는다.

정답 ②

16

내용정리 규제개혁의 방안

규제개혁 단계(OECD)	규제완화 → 규제품질관리 → 규제관리
목적	불필요한 행정규제를 폐지하고 비효율적인 행정규제의 신설을 억제
행정규제 기본법 / 규제영향 분석	· 규제로 인한 영향분석해 규제의 타당성 판단: 규제의 편익보다 비용 파악에 중점 · 신설 및 강화되는 규제를 대상
규제법정 주의	법률에 근거한 규제
규제의 원칙	본질적인 내용 침해 불가, 최소한의 범위에서 객관성·투명성·공정성 확보
규제일몰제	규제의 존속기한 및 재검토기한 명시(최소한의 기간 설정 및 원칙적으로 5년 초과 불가)
규제개혁 위원회	· 대통령 소속: 규제 정책의 심의·조정과 규제의 심사·정비 등에 관한 사항을 종합적으로 추진 · 위원장 2명을 포함한 20명 이상 25명 이하의 위원으로 구성
규제샌드박스	신기술과 신산업을 육성하기 위하여 일정기간 규제 면제 또는 유예

① [X] 규제영향분석은 규제의 비용에 대한 규제당국의 관심과 정부의 책임성을 제고하는 방식으로 규제의 편익보다 규제의 비용에 주안점을 둔다.

② [X] 우리나라의 규제 영향분석은 정부가 입법하는 과정에만 적용되고, 의회가 입법하는 과정에서는 활용되지 않고 있다.

③ [O] 국회, 법원, 헌법재판소, 선거관리위원회 및 감사원이 하는 사무에 대하여는 「행정규제기본법」을 적용하지 아니한다(「행정규제기본법」 제3조 제2항 제1호).

④ [X] 「행정규제기본법」상 규제의 존속기한 또는 재검토기한은 규제의 목적을 달성하기 위하여 필요한 최소한의 기간 내에서 설정되어야 하며, 그 기간은 원칙적으로 5년을 초과할 수 없다(「행정규제기본법」 제8조 제2항).

정답 ③

17

① [O] 「국가재정법」상 예산총계주의에 대한 예외는 현물출자, 외국차관 전대, 수입대체경비이다.

② [O] 공무원의 보수 인상을 위한 인건비 충당을 위하여는 예비비의 사용목적을 지정할 수 없다.

③ [X] 정부는 국무회의의 심의 이후 **대통령의 승인을 얻은 예산안을** 「국가재정법」상 회계연도 개시 120일 전까지 국회에 제출하여야 한다.

④ [O] 회계·기금 간 여유재원의 전출입은 원칙적으로 허용되지만 공적연금기금(국민연금기금, 공무원연금기금, 군인연금기금 등)은 예외적

으로 전출입이 금지된다(「국가재정법」 제13조).

> 「국가재정법」 제13조(회계·기금 간 여유재원의 전입·전출) ①정부는 국가재정의 효율적 운용을 위하여 필요한 경우에는 다른 법률의 규정에도 불구하고 회계 및 기금의 목적 수행에 지장을 초래하지 아니하는 범위 안에서 회계와 기금 간 또는 회계 및 기금 상호 간에 여유재원을 전입 또는 전출하여 통합적으로 활용할 수 있다. 다만, 다음 각 호의 특별회계 및 기금은 제외한다.
> 1. 우체국보험특별회계
> 2. 국민연금기금
> 3. 공무원연금기금
> 4. 사립학교교직원연금기금
> 5. 군인연금기금
> 6. 고용보험기금
> 7. 산업재해보상보험및예방기금
> 8. 임금채권보장기금
> 9. 방사성폐기물관리기금
> 10. 그 밖에 차입금이나 「부담금관리기본법」 제2조의 규정에 따른 부담금 등을 주요 재원으로 하는 특별회계와 기금 중 대통령령으로 정하는 특별회계와 기금

정답 ③

18

① [O] 계속비는 5년 이내가 원칙이지만 국회의 의결이 있을 경우 기간 연장이 가능하다(「국가재정법」 제23조).
② [X] 국고채무부담행위는 법률, 세출예산, 계속비 외에 정부가 채무를 부담하는 행위로 당해 연도 예산확보 없이 국가가 채무를 지는 것이다. 따라서 **법률, 세출예산, 계속비의 범위를 벗어난다**(「국가재정법」 제25조).
③ [X] 예비비는 예측할 수 없는 사태에 대처하기 위해 별도의 금액을 계상하는 것으로 **공무원의 보수 인상을 위한 인건비 충당을 위하여는 예비비의 사용 목적을 지정할 수 없다**(「국가재정법」 제22조).
④ [X] 이월은 당해 회계연도에 집행되지 않은 예산을 다음 연도의 예산으로 사용하는 것으로 **명시이월은 국회의 사전의결이 필요하고 국회의 사전 의결 없이 이루어지는 사고이월은 한번 이월된 후 재이월이 불가능하다**(「국가재정법」 제48조).

정답 ①

19

내용정리 사바스의 공공서비스 생산유형

구분		공급·배열(provide, arrange)	
		정부	민간
생산 (product)	정부	· 직접 공급 · 정부 간 협약	· 정부판매
	민간	· 민간계약(contracting-out) · 면허(franchising, license) · 보조금	· 시장 · 바우처 · 자조활동(self-help) · 자원봉사(voluntary-service)

① [O] 사용자부담 방식의 활용은 재정서비스의 실질적 혜택을 얻은 국민이 직접 그에 대한 대가를 지불하는 방식으로 재정부담의 공평성 제고에 기여한다.
② [O] 정부의 독점적 생산구조로 인해 발생한 과잉생산과 독점 등의 공공부문 비효율을 해결하기 위한 방법으로 다양한 계약방식을 통한 서비스 공급이 도입되고 있다.
③ [X] 사바스(E. Savas)가 제시한 공공서비스 공급유형론에 따르면, **자원봉사(voluntary service)방식은 민간이 결정하고 민간이 공급하는 유형에 속한다.**
④ [O] 정부실패 현상 이후 정부의 직접적 공급이 아닌 대안적 서비스 공급체계(ASD: Alternative Service Delivery)는 생활 쓰레기 수거, 사회복지 사업 운영, 시설 관리 등의 다양한 분야에 적용되고 있다.

정답 ③

20
2019 지방직 7급

① [O] 특수업무 분야에 종사하는 공무원은 대통령령으로 정하는 바에 따라 일반직공무원의 계급구분과 직군 및 직렬의 분류를 적용받지 않을 수 있다(「국가공무원법」 제4조).
② [O] 인사혁신처장은 행정기관 상호 간, 행정기관과 교육·연구기관 또는 공공기관 간에 인사교류가 필요하다고 인정하면 인사교류계획을 수립하고, 국무총리의 승인을 받아 이를 실시할 수 있다(「국가공무원법」 제32조의2).
③ [X] **징계로 해임처분을 받은 때부터 3년을 경과하지 아니한 자는** 공무원으로 임용될 수 없다.
④ [O] 임용권자는 우수한 인재를 공직에 유치하기 위하여 학업 성적 등이 뛰어난 고등학교 이상 졸업자나 졸업 예정자를 추천·선발하여 3년의 범위에서 수습으로 근무하게 하고, 그 근무기간 동안 근무성적과 자질이 우수하다고 인정되는 자는 6급 이하의 공무원으로 임용할 수 있다(「국가공무원법」 제26조의4).

정답 ③

모의고사 제10회

01	①	02	③	03	③	04	②	05	④
06	③	07	①	08	③	09	②	10	④
11	①	12	③	13	④	14	③	15	②
16	③	17	②	18	③	19	②	20	③

01
2017상 국가직 7급

① [×] PART(Program Assessment Rating Tool)는 클린턴 행정부가 아니라 **부시 행정부에 의하여 도입된 결과지향적 예산제도**의 일환이다. 클린턴 행정부는 결과지향적 예산제도로 1993년 GRPA(Government Performance and Result Act)를 제정·도입하였으며 부시 행정부는 이를 보완하여 PART(Program Assessment Rating Tool)를 성립시켰다.

② [○] 신성과주의예산, 즉 결과지향적 예산제도는 각 부처 재정사업 담당자들에게 더 많은 자율성을 부여하고 성과를 중심으로 하는 예산관리에 대한 동기 부여를 강조한다.

③ [○] 결과지향 예산, 다시 말해 신성과주의 예산제도는 관리자들과 기관장 간에 성과계약을 체결하고 재정사업의 목표, 결과, 재원을 연계해 성과에 대한 책임을 묻는 방식이다.

④ [○] 20세기 후반 주요 선진국들은 예산제도나 형식의 변화보다는 재정사업의 운영과정이나 기능에 초점을 둔 신성과주의예산을 도입하였다.

정답 ①

02
2013 지방직 7급 지방자치론

① [○] 지역자원시설세와 지방교육세는 광역자치단체에서 징수하는 목적세이다.

② [○] 특별시 관할구역의 경우 재산세(선박 및 항공기에 대한 재산세 등 제외)는 특별시세 및 구세로 공동과세한다.

> 「지방세기본법」 제9조(특별시의 관할구역 재산세의 공동과세) ① 특별시 관할구역에 있는 구의 경우에 재산세(「지방세법」 제9장에 따른 선박 및 항공기에 대한 재산세와 같은 법 제112조제1항제2호 및 같은 조 제2항에 따라 산출한 재산세는 제외한다)는 제8조에도 불구하고 특별시세 및 구세인 재산세로 한다.

③ [×] 광역시의 구는 자치구로서 자치구 세목에는 등록면허세와 재산세가 있고, 군(郡)세의 세목에는 주민세, 재산세, 자동차세, 담배소비세, 지방소득세가 규정되어 있다. 따라서 각 세목이 동일하지 않다.

④ [○] 보통세의 세목은 취득세, 등록면허세, 레저세, 담배소비세, 지방소비세, 주민세, 지방소득세, 재산세, 자동차세가 있다.

정답 ③

03

내용정리 지방자치기관 간의 관계

구분	기관통합형	기관대립형
개념	· 권력통합주의: 정책결정과 집행기능의 책임을 지방의회에 귀속 · 내각책임제(의원내각제)와 유사	· 견제와 균형의 원리: 의결기관과 집행기관의 분리 · 대통령중심제와 유사
유형	영국의 의회형, 미국의 위원회형, 프랑스의 의회의장형	집행기관 직선형, 집행기관 간선형, 집행기관 임명형
장점	민주정치와 책임행정 구현 용이, 기관의 통합을 통해 집행의 안정성과 능률성 확보	행정의 전문성을 통한 능률성 증진
단점	의회의 권력남용 우려, 행정의 전문화 저해, 정치적 요인 개입 우려	의결기관과 집행기관 간 갈등
주의	현재, 우리나라는 기본적으로 기관대립형이지만, 2022년 1월 13일부터 주민투표를 통해 기관구성 달리할 수 있음	

① [○] 강시장-의회 형태는 기관대립형으로 시장이 강력한 정치적 리더십을 행사할 수 있다(우리나라).

② [○] 의회-시지배인 형태는 절충형으로 시지배인은 전문행정관으로서의 실질적인 기능을 수행한다.

③ [×] 기관대립형 중 약시장-의회형은 시장보다 지방의회의 권한이 더 강한 유형이다. 일반적으로 약시장-의회형에서는 **의회가 정책결정권과 인사권, 예산편성권을 행사하며 시장에게는 조례거부권이 인정되지 않는다.**

④ [○] 현재 우리나라의 「지방자치법」에 의한 지방자치제는 기본적으로 기관분립형이지만, 2022년부터 주민투표를 거쳐 자치단체가 기관구성 형태를 달리할 수 있다(「지방자치법」 제4조).

정답 ③

04
2022 국가직 7급

① [×] 제헌의회가 성립한 것은 1948년이지만, **최초의 지방선거가 실시된 것은 1952년으로 4월 25일에는 시·읍·면의회의원 선거가 실시되었고, 5월 10일에는 도의회의원 선거가 실시되었다.**

② [○] 1960년 이후 31년 만에 부활한 1991년 지방선거에서 지방의회의원은 선출하였으나 지방자치단체장은 임명직으로 남아 있었다.

③ [×] **시·도교육감 선거는 2007년에 최초로 실시되었다.**

④ [×] **1960년 지방선거에서는 서울특별시장, 도지사뿐만 아니라 시·읍·면장 선거도 실시되었다.**

정답 ②

05

내용정리 공무원 노동조합

가입대상	1. 일반직 공무원 2. 특정직공무원 중 외무영사직렬, 외교정보기술직렬 외무공무원, 소방공무원 및 교육공무원(다만, 교원은 제외한다.) 3. 별정직공무원
가입금지대상	• 다른 공무원에 대하여 지휘·감독권을 행사, 다른 공무원의 업무 총괄 • 인사·보수에 관한 업무를 수행하는 공무원 • 교정·수사 또는 그 밖에 이와 유사한 업무에 종사하는 공무원
노조전임자	임용권자의 동의를 받아 노동조합의 업무에만 종사ㆍ전임기간 중 무급휴직
교섭대상	노동조합에 관한 사항 또는 조합의 보수·복지 및 근무조건

① [X] 「공무원의 노동조합 설립 및 운영 등에 관한 법률」 제11조에서는 노동조합과 그 조합원은 파업, 태업 또는 그 밖에 업무의 정상적인 운영을 방해하는 일체의 행위를 하여서는 아니 된다고 규정하며 **쟁위행위를 금지**하고 있다.

② [X] 「공무원의 노동조합 설립 및 운영 등에 관한 법률」에 따르면 **일반직 공무원에 상당하는 별정직 공무원은 공무원노조 가입대상에 포함**된다.

③ [X] **국가와 지방자치단체는 전임자에게 그 전임기간 중 보수를 지급하여서는 안 된다**(「공무원의 노동조합 설립 및 운영 등에 관한 법률」 제7조).

④ [O] 「공무원의 노동조합 설립 및 운영 등에 관한 법률」에 따르면 특정직 공무원 중 일반직에 상당하는 외무행정·외교정보관리직 공무원은 공무원노조 가입대상이며, **21년 법령개정으로 교육공무원과 소방공무원이 공무원 노동조합 가입대상에 포함**되게 되었다.

정답 ④

06

① [O] 조합주의에서 정부는 사회적 공동선, 다시 말해 **공익을 달성하기 위해 중요 이익집단과 우호적 협력관계를 유지**한다.

② [O] 사회조합주의는 이익집단과 국가와의 결속 관계가 **이익집단의 자발적(아래로부터) 시도**에 의해 이루어진 것으로 서구 선진자본주의 의회민주주의 하에서 나타났다.

③ [X] 조합주의이론은 국가와 이익집단 간 합의 또는 동맹관계를 토대로 정책과정에서 **국가의 역할을 적극적·능동적으로 본다**.

④ [O] 국가조합주의는 일반적이고 전형적인 조합주의의 유형으로 제3세계 및 후진자본주의에서 **국가가 일방적으로(위로부터) 주도하는 이익 대표체제**를 말한다. 이탈리아 파시스트 조합주의가 대표적이다.

정답 ③

07

내용정리 비용-편익 분석과 비용-효과분석

구분	비용편익분석	비용효과분석
표현방식	비용·편익을 화폐가치로 표현	비용은 화폐가치로, 편익은 비화폐적 단위로 표현
성격	양적 분석(공공부문 적용 한계)	질적 분석(공공부문 적용 적합)
대상사업	이질적 목표의 프로그램 간 비교	동일 목표의 프로그램 간 비교

① [X] 비용-효과분석은 **정책대안의 비용은 화폐가치로, 효과는 비화폐적인 가치로 환산해 측정하는 정책대안 분석기법**이다. 정책대안의 비용과 편익을 모두 화폐가치로 분석하는 것은 비용-편익 분석기법이다.

② [O] 비용-효과분석은 비용-편익 분석기법과 달리 긍정적 이득을 비화폐적인 가치로 측정해 화폐가치인 비용과 수치적 비교를 하기 어렵다. 따라서 비용과 효과 중 어느 쪽이 더 큰지 판단하기 힘들어 사회적 후생의 문제와 쉽게 관련시킬 수 없다.

③ [O] 비용효과분석은 비용과 효과가 서로 다른 단위로 측정되기 때문에 총효과가 총비용을 초과하는지의 여부에 대한 직접적 증거를 제시하지 못한다.

④ [O] 비용효과분석은 비용과 효과가 서로 다른 단위로 측정되므로 보통 산출물의 금전적 가치를 환산하기 어렵거나 산출물이 동일한 사업 평가에 이용된다.

정답 ①

08

① [X] 만족모형은 현상 유지적 성격이 강한 모형으로, **책임회피의식과 보수적 사고가 지배적인 상황에서 혁신을 이끄는 데 한계**가 있다.

② [X] 점증모형은 여러 정책대안들이 **가분적(divisible)인 경우에 효과적**이다. 가분적 정책은 보통 하나의 정책이 여러 개의 세부프로그램으로 구성된 경우 그들 중 일부만 취사 선택할 수 있는 정책으로 이 경우 일부의 조건에 대한 점증적 모형적용이 가능하다. 하지만 비가분적 정책결정은 일부의 정책만 수정해서 추진할 수 없는 경우로 보통 합리모형의 의사결정 방식이 적용된다.

③ [O] 브레이브룩과 린드블룸은 사회변동의 정도, 정책목표와 수단에 대한 이해 정도에 따라 정책결정을 4가지의 모형으로 구분할 수 있다고 본다. 이들 이론에 따르면 의사결정에 대한 사회변화의 크기가 점증적인 경우 합리모형이나 점증모형을 적용할 수 있다.

정책목표와 수단에 대한 이해 정도 \ 의사결정에 대한 사회변화의 크기	광범위한 변화	점증적인 변화
높은 이해	혁명적, 이상적 결정	합리모형 (행정적, 기술적 결정)
낮은 이해	전쟁, 위기 등의 대변혁	점증모형 (점증적 정치)

④ [X] 쓰레기통모형에 따르면 해결이 필요한 문제, 해결책, 참여자, 의사결정의 기회는 독자적으로 움직이다 우연한 기회에 결합해 의사결정을 이룬다.

정답 ③

09

① [O] 2007년 도입된 디지털예산회계시스템은 수입의 발생부터 예산의 편성·집행, 자금 및 국유재산 관리, 결산 등 국가재정업무 순기상의 전체과정을 포괄하는 재정정보시스템이다. 시스템 내 축적된 정보를 활용하여 관련 통계 및 분석자료를 제공하고 조달청, 국세청 등 43개 기관, 65개 외부 시스템과의 연계를 통해 계약, 국세징수, 자금이체 등의 효율성·투명성을 제고한다.
② [X] 디지털예산회계시스템은 **조달청의 나라장터와 연계해 투명하고 공정한 입찰 및 계약을 실시 중**이며, 전자자금이체 기능을 통해 국고계좌로부터 민간업체의 계좌로 자금 이체도 가능하다.
③ [O] 디지털예산회계시스템의 운영으로 국민들은 예산 규모, 집행 실적, 성과평가 결과 등 재정활동에 대한 정보를 투명하고 쉽게 파악할 수 있어 재정에 대한 국민감시와 참여가 가능하다. 또한 국회는 정책과 성과관리 단위인 프로그램 중심으로 예산과 결산이 집행되므로 예·결산 심의가 원활하게 이루어질 수 있다.
④ [O] 디지털예산회계시스템을 통해 재정당국은 사업의 집행성과 정보 등을 바탕으로 예산을 합리적으로 편성할 수 있으며 이를 통해 재정 활동의 평가분석, 예측 능력을 높여 재정위험을 보다 체계적으로 관리할 수 있다.

정답 ②

10

내용정리 톰슨의 기술 분류

유형	내용	상호 의존성	의사전 달빈도	조정 방법	예
중개적 (mediate) 기술	서로 관련성이 없는 집합적 의존관계의 구성원을 연결하는 기술	집단적	낮음	규칙, 표준화	은행, 부동산 중개소
연계형 (long-linked) 기술	순차적, 연속적 의존 관계에 있는 다양한 기술이 연계	순차적 (연속적)	중간	수직적 의사 전달, 정기적 회의	대량 생산 작업 체계
집약형 (intensive) 기술	다양한 기술의 복합체로 다양한 기술이 구성원의 성격 등에 따라 다르게 배합되는 기술	교호적	높음	수평적 의사 전달, 부정기적 회의	종합 병원, 연구 사업

① [X] 톰슨의 기술유형 중 **정기적 회의를 조정기제로 삼는 것은 순차적 상호의존성이 나타나는 연계형 기술**이다.
② [X] 기예적(craft) 기술은 과제의 다양성과 분석가능성이 낮은 작업 경험과 같은 기술로 **대체로 유기적 구조를 갖는다.**
③ [X] 톰슨의 기술 중 집합적 상호의존성(pooled interdependence)을 가진 기술은 중개적 기술로 서로 관련성이 없는 고객들을 연결하여 독자적으로 조직목표에 공헌한다. 이 경우 부서 간 상호의존성은 단순한 집합적(pooled) 의존관계로 표준화가 가능하고 갈등의 소지가 작다. **순차적 의존관계가 나타나는 기술은 연계형 기술**이다.
④ [O] 페로의 기술 유형 중 일상적 기술은 다양성(예외의 수)이 낮고 분석 가능성이 높은 단순한 기술이다.

정답 ④

11

집단사고는 집단 구성원들 간에 강한 응집력을 보이는 집단에서, 의사결정 시에 만장일치에 도달하려는 분위기가 다른 대안들을 현실적으로 평가하고자 하는 경향을 억압해 나타나는 구성원들의 왜곡되고 비합리적인 사고방식이다.
① [X] 집단사고는 집단 내 의견을 억압해 나타나는 왜곡되고 비합리적인 사고방식으로 토론이 제한된 경우가 많아 **집단지성이 나타나기 어렵다.**
② [O] 집단사고는 찬성이나 반대의 견해를 밝히지 않는 침묵 역시 합의로 간주하는 만장일치의 환상에 젖어있다.
③ [O] 집단사고는 집단적 합의에 대한 이의 제기에 대해 스스로 잘못되었다고 보는 '자기검열' 성향이 나타난다.
④ [O] 집단사고는 집단의 능력에 대한 과대평가로 집단이 실패할 리 없다는 환상에 사로잡혀있다.

정답 ①

12

내용정리 레짐이론

레짐이론은 도시거버넌스의 일종으로 정부와 민간, 국가와 사회가 도시정책을 협력하여 이끌어내는 과정을 설명하는 이론이다. 스톤(Stone)은 추구하는 가치, 구성원 간 관계, 생존능력 등을 기준으로 레짐을 현상유지레짐, 개발레짐, 중산계층 진보 레짐, 하층기회 확장 레짐으로 구분하였다.

구분	현상유지 레짐	개발 레짐	중산진보 레짐	하층기회 확장레짐
추구가치	현상유지	지역개발, 성장, 발전	환경보호, 삶의 질 개선	저소득층 보호, 직업교육
구성원간의 관계	친밀성이 강한 소규모 지역사회, 갈등 없음	갈등이 심함	시민참여와 감시 강조	대중동원이 과제
생존능력	강함	비교적 강함	보통	강함

① [X] 레짐(Regime)이란 지방정부와 기업 간의 협치, 즉 도시거버넌스를 의미하는 것으로 레짐이론은 기업을 비롯한 **민간부문 주요 주체들과 정부의 연합이나 연대를 강조**한다.
② [X] 성장기구론에서 성장연합은 비성장연합에 비해 부동산의 사용가치(use value)보다는 **교환가치(exchange value)를 중시**한다. 즉, 일상적 사용으로부터 오는 편익(사용가치)보다는 개발에서 오는 교환가치를 더 중시한다는 의미이다.
③ [O] 권력을 가진 엘리트와 그렇지 못한 일반대중 사이의 정보 비대칭성이 심화되면 엘리트중심의 하향적 통치가 불가피하게 되어 엘리트 이론의 설명력은 더 높아질 수 있다.
④ [X] 신다원론은 다원론에 신엘리트이론에 해당하는 바흐라흐와 바라츠의 무의사결정론을 수용해 정책과정이 지역사회의 모든 구성원들에게 공정하게 개방되어 있다고 보지 않는다. 즉, 모든 이익집단은 정치체제에로의 동등한 접근기회를 갖는다는 고전적 다원주의를 수정해 엘리트로 구성된 정부의 능동적·전문성을 강조하며 정책결정과정에서 우월적 이익집단(엘리트집단 등)이 존재하고 이들과의 유착을 통해서 좀 더 쉽게 정부에 접근할 수 있는 이익집단도 존재한다는 것이다. 아울러 엘리트집단 등 특정 집단이 우월적 지위를 지니게 되는 것을 엘리트이론에서는 엘리트집단의 영향력과 이를 이용한 엘리트집단의 의도적 노력의 결과로 보는 반면, 신다원론에서는 이를 자

본주의 구조아래 이루어지는 지역주민과 지방정부의 합리적 선택 또는 집단 간 경쟁에서 이기기 위한 비의도적 노력의 결과로 보는 경향이 강하다.

정답 ③

13

① [O] 과거 시·군 및 자치구의회의 의결이 법령에 위반된다고 판단됨에도 불구하고 시·도지사가 재의를 요구하게 하지 아니한 경우 주무부장관은 직접 기초자치단체에 재의를 요구할 수 없었다. 하지만 지방자치법의 개정으로 주무부장관이 직접 시장·군수 및 자치구의 구청장에게 재의를 요구하게 할 수 있게 되었다(「지방자치법」 제192조).

② [O] 과거 주무부장관은 기초자치단체의 사무에 직접 개입할 수 없었다. 하지만 지방자치법의 개정에 따라 지방자치단체의 사무에 관한 시장·군수 및 자치구의 구청장의 명령이나 처분이 법령에 위반되거나 현저히 부당하여 공익을 해침에도 불구하고 시·도지사가 시정명령을 하지 아니하면 주무부장관이 시·도지사에게 기간을 정하여 시정명령을 하도록 명할 수 있다(「지방자치법」 제188조).

③ [O] 2022년 「지방자치법」의 개정으로 감사청구를 위한 18세 이상의 주민 수가 시·도는 300명, 인구 50만명 이상 대도시는 200명, 그 밖의 시·군·자치구는 150명 이상으로 조정되었다. 따라서 개정 「지방자치법」 상 인구 100만 이상의 특례시는 200명을 넘지 아니하는 범위 내 조례가 정하는 주민 수 이상의 연서를 통해 주민감사를 청구할 수 있다.

④ [X] 시·도를 달리하는 시·군·구 간 자치단체조합은 **행정안전부장관의 승인을 얻어 설립되고 행정안전부장관의 지도·감독을 받는다**(「지방자치법」 제176조).

정답 ④

14 2017상 국가직 7급

① [X] 내국세 총액의 일정비율과 「종합부동산세법」에 따른 종합부동산세 총액 등은 **지방교부세의 재원**이다.

② [X] 사업별 보조율은 일률적으로 50%가 아니라 매년 예산으로 정해지며 다만, **지방자치단체에 대한 기준보조율은 20~100% 범위 내에서 대통령령으로 정하도록 되어 있다**(「보조금 관리에 관한 법률」 제9조).

③ [O] 국고보조금은 보조사업의 수행과정에서 중앙정부의 재정상 감독과 통제를 받으므로 지방자치단체의 자율성이 약화될 우려가 있다.

④ [X] 중앙관서의 장은 보조사업을 수행하려는 자로부터 신청 받은 보조금의 명세 및 금액을 조정하여 **기획재정부장관에게 보조금 예산을 요구하여야 한다**(「보조금 관리에 관한 법률」 제6조).

정답 ③

15 2018 지방직 7급

① [O] 조사 대상자들을 한곳에 모아 일정 기간 동안 공론화 과정을 거쳐야 하기 때문에 비용과 시간이 많이 든다.

② [X] 공론조사는 한정된 인원을 대상으로 하기 때문에 대표성 측면에서 다수를 조사할 수 있는 일반 여론조사가 우위에 있다.

③ [O] 공론조사는 여론조사에 숙의와 토론과정을 보완한 것으로, 정제된 국민여론을 수렴하는 방법이라고 할 수 있다.

④ [O] 우리나라에서도 공공정책 결정과정에서 공론조사를 도입하여 활용한 사례가 있다.

정답 ②

16 2021 국가직 7급

내용정리 쓰레기통 모형

내용		조직화된 무정부상태(불확실하고 불합리하며 구성원의 응집성이 약하고 복잡한 혼란스러운 상황)에서 조직이 어떤 결정을 하는지 연구한 비합리모형
전제조건	불분명한 선호	의사결정에 참여하는 사람들 간에 무엇을 선택하는 것이 바람직한지에 대한 합의가 없음
	불명확한 기술	어떤 목표를 달성해야 하는지, 또는 이를 위한 수단은 무엇을 선택해야 하는지 모르는 상태
	일시적 참여자	시간적 제약으로 참여자가 유동적
의사결정의 4가지 요소	문제의 흐름	해결이 필요한 정책문제의 흐름
	해결책의 흐름	정책대안의 흐름
	참여자의 흐름	의사결정을 할 수 있는 지위에 있는 사람
	선택기회의 흐름	개인적으로는 의사결정의 순간, 집단적으로는 의사결정을 위한 회의
의사결정 방식		의사결정에 필요한 4가지 요소들이 상호연관성 없이 독자적으로 흘러 다니다가 우연히 동시에 한 곳에 모여지는 우연한 점화계기(극적·정치적 사건)가 있을 때 의사결정(날치기 통과, 진빼기 결정)

① [X] 쓰레기통 모형은 **조직구성원 사이의 응집력이 아주 느슨한 상태 속에서 조직이 어떠한 결정 행태를 나타내는가를 기술하고 설명하기 위한 정책결정모형이다.**

② [X] 쓰레기통 모형에서 '불명확한 기술(unclear technology)'은 어떤 목표를 달성해야 하는지, 또는 이를 위한 수단은 무엇을 선택해야 하는지 모르는 상태를 의미한다. **시간적 제약으로 참여자가 유동적임을 의미하는 것은 일시적 참여자**에 대한 설명이다.

③ [O] 쓰레기통 모형의 의사결정은 끼워넣기(=날치기, by oversight)와 미뤄두기(=진빼기, by flight) 등의 변칙적인 방식으로도 이루어진다.

④ [X] 문제성 있는 선호는 의사결정에 참여하는 사람들의 선호에 문제가 있다는 것으로 의사사결정에 참여하는 사람들 간에 무엇을 선택하는 것이 바람직한지에 대한 합의가 없다는 것이다. 선지에 제시된 **목표와 수단 사이의 인과관계가 명확하지 않음을 의미하는 것은 불명확한 기술**을 의미한다.

정답 ③

17 2021 지방직 7급

내용정리 프레스만과 윌다브스키의 성공적 집행을 위한 조건

① 타당성 있는 이론에 기반
② 실현가능성 있는 정책 내용이 정책설계 시 결정
③ 의사결정점의 축소: 정책집행과정의 단순화

프레스먼과 윌다브스키(Pressman & Wildavsky)는 정책의 집행과정에서 다수자가 참여하는 복잡한 공동행위로 변해가면서 집행이 어려워진다는 공동행동의 복잡성을 제시하였다.

① [O] 프레스먼과 윌다브스키는 집행과정에서 과도한 참여자가 정책집행의 실패요인이라고 보았으므로 정책집행에 개입하는 참여자의 수가 적어야 한다고 주장한다.
② [X] 프레스먼과 윌다브스키는 1973년 정책집행론 연구에서 **정책결정과 정책집행을 분리하지 않고 연속적인 과정으로 정의함**으로써 현대적 집행연구의 초석을 마련하였다.
③ [O] 프레스먼과 윌다브스키는 정책집행의 프로그램 설계가 단순해야 성공적인 정책집행이 이루어질 수 있다고 본다.
④ [O] 프레스먼과 윌다브스키는 최초의 정책 집행 추진자 또는 의사결정자가 지속해서 집행을 이끌어야 성공적인 집행이 가능하다고 본다.

정답 ②

18

내용정리 딜레마이론

개념	정책결정 시 상충되는 정책 대안들 가운데 어떤 것도 선택하기 어려운 상태	
딜레마의 구성요건	분절성(단절성), 상충성, 균등성, 선택불가피성, 명료성	
대응행동	소극적 대응	결정의 회피, 결정의 지연, 결정책임의 전가, 상황의 호도
	적극적 대응	상황의 변화유도, 새로운 딜레마 상황 조성, 정책문제의 재규정, 상충대안의 동시 선택

딜레마 상황은 대안들의 표면화된 가치를 비교할 수 없기 때문에 선택이 어려운 상황에 처해있는 상태를 의미한다. 딜레마 이론은 행정 및 정책연구에 있어 정책결정 혹은 의사결정 상황에 대한 이론적 기여와 함께 현실 정책 상황에 대한 좀 더 적절한 처방을 제공할 수 있다.

① [X] 딜레마 상황이란 **관련 참여자, 선택 기회, 문제 등의 모호성 여부와 상관없이** 대안들의 표면화된 가치를 비교할 수 없기 때문에 선택이 어려운 상황에 처해 있는 상태를 의미한다.
② [X] 딜레마의 구성요건은 분절성, 상충성, 균등성, 선택불가피성, 명료성으로 **이들 모두가 충족되어야 딜레마가 초래된다.**
③ [O] 딜레마의 구성요건 중 분절성은 대안 간 절충이 불가능하다는 것, 상충성은 대안의 상충으로 인해 하나의 대안만 선택해야 한다는 것, 균등성은 대안이 가져올 결과가치가 균등하다는 것, 선택의 불가피성은 최소한 하나의 대안을 반드시 선택해야 한다는 것이다.
④ [X] 딜레마 이론은 기존의 행정이론으로 설명하기 어려운 상황에서의 **대안 선택 방법을 규명하고자 한다는 측면에서 이론적 가치가** 있다.

정답 ③

19   2021 지방직 7급

① [O] 국민권익위원회는 공익신고자 등으로부터 보호조치를 신청 받은 때에는 바로 공익신고자등이 공익신고 등을 이유로 불이익조치를 받았는지에 대한 조사를 시작하여야 한다.

「부패방지 및 국민권익위원회의 설치와 운영에 관한 법률」 제62조의2 (신분보장 등의 조치 신청 등) ① 신고자는 신고 등을 이유로 불이익조치를 받았거나 받을 것으로 예상되는 경우에는 대통령령으로 정하는 바에 따라 위원회에 해당 불이익조치에 대한 원상회복이나 그 밖에 필요한 조치(이하 "신분보장 등 조치"라 한다)를 신청할 수 있다.
④ 위원회는 제1항에 따른 신청(제3항에 따라 각하결정된 경우는 제외한다)에 대하여 조사를 하여야 한다.

② [X] 취업심사대상자는 퇴직 전 3년이 아닌 **5년 동안 소속하였던 부서의 업무와 밀접한 관련이 있는 기관에 퇴직일로부터 5년이 아닌 3년간 취업할 수 없다.** 다만, 관할 공직자윤리위원회로부터 취업심사대상자가 퇴직 전 5년 동안 소속하였던 부서 또는 기관의 업무와 취업 심사대상기관 간에 밀접한 관련성이 없다는 확인을 받거나 취업승인을 받은 때에는 취업할 수 있다(「공직자 윤리법」 제17조).
③ [O] 재직자는 퇴직공직자로부터 직무와 관련한 청탁 또는 알선을 받은 경우 이를 소속 기관의 장에게 신고하여야 한다(「공직자 윤리법」 제18조의 4).
④ [O] 국민권익위원회는 접수된 부패행위 신고사항을 그 접수일부터 60일 이내에 처리하여야 한다. 단, 신고내용의 특정에 필요한 사항을 확인하기 위한 보완 등이 필요하다고 인정되는 경우에는 그 기간을 30일 이내에서 연장할 수 있다(「부패방지 및 국민권익위원회의 설치와 운영에 관한 법률」 제59조)

정답 ②

20   2022 지방직 7급

① [O] 국가재정운용계획은 5년 단위 국가의 비전과 정책의 우선순위를 고려한 계획으로 1년 단위로 이루어지는 예산 편성의 기본틀이 된다.
② [O] 우리나라는 총액배분–자율편성 제도에 따라 기획재정부가 사전에 각 부처별 지출한도를 설정하고 각 부처는 그 한도 내에서 예산을 편성한다.
③ [X] 예비타당성 조사제도는 총사업비가 500억 원 이상이면서 국가의 재정지원규모가 300억 원 이상인 신규사업에 대해 기획재정부 장관이 경제적, 정책적 타당성을 심사해 사업의 진행여부를 결정하는 제도로 **정치적, 경제적 이해관계를 따져 예산 배분의 타당성을 검토한다.**
④ [O] 각 중앙관서의 장은 총사업비 관리제도에 따라 완성에 2년 이상이 소요되는 사업으로서 대통령령으로 정하는 대규모사업에 대하여는 그 사업규모·총사업비 및 사업기간을 정하여 미리 기획재정부장관과 협의해야 한다(「국가재정법」 제50조).

정답 ③

최영희행정학

7급 대비
실전모의고사

내용문의 영희쌤의 행정학 연구소 cafe.naver.com/sociocyh

온라인 강의 gong.conects.com
          카카오톡 플러스 친구 [gongdangi]
오프라인 강의 공단기고시학원 TEL. 02-812-6521

편저자 최영희
발행일 2024년 09월 12일
발행처 에이치북스
도서문의 서울시 동작구 노량진동 58-39 2층
        TEL. 010-8220-1310

ISBN 979-11-92659-74-9 13350
정가 16,000원

본 교재의 독창적인 내용에 대한 일체의 무단 전재, 모방은 법률로 금지되어 있습니다.
파본은 교환해 드립니다.